KB174458

유월의 아버지

유월의 아버지

박종철이 남긴 질문, 박정기가 답한 인생

1판1쇄. 2015년 7월 17일

지은이. 송기역

펴낸이. 정민용
편집장. 안중철
책임편집. 윤상훈
편집. 이진실, 최미정, 장윤미(영업)

펴낸 곳. 후마니타스(주)
등록. 2002년 2월 19일 제300-2003-108호
주소. 서울 마포구 양화로6길 19(서교동) 3층

편집. 02-739-9929/9930
영업. 02-722-9960
팩스. 0505-333-9960
홈페이지. www.humanitasbook.co.kr
이메일. humanitasbooks@gmail.com
블로그. humanitasbook.tistory.com
페이스북. facebook.com/Humanitasbook
트위터. @humanitasbook

인쇄. 천일 031.955.8083
제본. 일진 031.908.1407

값 15,000원

ⓒ 송기역, 2015

ISBN 978-89-6437-233-3 04300
     978-89-90106-16-2 (세트)

이 도서의 국립중앙도서관 출판시도서목록(CIP)은
e-CIP홈페이지(http://www.nl.go.kr/ecip)와
국가자료공동목록시스템(http://www.nl.go.kr/kolisnet)에서
이용하실 수 있습니다.(CIP제어번호: CIP2015017556)

유월의 아버지

박종철이 남긴 질문, 박정기가 답한 인생

송기역 지음

후마니타스

일러두기

1. 서문은 박정기의 구술을 받아 지은이가 옮겨 적었다. 3장은 박정기가 회고한 내용을 일인칭시점으로 서술했다.

2. 2011년 12월부터 이듬해 4월까지 『한겨레』에 연재한 글을 바탕으로 새롭게 썼다. 집필하며 참조 및 인용한 책은 다음과 같다.
   『철아, 이 아부지는 아무 할 말이 없대이』(박정기 지음, 박래군 정리, 개마서원, 1997),
   『박종철』(김윤영 지음, 민주화운동기념사업회, 2004),
   『그대 온몸 깃발 되어』(민주열사박종철기념사업회 지음, 소나무, 1989),
   『누가 이들을 죽게 했는가』(전국민족민주유가족협의회 지음, 진원, 1997).

3. 단행본·정기간행물에는 겹낫표(『 』)를, 시·기사·발표문 제목에는 큰따옴표(" ")를, 법령·미술품·영상물·노래 제목에는 가랑이표(〈 〉)를 사용했다.

4. 본문에 유가협 회원 및 유가족이 처음 언급될 때 세상을 떠난 가족의 이름과 관계를 괄호 안에 적었다. 일람하면 다음과 같다.

   ◆ 강민조(강경대의 아버지), 강선미(강경대의 누나), 고 강연임(최우혁의 어머니), 고순임(최덕수의 어머니), 김복성(조성만의 어머니), 김순옥(최동의 어머니), 김을선(정경식의 어머니), 김재훈(김세진의 아버지), 김종분(김귀정의 어머니), 라화순(고정희의 어머니), 박래군(박래전의 형), 고 박창호(박영진의 아버지), 박행순(박관현의 누나), 배은심(이한열의 어머니), 신정학(신호수의 아버지), 이순희(이이동의 누나), 오영자(박선영의 어머니), 고 이계남(우종원의 어머니), 고 이병섭(이한열의 아버지), 고 이소선(전태일의 어머니), 고 이오순(송광영의 어머니), 고 이춘원(이이동의 아버지), 임분이(정연관의 어머니), 전영회(김성수의 어머니), 정영자(신장호의 어머니), 고 정재현(정경식의 아버지), 정정원(김윤기의 어머니), 조인식(박종만의 부인), 조찬배(조성만의 아버지), 최봉규(최우혁의 아버지), 고 최수호(최동의 아버지), 최순정(김세진의 어머니), 고 최종철(최덕수의 아버지), 고 허두측(김종태의 어머니), 허영춘(허원근의 아버지).

차례

서문   6

1. 예순 해의 기록   11
2. 1987년 1월 14일   39
3. 23년   63
4. 6월 항쟁   101
5. 늙은 아비의 노래   147
6. 한울삶   217
7. 산 자여 따르라   257

후기   310

전국민족민주유가족협의회(유가협) 회원들이 모두 앓는 병이 있다. 불면증이다. 자식을 잃은 지 이삼십 년이 지났어도 불면증을 안고 산다.

언젠가 나는 이소선(전태일의 어머니)과 배은심(이한열의 어머니)이 수면제를 반으로 쪼개 나눠 먹는 것을 본 적이 있다. 한 알을 다 먹으면 너무 독해서란다. 세상에 수면제를 나눠 먹는 우정이 어디 있을까?

나도 아들이 떠난 뒤 약방에서 수면제를 사먹었다. 그런데 더 잠이 오지 않았다. 그 뒤로는 수면제 대신 술을 마셨다. 종철이 엄마는 아직도 수면제를 먹고 있다. 애비의 마음으로 어찌 에미의 심정을 알 수 있겠는가? 다만 종철 엄마가 입버릇처럼 하는 말을 듣고 헤아릴 뿐이다.

"죽지 못해 사는 기지."

내 나이 이제 여든여덟이다. 부산시 수도국에서 36년을 일하고 정년 퇴임을 앞둔 1987년, 나는 아들을 잃었다. 그땐 예순 살이었다. 이제 와 삶을 돌이켜 보니 회한이 없을 수 없다. 맨 먼저 떠오르는 건 내 아들 철이다. 철이는 아직 세상을 떠나지 않았다. 이소선 어머니도 배은심 어머니도, 전태일을 이한열을 떠나보낸 적이 없다고 말한다. 유가협 회원들도 다 그렇게 말한다.

나는 1987년부터 유가협에서 활동했다. 유가협 회원들은 분신해서 죽고, 투신해서 죽고, 음독으로 죽고, 고문으로 죽고, 의문사로 죽은 자식들을 끌어안고 사는 부모들이다. 이들은 꿈에서라도 자식이 나타나기를 지금도 기다리고 있다. 나도 꿈속에서 철이를 만날 때가 가장 행복한 순간이다.

1987년 이전, 나는 사회에 관심이 많은 사람이 아니었다. 우리 또래들이 그렇듯 유교 교육을 받고 자랐다. 공무원 신분이었기 때문에 몸가짐이 더 조심스러웠다. 내 가족의 평안함이 우선이었다. 나는 열여덟에 어머니와 여동생을 동시에 잃은 뒤 가족에 대한 애착이 컸다.

그런데 철이가 고문으로 내 곁을 떠난 뒤 세상은 달리 다가왔고 달리 보였다. 처음엔 '왜 하필이면 내냐? 왜 하필 내한테 불행이 닥쳐오나?' 하는 심정이었다. 이게 나의 운명이라 생각했다. 운명으로 받아들였다.

아들은 나에게 새로운 세상으로 건너가는 다리를 놓아 주었다.

나는 고문 없는 세상, 민주주의와 인권이 살아 있는 세상을 만드는 데 일평생을 바쳐야겠다고 다짐했다. 나는 우리나라의 인권 상황이 나아지는 것을 볼 때가 제일 좋다.

아들의 죽음은 국민들의 항쟁을 불러일으켰다. 종철이 추도식 때

거리에서 시위가 벌어졌다. 그때 시민들이 들고 있는 펼침막의 글귀를 보고 나는 멍하니 그 자리에 멈춰 섰다. 임진강에서 철이의 유해를 뿌릴 때 내가 했던 말이 적혀 있었다.

"철아, 잘 가그래이. 이 아부지는 아무 할 말이 없데이."

그 순간 6월의 거리에 서서 하염없이 울었다. 나는 그날 늙은 투사의 심정으로 거리에서 싸웠다. 유가협의 어머니·아버지들도 모두 늦깎이 투사들이다.

몇 해 전 여러 차례에 걸쳐 '희망버스'를 타고 부산의 한진중공업으로 향했다. 처음 희망버스를 탔을 때는 제7회 박종철 인권상 상패를 김진숙에게 전달하기 위해서였다. 1987년 박종철을 기억하며 전국에서 시민들이 거리로 쏟아져 나왔듯, 희망버스를 타고 시민들이 부산으로 달려갔다. 김진숙을 타워크레인에서 내려오게 한 것은 그 물결이었다.

이제 와 지난 이야기를 꺼내는 것은 그 시절의 저항과 연대의 이야기를 다음 세대에게 들려주는 게 내 인생의 남은 몫이기 때문이다. 역사는 몇 명이 죽었고, 누가 어떻게 죽었는지에 대해 글로 기록하지만, 나와 당신 그리고 우리는 그것을 가슴에 담았으면 한다.

나는 민주화 운동의 여정에서 몸과 마음이 지치면 아들의 영정이 머무는 부산 성전암을 찾았다. 성전암에 가면 불경을 읽고 부처 앞에 엎드려 절하며 삶을 돌이켜보곤 했다. 그곳에서 읽은, 부처가 남긴 말 중 특히 이 구절을 좋아했다.

그러나 저는 이미 세상의 모든 욕망을 버리고 출가한 몸입니다. 늙고 병들고 죽는 괴로움에서 벗어나 내 자신과 이웃을 구하기 위해서입니다.

내 자신도 이웃도 구하지 못하고 여든여덟 해를 살았지만, 내가 구하려 한 것은 이 땅의 민주주의와 인권이었다.

나는 아직도 철이가 죽음과 맞바꾸면서까지 지키려 했던 것이 무엇인지 생각한다. 그것은 한 인간의 사랑일 것이다. 그 사랑은 무엇일까? 스물세 살의 철이는 세상의 한가운데서 무엇을 꿈꾸었을까?

나는 그 답을 지금도 찾고 있다.

ⓒ 후마니타스
2015년 6월 10일 부산 박정기·정차순의 자택.

1부

예순 해의 기록

사시는 쉬지 않아
해는 갔다 해는 오고
만물은 바뀌어도
하늘은 변치 않네.
동이 밝아 서 어둡고
꽃은 졌다 피건만
황천으로 간 사람은
아득하게 멀리 가고 돌아올 줄 모르네.

───────

박정기의 일기장(1994년 1월 15일 외)에 필사된 시,
한산자(寒山子), "사시무지식"(四時無止息).

1

박정기는 1928년 10월 29일(음력, 호적상 생일은 1929년 3월 11일) 경남 동래군(현재 부산시 기장군) 정관면 월평리에서 박영복과 정금순 사이에서 외아들로 태어났다.

월평리는 울산에서 부산으로 가는 길목에 놓인 마을이다. 마을 앞으론 철마산, 소심산이 펼쳐져 있고, 뒤편엔 원효산과 천성산이 마을을 품고 있다. 월평리 들머리엔 서너 채의 주막이 행인들을 불러 모았다.

그가 태어날 무렵 월평리에는 1백여 가구가 모여 촌락을 이루고 있었다. 평야 지대가 아닌 산골 마을이라 주민들은 근근이 연명하며 서로 기대어 살았다.

박정기의 집안은 4백여 년 전부터 월평리에서 살았다. 4대조인 박정관은 무과에 급제한 무관이었다. 이때부터 흥한 살림이 대를 이었다. 조상 대대로 살아온, 여러 채의 건물이 딸린 번듯한 집은 마을 어디에서도 눈에 띄었다. 고옥에는 가보들이 보관되어 있었다. 그의 집안은 1백 마지기의 논을 소작 주고 머슴 둘을 둘 정도로 형편이 여유로웠다. 그는 유복한 집안의 외아들로 자랐다.

아버지 박영복은 범어사 금정암에 문을 연 명정학교(현재 금정중학교)를 다녔다. 명정학교는 대한제국 때인 1906년 개교한 학교로 독립운동이 활발했다. 박영복은 명정학교 축구팀에서 활약했다. 인근에서 명성을 날린 강팀이었다. 그는 하체가 단단하고 굵었으며, 뜀박질이 빠르고 순발력이 남달랐다. 아들 박정기도 운동에 소질을 보여 중학생 시절에 학교 육상 대표로 뛰었다.

명정학교를 졸업한 박영복은 일본으로 유학을 떠났다. 훗날 처남이 되는 정일모와 김일한이 유학 시절을 함께 보냈다. 김일한은 나중에 박정기가 다닌 부산공립원예중학교(현재 부산전자공업고등학교)의 영어 교사가 되었다. 이들은 일본에서 고등문관시험을 준비했다. 몇 해 지나지 않아 박영복이 시험을 포기하고 먼저 귀국했다. 종손이 오래 집을 비우면 안 된다는 아버지의 성화 때문이었다.

박영복이 일본에 머무는 동안 관동(간토)대지진이 발생했다. 사망자만 10만 명 넘는 재앙이었다. 박정기는 관동대지진 때 조선인이 겪은 수난을 여러 차례 아버지한테 들었다. 그때 김일한과 정일모가 일본인들에게 끌려가 심한 고문을 당했다. 당시 조선인이 1만 명 가까이 학살되었다고 하니 목숨을 부지한 것이나마 다행이었다.

일본에서 돌아온 박영복은 마을에 야학을 열었다. 한글과 일본어, 산수를 가르쳤다. 월평리와 인근 마을에서 배움을 좇아 사람들이 찾아왔다. 농민들은 농사일을 마친 뒤 밤이면 야학에 와서 한글을 깨쳤다. 배우는 이들은 남녀를 가리지 않았고 연령대도 다양했다. 박정기도 동무들과 함께 아버지에게 한글을 익혔다. 그는 어릴 때부터 아버지에게 '종손'이라는 말을 귀에 못이 박히도록 들었다.

"너는 종손이다." "너는 집안의 대들보다."

장남인 박영복도 종손이었고, 형제가 없는 박정기도 종손이었다. 대를 이은 '종손 의식'은 박정기에게 평생 가정에 대한 책임감으로 짐 지워진 삶을 부여했다. 박정기는 아버지에게 대들어 본 일이 없을 만큼 순종적인 아들이었다. 그는 유교적 가부장제의 질서에 순응하며 자랐다.

어머니 정금순은 정일모의 누이동생이다. 그이는 범어사 아랫동네인 동래군 북면 대룡리 태생이다. 대사찰인 범어사는 월평리에서 20리(약 8킬로미터) 남짓한 거리에 있었다. 정일모는 일본 유학을 다녀온 뒤 범어사의 승려가 되었다. 정일모의 동생 정금순은 불심이 깊어서 아들 박정기를 이끌고 범어사를 오가곤 했다.

조용하고 차분한 성격의 정금순은 종손의 며느리에게 주어진, 대소사 많은 삶의 무게를 견디며 살았다. 동네에서 불리는 그이의 별명이 '동네 며느리'일 정도로 마을 일을 도맡을 때가 많았다. 정금순은 열아홉에 아들 박정기를 낳았다.

박정기는 아홉 살에 정관소학교(현재 정관초등학교)에 입학했다. 월평리에서 정관소학교까지는 10리 남짓했다. 소학교 4학년 때 인생의 첫 시련을 겪었다. 전국에 유행하던 돌림병인 장질부사(장티푸스)에 걸린 것이다. '반 죽고 반 산다.'는 병이었다. 월평리의 여러 아이들이 장질부사에 걸려 사경을 헤매다 목숨을 잃었다.

하나뿐인 아들이 병에 걸리자 부모는 노심초사했다. 박정기는 온

몸에 힘이 빠져 무기력한 상태로 1년 가까이 누워 지냈다. 몸은 비쩍 말라 겉모습이 시체와 다르지 않았다. 어머니의 지극한 병간호로 겨우 목숨을 구할 수 있었다.

1944년 박정기는 정관소학교를 졸업했다. 그러자 곧 징용 영장이 날아들었다. 일제는 태평양전쟁을 벌인 뒤 마구잡이로 젊은이들을 잡아들이고 있었다. 청년들은 징용을 피해 절에 숨거나 타지로 피신했다. 부친 박영복은 종손이며 하나뿐인 아들을 강제 노역에 내보낼 수 없었다.

징용을 피해 집을 나서던 날, 할아버지가 박정기의 짐 보따리를 챙겨 주었다. 여비와 함께 쌀자루를 둘러메고 홀로 길 떠나는 아들이 사라질 때까지 아버지는 하염없이 바라보았다. 천성산을 넘으면 양산군이었고, 하북면에 둘째 고모가 살고 있었다. 고모 집에 도착한 것은 해가 떨어지기 전이었다.

고모 집은 농장을 운영했는데 그가 할 수 있는 일이 딱히 없었다. 사흘 뒤 다시 행장을 차려 셋째 고모네가 있는 부산 거제리까지 걸어갔다. 셋째 고모부는 난로 공장에서 공장장으로 일했다. 백토를 반죽해 난로 화덕을 만드는 공장이었다. 박정기는 공장에서 흙을 이겨 난로를 만들고, 마르면 가마에 넣고 불을 피웠다. 날마다 같은 일을 반복했다.

그러던 어느 날 동래 온천장으로 목욕하러 가던 길에 한 무리의 여학생을 발견했다. 그중에서 눈에 들어온 한 명은 소학교를 함께 다닌 동무였다. 여학생은 까만색의 세련된 동래고등여학교(현재 동래여자중학교) 학생복을 입고 있었다. 여학생을 보는 순간, 박정기는 저도 모르게 얼굴이 붉어지고 가슴이 두근거렸다. 알은척을 하고 싶었지만 수줍은 마음이 고개를 들었다. 흙먼지 묻은 작업복이 창피해 차마 말 걸지 못했다. 이날 박정기는 다짐했다.

'지금 내가 할 일은 공장 일이 아니다. 공장이 아니라 학교에 가야 한다.'

며칠 뒤 고향으로 돌아갔다. 얼마 지나지 않아 일제가 패망했다. 광복을 앞두고 할아버지가 일흔둘의 나이로 세상을 떠났다. 장례식날 박정기는 언젠가 할아버지가 대성통곡하던 날을 떠올렸다. 그날 할아버지는 주막거리에서 일본 순사들에게 붙잡혀 강제로 상투를 잘렸다. 집에 돌아온 그는 목이 쉬도록 울었다. 산발한 할아버지 모습이 낯선 날이었다. 박정기에게 일제강점기는 할아버지의 상투 잘린 행색과 통곡 소리로 기억되었다.

1946년 3월 열여덟의 박정기는 부산공립원예전수학교에 입학했다. 이 학교는 1949년 고교 과정이 포함된 6년제 부산공립원예중학교로 승격했다. 그는 고향을 떠나 동래의 온천장에서 하숙했다.

1946년은 박정기의 인생에서 잊을 수 없는 해였다. 기쁨과 슬픔, 만남과 헤어짐이 교차했다. 어머니가 서른일곱의 늦은 나이에 여동생을 낳았다. 18년 만에 낳은 자식이었다. 온 집안이 경사였다. 아버지는 딸의 이름을 정옥이라 지었다. 이때까지 형제 없이 자란 박정기는 아기를 볼 때마다 신기했다. 토요일이 되면 정옥을 보고 싶어 50리 길을 걸어 집으로 향했다. 그러나 행복한 시간은 채 1년이

되지 않았다.

어머니가 복막염에 걸려 쓰러졌다. 박정기는 자신이 장질부사에 걸렸을 때처럼 어머니도 일어나리라 믿고 정성껏 간호했다. 하지만 어머니는 다시 몸을 일으키지 못했다. 정금순의 나이 향년 서른여덟이었다. 비극은 그것으로 끝이 아니었다. 어머니가 세상을 떠난 지 3개월 만에 정옥도 죽고 말았다. 갓 난 딸을 산에 묻는 아버지를 보며 박정기는 망연자실했다. 연달아 할아버지를 잃고, 어머니를 잃고, 여동생을 잃었다. 말수 적은 그의 입은 더 굳게 닫혔다. 상처는 그의 곁에 오래 머물렀다. 어머니의 부재가 남긴 그림자는 아들의 부재를 겪을 때까지 지속되었다고 박정기는 고백했다.

"철이가 죽을 때까지 내 마음에는 늘 어머님에 대한 그리움이 크게 자리하고 있었다."

열여덟 청춘은 그렇게 상처를 남기고 지나갔다. 그는 성실한 청년으로 성장했다. 마을에서도 학교에서도 그는 '성실한 청년'이었다. 나이가 들어서도 그는 '성실한 공무원'이었다.

2

원예중학교에 어느 날 한 무리의 낯선 학생들이 전학 왔다. 북에서 내려온 이들은 '서북청년단'(미군정 아래 결성된 우익 반공 단체)으로 불렸다. 이들은 원예중 학도호국단에서 활동하며 좌익 학생들과 대립했다. 그들이 온 뒤로 학교 분위기가 살풍경해졌다.

스무 명 남짓한 서북청년단의 실질적인 대장은 영어를 가르치는 박동계였다. 그는 육군 대위 출신이었는데, 들리는 소문으로는 미 중앙정보국CIA 요원이라고 했다. 박정기 주변에는 좌익 친구도 우익 친구도 있었다. 마르크스, 레닌의 이름이 새겨진 책들이 중학생들 사이에서도 떠돌던 시절이었다.

좌익 활동을 하던 급우의 영향으로 박정기는 몽양 여운형을 알게 되었다. 몽양은 해방 정국에서 인기 많은 정치인이었다. 그도 몽양을 존경했다. 1947년 7월 19일 여운형이 암살되었다. 백의사(1945년 11월경 조직된 극우 테러 단체) 소속의 한지근 등이 서울 혜화동 로터리 근처에서 그에게 총을 쏘았다. 암살 소식을 들은 박정기는 큰 충격을 받았다.

박정기는 한때 좌익 학생들 사이의 연락책을 맡았다. 하지만 그리 오래 하진 않았다. 마음 한편은 좌로 기울었지만, 그의 행동은 좌와 우 어느 편도 아니었다. 학교에서 그는 과묵한 학생이었고 외톨이였다. 어머니와 여동생 정옥을 잃은 슬픔이 세상에 대한 관심을 눌렀다.

대신에 그는 달리기에 매달렸다. 흠뻑 땀을 흘리고 나면 정신이 들었다. 광복 이후 운동 대회가 자주 열렸는데, 그는 학교 대표로 마라톤에 출전했다. 나중에 중거리로 종목을 바꾸었다. 그는 배구팀에서도 학교 대표로 뛰었다. 배구가 유행하던 때였다.

원예중학교 5학년 때 한국전쟁이 발발했다. 전쟁과 함께 선생님과 친구들이 한 명씩 사라졌다. 영어를 가르친, 아버지의 친구 김일한도 어느 날 실종됐다. 박정기는 좌익 성향의 김일한을 존경했다. 어딘가로 끌려가서 죽었을 것이라는 소문이 들렸다.

박정기가 학교에서 가장 존경한 선생님은 국어를 가르치는 김갑수였다. 김갑수는 학생들에게 관심이 많고 성격이 다정해 제일 인기 있는 교사였다. 그는 자신이 쓴 시를 수업 시간에 읽어 주곤 했다. 언젠가 국어 시간에 들었던 시를 박정기는 지금도 외우고 있다.

산도 푸르다
물도 푸르다
흘러가는 가라나래
너도 푸르다

한 교사가 품은 '푸르름'의 꿈은 좌절되었다. 김갑수도 전쟁이 나자마자 행방불명되었다. 조회 시간에 한 말이 빌미가 되었다. 인민군이 파죽지세로 남하할 때였는데, 그가 한 말은 단지 인민군의 포성이 포항에서도 들리더라는 소식을 전한 것뿐이었다. 아침에 뉴스를 전한 뒤 그는 바로 학교에서 사라졌다. 사람들은 보도연맹 사건에 희생된 것으로 추측했다. 그날 이후 학교에서 누구도 김갑수의 이름을 입에 올릴 수 없었다.

사라진 건 교사들만이 아니었다. 학생들도 어딘가로 사라졌다. 학교에서 경찰서 출입을 맡고 있던 훈육계 교사 이종윤은 박정기의 친척이었다. 박정기는 그의 심부름을 도맡아 했다. 어느 날 그가 말했다.

"우리 고향 학생 몇 명을 내가 부탁해서 빼달라고 했다. 다른 학생들은 끌려가서 다 죽었다."

그때 사라진 학생과 교사 들을 다시 만날 수 없었다. 학교는 전쟁 통에 결국 문을 닫았다. 박정기는 월평리에 돌아왔다.

원예중학교에서 만난 서북청년단 학생들은 휴전 이후 부산 지역 보수 단체에서 활동했다. 훗날 박정기가 시청에서 근무할 때 서북청년단원이었던 친구 한 명이 찾아온 적이 있다. 추레한 행색의 친구는 어려운 처지를 하소연했다. 여유 있는 형편이 아니었지만 막상 그를 보내려니 안쓰러워 한 달 치 월급을 빌려주었다. 그 뒤로도 그는 한 차례 더 찾아왔다. 들리는 소문으로는 여러 사람에게 손을 벌리고 다니는 모양이었다. 빌려준 돈을 돌려받을 순 없었다. 그 뒤로 연락이 끊겼다.

서북청년단 출신 중에 곤궁한 모습을 보인 사람은 그가 유일했다. 서북청년단 출신들은 대부분 관공서며 지역 보수 단체의 요직을 차지하고 살았다.

1952년 3월 박정기는 국민대학교(현재 경남대학교) 경제학과에 입학했다. 서울대학교 농과대학 시험에 떨어진 뒤, 마침 후기 모집 중인 국민대에 합격한 것이다. 서울의 대학들이 전쟁을 피해 부산으로 내려와 있던 시절이었다. 부산 서구의 동대신동에 천막을 치고 지은 가설 대학 건물들이 모여 있을 때였는데, 국민대는 부산방송국 인근에 따로 떨어져 있었다.

그런데 입학하자마자 학교가 두 곳으로 갈라졌다. 한 곳은 서울로 돌아가고, 한 곳은 경남 합천에 있는 해인사 경내로 옮겼다. 해인사로 옮긴 학교는 아예 이름을 해인대학으로 바꾸었다. 그 뒤 해인대학은 학교명을 마산대학(1961년)으로 바꾸었다가 다시 재단이 경남학원으로 넘어간 뒤 이름을 경남대학(1971년)으로 바꾸었다.

부산 지역 학생들은 주로 해인대를 선택했다. 박정기도 해인대를 다녔다. 해인사 경내에는 대학교 외에도 국민학교·중학교·농업고등학교가 있었다. 경내는 종일 학생들로 붐볐다. 대학생들의 숙소는 원당암이었다. 그는 원당암에서 학생 간부인 후생부 차장을 맡았다. 주로 학생들의 식사를 관리하고 사찰 쪽과 연락을 담당하는 일이었다.

그는 대학에 입학해 처음 술을 입에 댔는데, 타고난 술꾼이었다.

마셨다 하면 말술이었다. 한번은 친구와 함께 교수 한 분과 드라이
진을 밤새 마시고 곯아떨어졌다. 그런데 이튿날 아침 전해진 소식
을 듣고 깜짝 놀랐다. 함께 술을 마신 교수가 과음으로 세상을 떠났
기 때문이다.

대학 1학년 여름방학을 맞아 부산 집에서 지내던 어느 날 그는
초량시장을 지나다 헌병대에 붙잡혔다. 헌병들이 길거리에서 젊은
이들을 붙잡아 강제 입영시키던 때였다. 이를 '홀치기'라 불렀다. 영
락없이 걸렸구나 싶었다. 전쟁 초기에는 학생증을 보여 주면 징집
을 피할 수 있다고 들었는데, 그즈음엔 가리지 않는 모양이었다. 헌
병 앞에 선 순간, 자신도 모르게 기지를 발휘했다.

"내는 지금 군에 지원하러 가는 길입니더. 내는 잡지 마이소."

"그라믄 잘됐다. 우리가 지원을 받고 있으니 함께 가자."

박정기는 징병자들과 함께 부산 중부경찰서로 연행되었다. 경찰
서 강당에는 끌려온 청년들로 가득했다. 헌병대 사람들이 지원자와
징집자를 구분했다. 강당에서 하룻밤을 자고 다음 날 아침 인근의
명륜국민학교로 이동했다. 학교 운동장에 수백 명의 젊은이들이 집
결해 있었다. 한쪽에서 군인들이 징집자들을 구타하고 있었다. 지
원자로 분류된 박정기는 예외였다. 그는 몽둥이질 소리를 들으며
입영 서류를 작성했다. 군에 끌려온 상황을 어떻게든 집에 알려야
겠다고 생각했지만 방도가 없었다. 잠시 후 헌병대원이 입영 수속
을 마치고 학생수첩과 도민증을 돌려주며 말했다.

"니는 해병대다."

복무지가 해병대라니! 어떻게든 탈출해야 한다는 생각이 들었다. 순간 또 한 번 묘안이 떠올랐다. 그는 헌병에게 보고한 뒤 담장에 붙어 있는 화장실로 향했다. 화장실엔 작은 창문이 하나 있었다. 여닫이창을 열고 밖을 살폈다. 마침 아무도 없었다. 그는 창틀을 붙잡고 뛰어올라 밖으로 빠져나갔다. 담장을 벗어나자마자 전력을 다해 뛰었다. 땅이 질척거렸다. 논바닥에 물이 흥건했다. 산을 향해 달렸다. 등 뒤에서 총성이 들리는 것 같았다. 산길에 접어들어서도 속도를 늦추지 않았다. 육상 선수였던 게 도움이 되었다. 숲을 헤치고 산을 타고 넘어 집에 도착했다.

그는 구사일생의 정황을 아버지에게 털어놓았다. 박영복은 아들을 천성산 자락의 저수지 근처에 숨겼다. 박정기는 저수지에서 낚시를 하며 지냈고, 몇 달 뒤 2학기 개강에 맞춰 다시 해인사로 돌아갔다.

3

전쟁 막바지인 1953년 6월 어느 날. 그는 입학 동기인 정덕기와 함께 해인사 아랫마을로 향했다. 마을 청년들의 초대로 나선 길이었다. 정덕기는 전라도 사람으로 그에게 '형님' 소리를 입에 달고 사는 학우였다. 마을 입구에서 두 사람을 맞이한 청년들은 시냇가에 술상을 차렸다. 백숙 안주에 얼큰하게 취했다. 자연스레 해인대와 해인사에 관한 얘기를 나눴다. 정보를 캐내기 위한 술자리인 줄 그때는 몰랐다.

그날 밤 박정기는 2학년 여름방학을 맞아 귀향 채비를 한 뒤, 정덕기 등 일행 셋과 함께 해인대학 원당암을 나섰다. 다음 날 새벽 첫차를 타기로 했다. 정류소는 절 입구에 있었고, 정류소 앞 홍도여관에 짐을 풀 계획이었다. 산사의 밤은 칠흑처럼 어두웠다. 여관에 거의 다다랐을 무렵, 갑자기 턱밑에서 낮고 날카로운 외마디 소리가 들렸다.

"손들어!"

곧이어 옆구리로 무엇이 쑤욱 들어왔다. 처음엔 몽둥이인 줄 알았는데 곁눈질하니 총이었다. 어둠 속에서 빨치산 대원들이 하나둘 모습을 드러냈다. 일행은 명령에 따라 해인사 경내로 발길을 되돌렸다.

박정기는 보따리를 쥐고 있었다. 보따리 속엔 수업 교재로 쓰는 책이 있었다. 그는 보따리를 잃지 않을 방도를 궁리했다. 팔만대장경이 보관된 장경판전을 지날 때 낮은 돌다리가 나왔다. 그는 몰래 보따리를 돌다리 밑에 던졌다.

빨치산 부대는 순식간에 해인사를 점령했다. 경내에 초소가 하나 있었는데 금세 제압했다. 빨치산들은 절 마당에 봉홧불을 피우고 깃발을 세웠다. 경내가 환해졌다. 대원들 수는 서른 남짓이었다. 해인사를 장악한 이들은 밥을 지어 먹고 주먹밥을 만들었다. 승려와 교수, 학생 들은 법당으로 몰아넣었다.

빨치산에게 선택된 이들이 한 명씩 법당 밖으로 나갔다. 박정기와 정덕기도 뽑혔다. 인솔자를 따라 밖으로 나오니 마당에 짐 꾸러미 수십 개가 쌓여 있었다. 차출된 사람들이 하나씩 짐을 들었다. 박정기도 짐 하나를 둘러멨다. 무거운 쌀자루였다.

연행된 이들은 교수·승려·대학생·고등학생 들로 열한 명이었다. 주로 젊은 사람이었다. 대장으로 보이는 이가 총을 들어 보이며 경고했다.

"누구든 대열에서 이탈하면 이 총알이 사정없이 날아가는 기야."

말이 떨어지자마자 행군이 시작되었다. 대열은 가야산을 오르기 시작했다. 가야산 중턱에서 지리산 쪽으로 방향을 틀었다. 연행자는 두셋씩 앞뒤로 걸었고, 그 뒤로 빨치산이 총을 들고 감시했다. 맑은 밤하늘에 별이 떠있었다.

산봉우리 하나를 넘은 뒤 대열이 멈춰 섰다. 관목과 넝쿨이 있는 숲 한가운데였다. 연행자들은 짐을 부리고 기다렸다. 빨치산 대원 몇이 무슨 말인가를 주고받았다. 어둠 속에서 달빛이 숲 속을 비췄다. 박정기는 달을 바라보았다. 인생이 무상하게 느껴졌다. 자신의 처지를 생각하니 기가 막혔다. 몇 시간 전만 해도 귀향 채비를 하고 있었다. 그런데 지금 어디로 가고 있는가? 아랫마을 청년들이 자신을 초대한 이유가 정보를 캐내기 위한 것임을 뒤늦게 깨달았다.

'징용도 면하고 징집도 피했는데 이번엔 꼼짝없이 걸렸구나. 이 대로 지리산까지 따라가면 빨치산이 되는 것인가? 나는 종손이다. 우리 가문의 족보를 지켜야 되는데…… 내가 죽으면 우리 가문은 여기서 끝이다.'

해인사에서 출발할 때부터 머릿속은 대열에서 탈출할 생각뿐이었다. 그는 곧 정신을 수습했다. 아버지처럼 위기를 벗어날 수 있으리라는 믿음이 생겼다. 그가 원당암에 머물 때 아버지 박영복도 비슷한 일을 겪었다. 한참 지나서야 전해들은 이야기다.

고향 월평리에 빨치산 부대가 내려왔다. 마침 외출하고 돌아온 박영복은 현관문을 열고 들어서자마자 생포되었다. 빨치산은 오래 전 일을 추궁했다. 마을엔 일본군 장교가 한 명 있었다. 그가 장교가 되었을 때 마을 잔치가 열렸다. 빨치산은 당시 이장인 박영복이 잔치를 준비한 일을 문제 삼았다.

박영복은 빨치산들이 방심한 사이 결박을 풀고 울타리 쪽으로 튀었다. 순식간에 울타리를 타 넘었다. 총소리가 등 뒤에서 들렸다. 빗 맞았다. 어둠이 든 때라 정확히 겨냥하기 어려웠을 것이다.

동네를 벗어난 박영복은 친척 집 뒤꼍의 대밭에 은신했다. 빨치산은 집에 불을 질렀다. 그들이 떠난 뒤 마을 사람들이 모여 불을 껐다. 수백 년 역사가 서린 집이 사라졌다. 이때 선조들에게 물려받아 보관하던 벼루·고서화 등 두 궤짝의 유물도 사라졌다.

멀리서 개 짖는 소리가 들려왔다. 어디엔가 사람이 살고 있다는 생각을 하니 위로가 되었다. 빨치산 대원 한 명이 동행한 교수와 고등학생들을 호명했다. 그들에게 몇 마디 주의를 주더니 하산을 시켰다. 하산하는 이들을 보니 그렇게 부러울 수가 없었다. 대열이 다시 출발했다.

인가 몇 채가 보였다. 산골 마을 뒤로 작은 논배미들이 모여 있었다. 논두렁을 밟으며 걸었다. 개 짖는 소리가 나던 마을이었다. 화약 냄새를 맡은 개들이 소리를 죽였다. 포수가 지나가면 개가 꼬리를 내린다는 말이 떠올랐다. 대열은 다시 산으로 접어들었다. 밤을 새워 산골에서 산골로 행군했다. 능선을 타고 계곡을 지났다. 동이 텄다. 어디선가 비행기 소리가 들려왔다. 대열이 있는 곳으로 날아오고 있었다. 박정기는 덜컥 겁이 났다.

'이를 어쩐다? 발견했다 하든 기관총을 난사하고 포탄을 투하할 낀데 그땐 죽는 기다.'

피난민들이 미군기의 공격으로 비명횡사한 이야기는 전쟁 와중에 숱하게 들었다. 빨치산과 연행자를 구분해 사격할 리 만무했다.

멀리서 미군기는 날아오는데 도망칠 기회를 찾을 수 없었다. 다행히 대열을 발견하지 못했는지 비행기 소리가 멀어져 갔다. 대열은 다시 출발했다.

밤이슬이 옷에 배어 축축했다. 짐이 더욱 무겁게 느껴졌다. 어지러워지면서 다리가 풀렸다. 픽 하고 쓰러졌다. 대열이 멈추었다. 의무병이 찾아와 몸에 청진기를 댔다. 몸이 뜨거웠다.

"열사병에 걸리면 큰일입니다."

빨치산 한 명이 박정기의 짐을 가져갔다. 짐을 벗으니 몸이 가뿐해졌다. 이제 살길을 찾았다는 생각이 들었다. 몸이 무겁기도 했지만 일부러 꾀를 내어 쓰러진 것이다. 대열이 다시 움직였다. 골짜기를 타고 능선에 다다랐다.

박정기는 탈출을 모색했다. 계산해 보니 대열의 앞머리에서 꽁무니까지 족히 2백 미터가 넘는 거리였다. 연행자 사이사이 빨치산이 배치되었다. 정덕기가 박정기의 바로 뒤를 따르고 있었다. 비행기가 정찰 중이라 대열에서 이탈해도 총을 쏘긴 어려울 것이었다. 총성이 들리면 위치가 드러나 기습당할 위험이 있기 때문이다.

박정기는 거리와 시간을 계산했다. 앞사람과의 거리가 10미터였다. 탈출하는 상상을 했다. 총만 쏘지 않는다면……. 미군이나 국군과 달리 빨치산은 양민을 학살하지 않는다고 했다. 어떤 확신이 다가왔다. 서서히 걸음 속도를 늦췄다. 앞사람과 거리가 조금씩 멀어졌다. 정덕기와의 거리는 서서히 좁혀졌다. 오후 3시 무렵. 능선에서 내려와 산허리로 돌아들 때였다. 박정기는 고개를 돌려 뒤를 살핀 뒤 잽싸게 대열에서 이탈했다. 쏜살같이 달렸다. 달리기라면 자신 있었다.

골짜기를 향해 내리막길을 달렸다. 뛰다 뒤를 돌아보니 정덕기가 뒤따르고 있었다. 두 사람은 숲을 헤치며 한참을 더 달린 뒤 걸음을 멈췄다. 넝쿨 숲이 가로막고 있었다. 숲에 들어선 순간 온몸에서 힘이 빠졌다. 쫓아오는 소리가 들리지 않았다. 추적을 포기한 것일까?

박정기는 정덕기를 이끌고 넝쿨 숲에 머리를 박은 채 몸을 숨겼다. 새소리 말곤 어떤 소리도 들리지 않았다. 시간이 흘러도 두 사람의 숨소리만 가빴다. 이제 살았다는 생각이 들었다. 사위를 살폈다. 자신이 선 위치를 알 수 없었다. 두 사람은 맞은편 산으로 이동했다. 산 정상에서 사방을 둘러보았다. 나무 그늘이 드리운 방향을 보고 방위를 어림잡았다. 거창 어디쯤인 듯했다. 멀리 보이는 초가 몇 채에서 연기가 피어올랐다. 두 사람은 인가를 향해 걸음을 서둘렀다.

초가 앞 밭둑에서 노부부가 아편을 채취하는 모습이 보였다. 허리를 편 노인들이 낯선 이들을 발견하고 당황했다.

"뉘시오?"

"해인대 학생입니데이. 어제 빨치산에 납치되었다 도망쳐 나왔심니더."

박정기는 그제야 자신의 몸을 살폈다. 어디서 잃어버렸는지 신발 한 짝이 없었다. 정덕기는 아예 두 짝 다 잃어버렸다. 노부부에게 자초지종을 설명하니 꽁보리밥을 차려 주었다. 허기를 채운 두 사람은 마을을 향해 내려갔다.

박정기와 정덕기가 도착한 마을에는 임시 지서가 있었다. 작은 산골 마을이었지만 빨치산 수색을 위해 지서 외에도 여러 기관이 들어와 있었다. 박정기와 정덕기는 지서에서 조사를 받았다. 조사관이 빨치산 부대의 인원과 행군 방향 등을 캐물었다. 의도적인 입산이 아니었는지 추궁했다. 마침 경찰관 중에 고향 월평리 후배가 있어서 신분을 증명해 주었다. 빨치산들이 일찍 하산시킨 교수와 고등학생들은 지서에서 고초를 겪었다는 얘기를 나중에 들었다.

지서에서 마련해 준 숙소에서 하룻밤을 자고 다음 날 해인사로 돌아왔다. 경찰들이 사찰 주변을 삼엄하게 경비하고 있었다. 박정기는 절에 도착하자마자 보따리를 찾았다. 돌다리 밑에 던져둔 보따리가 보이지 않았다. 그동안 공부한 것이 물거품이 된 듯 허탈했다. 박정기는 초모招募당한 일을 회상하며 이렇게 말했다.

"종손의 임무를 다한 기지. 만약 그때 끌려갔으믄 우리 집안은 끝난 기야. 내는 내 할 일을 다했어."

당시 함께 연행된 사람들의 생사는 내내 알 수 없었다. 그러다가 42년 세월이 흐른 뒤 빨치산 한 명을 우연히 만났다. 1992년 여름, 유가협 회장을 맡고 있을 때였다. 박래군(박래전의 형)이 유가협에 귀한 손님이 온다고 일러 줬다. 북송된 이인모 선생과 처지가 비슷한 비전향 장기수라고 했다. 일행과 함께 방문한 이는 키가 크고 건장했다.

서로 인사를 나누는데 상대는 익히 아는 이를 보는 듯한 표정이었다. 민주화 인사로 널리 알려진 터라 초면에도 알은척을 하는 이들이 많아, 이번에도 그런가 보다 했다. 박정기는 장기수를 만나면 항상 그렇듯 몇 해를 복역했는지 물었고, 빨치산에 납치된 일을 들려주었다. 혹시 자신을 납치한 부대원을 만날 수도 있지 않을까 하는 기대에서였다. '마지막 빨치산'으로 불리는 정순덕에게도 그 얘기를 들려주었는데, 그 일을 알긴 하지만 초모전에 참여하지는 않았다고 대답했다.

그런데 장기수가 초모전이 있던 날의 날짜를 정정했다.

"회장님, 그날은 7월 12일이 아니고 7월 16일입네다."

박정기는 깜짝 놀랐다. 일행도 모두 놀라 그의 얼굴을 바라보았다. 박정기가 침묵을 깨며 질문했다.

"아니, 선생님께서 날짜를 어뜨케 압니까?"

그는 박정기를 납치한 이들이 바로 자신이 인솔한 부대라고 고백했다. 그날 벌어진 일이며 이동한 지역과 위치를 설명했는데, 앞뒤 정황이 한 치도 다르지 않았다. 장기수의 이름은 함세환이었다.

함세환은 1950년 7월 열아홉의 나이로 의용군에 자진 입대했다. 그 뒤 빨치산 부대에 편입되어 활동했다. 그는 여러 해에 걸친 전투로 12발의 총알을 맞았지만 목숨을 부지했다. 카빈 총알 하나는 지금까지 뱃속에 박혀 있었다. 함세환은 해인사를 습격한 지 얼마 지나지 않아 속리산 하간평에서 총알 네 발을 맞고 사로잡혔다. 휘하의 부하 네 명은 그 자리에서 전사했다. 그는 재판에서 무기징역을 선고받고 감옥에서 34년을 복역했다.

함세환은 박정기를 납치한 일을 빨치산 용어로 '초모'라고 일러

줬다. 초모로 입산한 이들에겐 빨치산 활동을 강요하지 않는다고
했다. 다만 일정한 사상 교육을 통해 입대를 권유한다고 설명했다.

그날 두 사람은 오랜 지기처럼 마음을 터놓고 옛이야기를 나눴
다. 세월이 흘러 한 사람은 민주화 운동가가 되어 있었고, 한 사람은
비전향 장기수가 되어 있었다.

그 뒤 두 사람은 민주화 운동의 길을 함께하며 가깝게 지냈다.
'제2의 이인모'로 알려진 함세환은 '남북공동선언'에 따라 2000년 9
월 63명의 장기수와 함께 북한으로 송환되었다. 북으로 간 그는 40
대 여성과 결혼해 슬하에 딸을 두었다. 그가 칠순의 나이에 자식을
낳았다는 소식을 들은 박정기는 기쁨을 감추지 못했다. 직접 축하
의 말을 전할 길이 없어 아쉬울 따름이었다.

1953년 7월 27일 정전협정이 맺어졌다. 정전협정은 그 뒤 평화
협정으로 나아가지 못한 채 한반도는 60년 넘게 전쟁이 일시 중단
된 땅이 되었다. 그 무렵 해인대학은 교정을 진주로 옮겼다. 박정기
는 진주에서 2학기를 마치고 중퇴했다. 집안 형편이 어려워진 데다
아버지의 재혼으로 생긴 두 동생을 뒷바라지해야 한다는 책임감 때
문이었다.

4

전쟁이 끝난 뒤 거리엔 실업자가 넘쳐 났다. 일자리 잡기가 여의치 않았다. 우연히 부산시청에서 일하는 지인을 통해 공무원 공채 소식을 듣고 응시했다. 1954년 박정기는 스물여덟의 나이로 부산시 수도국 공무원이 되었다. 36년 공무원 생활의 첫걸음을 뗀 것이다.

그는 주로 수도 파이프 매설 작업 현장과 양수장의 가압장에서 일했다. 24시간 교대제라 하루 일하고 하루 쉬는 생활의 반복이었다. 2년 뒤인 1956년 친척의 중매로 정차순을 만나 결혼했다. 박정기는 정차순을 '큰 언덕'에 비유한다.

"나는 아내를 큰 언덕처럼 믿는다. 황소는 무기가 꼬리밖에 없다. 귀찮게시리 파리가 달라붙어도 꼬리밖에 쓸 수 없다. 온몸이 가려우면 잔등을 언덕에 대고 마구 비비는 수밖에 없는 것이다. 그런 황소에게 언덕은 얼마나 고마운 존재인가?"

황소는 박정기이고, 언덕은 정차순이다. 결혼 생활은 화목했다. 부부 싸움 없는 평온한 생활이었다. 더러 아내가 언성을 높일 때가 있었지만 매번 '황소'인 그가 물러섰다.

박정기는 정차순을 향한 마음을 글을 통해 두 번 고백했다. 그중

두 번째 고백은 1994년 4월 30일의 일기에 적혀 있다.

나는 내가 가진 진실과 당신이 가진 진실이 한 치도 다름이 없다는 것을
믿는다. …… 언제나 나는 당신에 대한 만족으로 살아간다. 다시 태어나
도 당신을 만나 만족할 것이다.

신접살림은 부산시 서구의 구덕수원지 사택에 차렸다. 부부는
1957년 맏아들 종부를 낳았고, 4년 뒤 딸 은숙, 그 3년 뒤 막내 종철
을 낳았다. 아이들은 다툼이 없었고 우애가 깊었다.

박봉의 공무원 월급으로 정차순은 검소하게 살림을 꾸려 나갔다.
박정기의 생활신조도 '검소'였다. 자신을 위한 소비에는 인색했지만
타인을 위한 일에는 아낌이 없었다. 그가 가훈처럼 자주 하는 말이
있다.

"십 원은 아끼고 천 원은 써라."

삼남매는 이 말을 외우며 학창 시절을 보냈다. 훗날 막내 종철이
친구들 사이에서 '자선사업가'라는 별명으로 불리게 된 것은 아버지
의 이런 교육이 은연중 몸에 밴 까닭이었다.

현대사의 흐름은 가팔랐지만 박정기의 가족은 평화로웠다. 이승
만 대통령이 하와이로 쫓겨났고, 곧이어 박정희 군부가 등장했다.
박정희 정권은 죽을 때까지 끝나지 않을 것 같았다.

그의 공무원 생활에서 딱 한 번 위기가 있었다. 1961년 5·16 쿠
데타 직후였다. 당시 수도국은 부산시청 뒤편 별관에 있었다. 이른

아침이면 수도국 건물 앞으로 수백 명의 인부들이 모여들었다. 수도관 매설 작업을 하는 이들이었다. 그들 중 일부가 노동조합 설립을 주도했다.

인부들은 해마다 계약서를 새로 써야 하는 임시직이었다. 박정기는 그때마다 이력서를 대필해 줬다. 해가 바뀌면 일자리를 잃는 이들이 많았다. 인부들이 노동조합을 설립하려 한 것은 열악한 노동 환경과 일자리에 대한 불안감 때문이었다. 이들이 가장 가깝게 지내는 박정기를 찾아와 노동조합 설립을 도와 달라고 요청했다.

노조 설립 계획은 하루 만에 탄로 났다. 이튿날 아침 시청 간부가 박정기와 계획에 연루된 관리자들을 불러 윽박질렀다.

"당장 손 떼시오! 그렇잖으면 오늘부로 모두 해고하겠소."

관리자들은 모두 손을 뗐다. 박정기도 도리가 없었다. 애초에 노동운동을 하려고 가담한 것이 아니라 인정에 끌려 함께한 것이었다. 노동조합 설립 계획은 그렇게 허무하게 막을 내렸다. 박정기는 1987년 노동자 대투쟁 시기에 이르러서야 노동조합이 어떤 의미가 있는 공동체인지 깨달았다.

공무원 생활은 평탄했다. 뇌물의 유혹은 애초에 없는 자리였다. 묵묵히 자신의 일에 충실하면 되었다. 성실하고 소박한 성격의 그에게 맞는 일이었다. 더 나은 직업에 대한 욕구가 없었던 것은 아니지만 매사 신중한 탓에 쉬이 일을 벌이진 않았다.

1986년, 정년 퇴임을 한 해 남겨 둔 박정기의 꿈은 목욕탕집 주인이었다. 부산시의 물을 관리하던 그에게 목욕탕 하나 정도의 물을 관리하는 일은 식은 죽 먹기였다.

마침 정차순의 친구가 동래에서 목욕탕을 운영하고 있었다. 친구네가 고용한 사람이 목욕탕을 경영했는데 관리가 소홀하자 어느 날 박정기에게 부탁했다.

"종철 아버지, 우리 목욕탕 좀 봐줄래요?"

퇴임하면 목욕탕을 운영해 달라는 말이었다. 그는 망설임 없이 수락했다.

평범하고 순탄하게 살아온 공무원 박정기의 삶은 여기까지다. 그가 목욕탕집 주인을 꿈꾸고 있을 때, 전두환 군부 정권은 직선제 개헌을 요구하는 학생과 시민을 구속하며 정권 연장을 꿈꾸었다. 직선제는 국민이 원하는 정부를 국민 스스로 선택할 권리였다. 한국 민중의 민주화 염원은 1980년 봄 한 차례 좌절되었지만, 1986년에 이르러 직선제 개헌 운동의 열기를 타고 부풀어 오르고 있었다.

독재 정권과 민주 세력의 꿈은 공존할 수 없었고, 둘 중 하나의 꿈은 역사의 뒤켠으로 사라져야 했다. 한 청년의 꿈과 목숨이 사라지면서 두 가지 꿈의 대립은 예측할 수 없는 국면으로 전개되었다. 그 청년의 이름은 박종철. 바로 박정기의 막내아들이었다.

2007년 1월 14일 서울 남영동 경찰청 인권센터(옛 치안본부 대공분실) 509호.

2부

1987년 1월 14일

처절한 심정으로 이 넓고 큰 지구에서
나 혼자 변을 당하는 외로움,
사지가 마비되는 고독감,
당하고 마는구나 하는 마음이
바로 이날이었다.

———————

박정기의 일기장(1997년 5월 8일).

1

1987년 1월 14일 저녁 7시 무렵. 일을 마친 박정기는 작업복 차림으로 부산시 영도구 청학동 집에 들어섰다. 그의 집은 청학양수장 관사에 딸린 사택이었다. 거실에 들어서자 딸 은숙이 근처 다방에서 기다리는 사람이 있다고 전해 주었다.

"아버지, 시청 총무과장이 다녀갔어예."

의아했다. 수도국 공무원들에게 총무과장은 볼일이 없는 사람이었다. 본청 과장이 관여하고 나섰다면 예삿일은 아니었다.

그는 관사 옆 파출소를 돌아 다방에 들어섰다. 낯선 얼굴 넷이 그를 맞이했다. 공무원 차림새가 아니었다. 두 명은 바로 자리를 피했다. 먼저 일어선 두 명은 부산 지역 안기부(국가안전기획부, 현재 국가정보원) 요원인 것 같았다. 나머지 두 명은 경찰 간부였다. 다방 안에 무거운 공기가 내려앉았다. 한 사람이 박정기를 다른 테이블로 이끌었다.

"저희는 서울에서 왔습니다. 박 선생님, 함께 서울에 가셔야겠습니다."

다짜고짜 서울로 향하자는 말에 당황스러웠다.

"무슨 일 땜에 그러요? 서울엔 뭔 일로 가자는 깁니까?"

"가보면 압니다."

순간 머리에 떠오른 것은 막내아들 종철이었다.

"아들 문제니껴?"

"……네."

그는 '아들이 또 감옥에 갇힌 걸까?' 하는 생각을 했다. 그 정도 일이라면 부산까지 찾아올 리 만무했다. 뭔가 큰일이었다.

"교통사곱니까? 병원에 있습니까?"

"아닙니다."

"그럼 무슨 일인 게요?"

"자꾸 그렇게 따져 물을 게 아닙니다. 가보면 압니다. 어서 갑시다."

대답이 퉁명스러웠다. 그들은 그 이상의 답변을 주지 않고 일어서며 말했다.

"마음을 크게 먹으셔야 합니다."

순간 박정기는 아득해졌다. 정신을 수습하며 그가 말했다.

"옷이라도 갈아입고 오겠심니더."

집에 들러 급히 옷을 갈아입는 그에게 아내와 은숙이 불안한 목소리로 물었다.

"혹시 철이한테 뭔 일 생겼소?"

"내 서울 가서 알아보고 전화할 거구마."

현관문을 빠져나오자 기다리던 경찰 간부들이 택시에 등을 떠밀었다. 부산역에서 서울행 새마을호 기차를 탄 시각은 밤 10시쯤이었다. 박정기는 그때까지 말 한마디 하지 않았다. 입을 열 수 없었다. 들려올 말이 무서웠다. 차창 밖은 캄캄한 암흑이었다. 동행한 이들도 한동안 말없이 창밖을 응시할 뿐이었다. 그는 암흑 속에서 아들을 떠올렸다. 그 외에 떠오르는 생각은 없었다. 아들은 이틀 전인 1월 12일 집을 다녀갔다. 서울에 가면 일본어 수업을 들을 계획이라고 했다. 13일인 어제가 수업 첫날이었다. 그런데 무슨 일이 벌어진 것일까? 다방 안에서 들었던 말이 되풀이 들려왔다.

'마음을 크게 먹으셔야 합니다.'

그는 다가올 일이 마음의 준비를 할 수 있는 것인지 알 수 없었다. 아들이 집에 다녀가던 날 아내는 몇 번이고 다짐을 받아두었다.

"니 다시는 데모 안 할 기지? 내캉 약속하자."

아들은 학내 시위에 참여한 일로 넉 달 동안 구치소에 수감되었다. 출소한 지 몇 달 지나지 않은 때였다. 밤낮 불안해 하던 아내가 이번엔 아들을 단단히 단속한 것이다.

정적을 깨며 경찰 간부들이 질문을 시작했다. 주로 친인척의 정치 성향을 파악하는 질문이었다. 친인척 중에 좌익 인사는 없었다. 그는 질문을 흘려들으면서도 꼬박꼬박 대답했다.

다음 날 새벽, 서울 용산역 플랫폼에 내리자 계단 위에서 검은 양복을 입은 네댓 명의 건장한 체구들이 기다리고 있었다. 가까이 다가가니 그들의 몸에서 음산한 기운이 풍겼다. 그들을 보는 순간, 왠지 돌아올 수 없는 곳에 도착한 것 같았다.

검은 양복의 사내들이 마련한 차에 올랐다. 차는 어둠 속으로 바퀴를 굴렸다. 그가 긴 침묵을 깼다.

"우리 아를 먼저 보여 주이소."

사내들은 아무런 대답 없이 차를 몰았다. 몇 분 지나지 않아 어느 여관 앞에서 차가 멈췄다. 여관에 딸린 목욕탕에서 몸을 씻고 나오자 경찰 간부들이 그를 데리고 근처의 한 건물 속으로 들어갔다. 1호선 남영역 철로변에 위치한 남영동 치안본부 대공분실(현재 경찰청 인권센터)이었다. 훗날 알고 보니, 그가 들어선 곳은 하루 전 아들이 끌려온 건물 뒤편에 있는 별관이었다.

경찰 간부들을 따라 2층의 어느 방으로 들어갔다. 간부 한 명이 지시했다.

"여기서 기다리면 됩니다."

박정기는 그저 아들의 안전이 궁금했다.

"종철이를 보여 주이소."

그들이 곤란한 표정을 지었다.

"여기서 잠시만 기다리십시오."

박정기는 이때 "이를 악물기도 하고 입술을 깨물면서 어금니를 딱딱 다물면서 큰일 아니기를" 빌고 있었다고 회고했다.

잠시 후 낯선 사람이 들어왔고, 이상한 질문을 했다. 집안에 무슨 문제가 있지 않느냐는 유도성 질문이었다. 박정기는 그의 말을 끊었다.

"왜들 이러요? 우리 아를 빨리 보여 주이소."

몇 차례 실랑이를 벌이는 동안 불길한 예감이 떠올랐다. 그는 마냥 아들을 기다려야 했다. 그들은 무슨 이유에선지 시간을 끌고 있었다. 그의 머릿속에 거푸 떠오르는 건 다방에서 들은 말이었다.

'마음을 크게 먹으셔야 합니다.'

어느 순간 박정기는 아들이 죽었을지도 모른다는 생각이 들었다. 마음을 크게 먹으라는 말이 그 뜻인 것만 같았다. 그는 몸을 떨었다.

'철이가 죽은 것 같다. 그렇지 않고서야 이들이 왜들 이러나……'

그는 좋지 않은 생각을 쫓아내려 애쓰며 경찰 간부에게 다시 물었다.

"무슨 일입니껴?"

"……."

"아들 먼저 보여 주이소."

"알겠습니다. 잠시만 더 기다리십시오."

대답은 변함없었다. 기다림은 지루하기보다 두려운 것이었다. 그들은 자꾸 미적거렸다. 기다리는 동안 저들이 무슨 수작을 부리고 있는지 알 수 없었다. 시간을 끌수록 불안감은 커져 갔다. 속히 아들을 만나 마음을 놓고 싶었다. 그렇게 몇 시간이 흘렀다. 창밖으로 해가 떠올랐다. 더는 견딜 수 없는 심정이 되었을 때 박정기는 각오한 듯 질문했다.

"종철이가 죽었습니까?"

한참을 망설인 끝에 간부 하나가 고개를 끄덕였다. 두 다리가 휘청 흔들렸다. 무언가를 짚고 싶었지만 아비는 안간힘으로 버티며 그들에게 요구했다.

"내를 종철이한테 데려가 주이소."

아무도 대답하지 않았다. 그는 목소리를 높였다.

"내를 데려가 주이소."

"잠시만 기다려 주십시오."

그들의 목소리가 아주 멀리서 들려오는 것처럼 작게 들렸다. 그는 낙담하듯 말했다.

"어뜨케 죽었드나?"

무거운 침묵이 흘렀다. 박정기는 무엇을 어떻게 해야 할지 알 수 없었다. 이곳은 어디일까? 아들은 여기서 죽은 것일까? 누가, 왜 죽인 것일까? 저들이 죽인 것일까? 아비는 외쳤다.

"어뜨케 죽었드나? 설명해 봐라."

그들이 무슨 말인가를 주고받은 뒤 말했다.

"따라오십시오."

그들이 박정기를 데려간 곳은 대공분실 최고 책임자의 사무실이었다. 그가 아들을 기다리는 동안 경찰은 사건을 조작하기 위해 입을 맞추고 있었다.

박정기가 대공분실에 들어서기 하루 전인 1월 14일 오전 11시 40분. 두 명의 방문객이 같은 장소에 도착했다. 중앙대학교 부속 용산병원의 내과 전문의 오연상과 간호사였다.

오연상은 대공분실 5층 9호 조사실 문을 열었다. 좁은 조사실에는 철제 책상과 의자가 놓여 있었고, 안쪽엔 낮은 칸막이 너머로 양변기와 욕조, 세면대가 보였다. 조사실 바닥은 욕조에서 넘친 물로

홍건했고 청년 한 명이 간이 침상에 누워 있었다. 수사관 세 명이 청년에게 인공호흡을 하고 있었다. 나머지 수사관들은 조사실을 서성였다.

오연상은 청년을 진찰했다. 맥박이 뛰지 않았다. 불룩하게 오른 배를 누르자 입에서 물이 흘러나왔다. 폐에선 거품소리가 들려왔다. 청년은 호흡곤란으로 사망한 듯했다. 수사관 한 명은 청년이 물을 많이 마셨다고 말했다. 그들이 조바심을 냈다.

"살릴 수 있겠습니까? 중요한 사람이니 꼭 살려야 합니다."

오연상은 심장 쇼크 요법을 시행했다. 하지만 청년의 숨은 돌아오지 않았다. 수사관들이 병원으로 가서 응급조치를 더 해보자고 요청했다. 오연상은 죽은 청년과 함께 용산의 중앙대병원으로 이동했다. 일행은 병원 응급실에서 발길을 돌려야 했다. 이미 사망한 청년을 병원에서 받을 리 없었다. 결국 경찰은 주검을 경찰병원 영안실에 안치했다. 청년의 이름은 박종철. 1965년생, 나이 스물셋이었다. 사인은 아직 알 수 없었다.

2

1987년 1월 15일 새벽 6시가 넘어선 시각. 당시 서울에서 직장 생활을 하던, 박종철의 형 박종부는 출근을 준비하고 있었다. 바깥에서 인기척이 들렸다. 자취집의 현관문을 열자 낯선 사내 셋이 서 있었다.

"우린 형사입니다. 함께 갈 곳이 있습니다."

그는 동생에게 무슨 일이 벌어졌음을 직감했다. 가족들도 모르는 자취방을 형사들이 어떻게 찾아낸 걸까? 그는 이들이 남영동 대공분실에서 왔으리란 건 상상할 수 없었다.

"무슨 일입니까?"

"동생에게 문제가 생겼습니다."

예상대로였다. 준비를 마치고 현관을 나서자 검은색 승용차 문이 열렸다. 차는 마포경찰서 앞을 지나 도로를 내달렸다. 앞 유리 너머로 동이 트고 있었다.

어느덧 차가 목적지 가까이에 이르렀다. 회색 벽돌의 건물을 보는 순간 머리칼이 쭈뼛해졌다. 익히 알고 있는 건물이었다. '남산'(국가안전기획부), '서빙고호텔'(보안사령부)과 함께 고문으로 악명 높은 대공분실이었다. 동생이 고문을 당했다는 생각에 분노가 치밀었다.

박종부는 아버지 박정기가 먼저 와있던 방으로 안내되었다. 문이 열리자 열 명 남짓한 경찰 간부들이 그를 일시에 바라보았다. 방 한가운데 넓은 회의 테이블이 놓여 있었다. 몇은 앉고 몇은 서있었다. 아버지의 모습이 보였다. 박정기가 의자에서 일어서며 오열했다.

"종부야, 막내가 죽었데이."

박정기는 쓰러지듯 큰아들의 어깨를 붙잡았다. 아버지의 어깨가 흔들렸다.

경찰 간부들이 사고 경위를 설명했다. 심장마비라고 했다. 고문에 관한 얘기는 없었다.

박종부가 도착하기 전, 박정기는 경찰 간부 박원택에게 한 차례 상황 설명을 들었다. 이야기를 다 들은 뒤 박정기는 아들을 죽인 자들을 불러 달라고 요구했다. 잠시 후 조한경과 강진규가 도착했다. 그들은 박정기의 눈을 피했다. 경찰 책임자가 두 사람을 소개했다.

"대공분실 수사관들입니다. 국가와 민족에 대한 충성심이 지극하고, 그동안 대한민국 수사기관에 근무하면서 많은 공로를 쌓았습니다."

조한경은 자신을 '기독교 신자'라고 소개했다. 박정기가 두 사람에게 따져물었다.

"대관절 어뜨케 하니 사람이 죽드나?"

그들이 책상과 의자를 옮기며 조사실 상황을 재연했다. 박정기는 그들의 말과 행동 하나하나를 기억하려 애썼다. 나중에 한 차례 더 재연을 요구하기 위해서였다. 박종부가 도착한 뒤 박정기가 말했다.

"아까 한 것처럼 똑같이 설명해 주이소."

박원택이 대답했다.

"자세한 상황은 현장에서 설명하겠습니다."

박정기·박종부 부자는 그들을 따라 5층 조사실로 이동했다. 조사실에서 조한경·강진규가 지켜보는 가운데 박원택이 상황을 재연했다. 그는 조사 과정에서 박종철이 답변을 거부했다고 설명했다. 잠시 후 그가 갑자기 주먹을 쥐고 과장된 몸짓으로 테이블을 쾅 내리쳤다. 지켜보던 아들과 아버지가 깜짝 놀랐다. 박원택이 두 사람을 빤히 응시했다.

"보세요! 놀라셨죠? 이렇게 책상을 '탁' 하고 치니까 '억' 하고 쓰러졌어요. 심장마비로 쓰러진 겁니다."

그것이 그들의 결론이었다. 박종부는 어안이 벙벙했다. 하지만 그 자리에서 그가 할 수 있는 일은 없었다. 주변엔 경찰들뿐이었다. 이후에도 종철의 주검을 따라 벽제화장터(현재 서울시립승화원)에 갈 때까지 가족들은 외부로부터 고립되었다. 박정기는 이날의 고립감을 10년 뒤에 일기장에 기록했다.

처절한 심정으로 이 넓고 큰 지구에서 나 혼자 변을 당하는 외로움, 사지가 마비되는 고독감, 당하고 마는구나 하는 마음이 바로 이날이었다.

10분가량의 상황 재연을 마친 뒤 조사실을 나왔다. 박정기는 부산 집에 전화를 걸었다. 딸이 받았다. 차마 소식을 전할 수 없었다.

"은숙아, 염주하고 염불 책, 그라고 철이 사진 갖고 올라온나."

그는 울먹였다. 울먹이다 저도 모르게 막내가 죽었다고 말해 버릴 뻔했다. 박은숙은 동생의 사진을 가져오라는 말이 무슨 뜻인지 깨달았다. 믿기지 않았다. 확인하고 싶었다.

"아부지! 아부지!"

수화기 너머에서 딸의 외침이 잦아드는 소리를 들으며 그는 전화를 끊었다.

박은숙은 서둘러 어머니 정차순과 함께 부산 집을 나섰다. 딸은 어머니에게 청심환을 삼키게 했다. 집 앞에 경찰이 대기하고 있었다. 경찰관을 보자 어머니가 깜짝 놀랐다.

"은숙아, 뭔 일인지 얘기해라. 이 사람들 누고? 갸가 또 데모하다 잽히갔노? 와 이라는데?"

박은숙은 영안실에 도착할 때까지 어머니에게 동생의 죽음을 알릴 수 없었다. 두 사람을 태운 차가 김해공항으로 향했다. 경찰병원에 도착했을 땐 오후 5시 무렵이었다.

정차순은 딸이 영안실 쪽으로 가고 있다는 것을 알았다. 그는 놀란 표정으로 딸을 바라보았다.

"니 와 이기로 가나? 이기 어디누? 영안실에 와 델꼬 가노?"

박은숙은 울먹거리며 영안실에 들어섰다. 정차순은 비로소 막내 종철이 살아 있지 않다는 것을 알았다. 그는 아들의 이름을 불렀다.

"철아!"

어머니의 목소리가 병원 복도에 메아리쳤다.

비슷한 시각. 박정기와 박종부는 남영동 대공분실을 나와 경찰병원에 도착했다. 박정기가 영안실에 도착했을 때 아내와 딸도 이미 병원에 와있었다. 그는 병원에 도착한 이후의 일들을 제대로 기억하지 못했다. 대공분실에서 겪은 일도 그랬다. 그의 증언은 장소와 시간 등이 불일치했다. 아들이 죽은 사실을 알게 된 이후의 일들은 특히 더 그랬다.

아들을 만나려는 정차순을 박정기가 막아섰다. 그는 '잘못하면 가족들이 다 죽는다.'는 두려움에 아내를 만류했다. 정차순은 아들이 있는 곳을 향해 여러 차례 달려들었고, 그때마다 박정기가 가로막았다. 그러나 아내를 끝내 막을 순 없었다.

정차순은 울음을 멈추고 죽은 아들을 바라보았다.

"종철아, 니 와 여깄나? 학교 안 가고 예서 뭐 하나? 어무이 왔데이. 말 좀 하그래이."

그는 아들의 주검 앞에서 정신을 잃었다. 박종부는 어머니를 부축해 응급실로 향했다. 박은숙은 아버지를 붙잡고 물었다.

"아버지, 아버지, 어떻게 된 거야? 종철이가 와 죽었어? 저 사람들은 누구야? 저 사람들이 종철일 죽였어?"

박정기는 대답할 수 없었다. '탁' 치니 '억' 하고 죽었다는데 그게 어떻게 가능한 일인지 알 수 없었다. 그 말을 들었을 뿐 아는 것이 없었다. 아들이 죽었다는 사실만 명백했다. 그는 고개를 숙였다. 정차순에 이어 박정기도 오랜 기다림 끝에 비로소 아들을 만났다. 아들은 억울한 죽음도 잊은 듯 평온한 표정이었다.

"철아! 철아! 우리 철이 맞나? 애비가 왔데이."

아들은 아무 대답도 하지 않았다. 주검 앞에서 목이 메었다.

혼절한 어머니를 응급실 병상에 모신 뒤 박종부는 밖으로 빠져나왔다. 담배를 피우고 싶었다. 그는 담배를 꺼내 물고 후문 쪽으로 갔다. 영안실 안팎은 유가족 외엔 형사들뿐이었다. 그때 어디선가 다급하게 외치는 목소리가 들렸다.

"혹시 안에 유가족 계십니까?"

후문 너머에서 들리는 소리였다. 그는 경찰들을 살핀 뒤 조심스럽게 소리가 나는 쪽으로 다가갔다. 목소리의 주인공은 자신을 중앙일보 기자라고 소개했다. 박종부가 후문으로 다가가 대답했다.

"제가 유족입니다."

강철로 된 문 틈새로 두 사람은 얼굴을 보지 못한 채 말을 주고받았다. 주로 취재 내용을 확인하는 질문에 대한 답이었다.

"내는 친형입니다. …… 1965년생입니다. …… 죽었습니다. …… 대공분실입니다."

이 사건을 맨 먼저 취재한 것은 중앙일보 사회부의 신성호 기자였다. 그는 15일 아침 출입처인 서소문 검찰청사를 돌며 '오전 점검'을 하던 중 한 검찰 간부가 던진 말에서 단서를 잡고 탐문을 시작했다. 신성호 기자에게 사건을 귀띔한 제보자는 이홍규 대검 공안4과장으로, 그는 25년 뒤인 2012년에야 자신이 제보자임을 밝혔다.

여러 명의 간부들을 만나며 취재한 신성호 기자는 대공분실에서 심문 도중 사망 사건이 벌어졌음을 알게 되었다. 그 뒤 서울대 담당 기자 김두우를 통해 서울대생 박종철의 이름을 찾아냈다. 부산 지역 기자를 통해선 가족들이 집을 비우고 서울로 갔다는 내용도 확인했다.

이 기사는 5공화국의 보도지침 검열망을 뚫고 그날 오후 3시 30분 발행된 『중앙일보』 석간에 실렸다. 사회면의 2단 기사로 "경찰에서 조사받던 대학생 쇼크사"라는 제목 아래 다음과 같은 글이 실렸다.

경찰은 박 군의 사인을 쇼크사라고 발표했으나 검찰은 박 군이 수사관의 가혹 행위로 인해 숨졌을 가능성에 대해 수사 중이다.

이 기사는 '가혹 행위', 즉 고문치사 의혹을 남겨 다른 언론들의 후속 취재로 이어졌고 에이피AP, 아에프페AFP 등 외신을 타고 전 세계로 퍼졌다.

3

1987년 1월 15일 오후 6시가 넘은 시각, 박정기의 동생 박월길과 박종부는 부검을 참관하기 위해 한양대학교병원으로 이동했다. 경찰은 어젯밤을 넘기지 않고 박종철의 주검을 화장할 계획이었다. 하지만 최환 검사의 노력으로 부검할 수 있게 되었다. 고문사를 직감한 최환은 외압을 물리치고 사체 보존 명령을 내렸다. 사건의 지휘는 그날 밤 당직이었던 안상수 검사가 맡았다.

경찰은 처음엔 '쇼크사로 판정 난 사체를 무엇 때문에 부검하려 하느냐?'며 버텼고, 나중엔 부검을 경찰병원에서 하자고 주장했다. 경찰병원에서 부검하면 사인을 왜곡할 여지가 높았다. 부검 장소는 최환의 제안에 따라 한양대병원으로 결정되었다.

박종부는 부검을 막으려는 경찰의 회유와 협박에 시달렸다. 박정기는 부검에 반대했다. 죽은 자식을 왜 또 죽이냐는 생각 때문이었다. 하지만 사건의 진실을 밝히는 일은 부검을 통해서만 가능했다. 박종부는 아버지 몰래 부검 현장에 갔다. 안상수 검사가 말했다.

"친형이 보는 것보다 삼촌이 참관하는 게 낫겠습니다."

박월길이 참관인으로 들어가고 박종부는 건물 바깥에서 기다렸다. 부검은 국립과학수사연구소의 부검의 황적준 박사, 한양대 박동호 교수 등 의사 세 명과 박월길이 참석한 가운데 이뤄졌다. 부검을 마친 뒤 황적준은 안상수에게 말했다.

"질식사입니다. 물고문 같습니다."

삼촌 박월길이 부검을 참관하고 나오자 박종부가 담배를 내밀었다. 박월길이 담배를 한 모금 내뿜고 부들부들 떨면서 말했다.

"저놈들이 종철이를 죽였어!"

고문사가 확실했다. 박종철의 맨몸을 확인한 그가 말을 이었다.

"온몸에 피멍 자국이 많아. 두피에도 피멍이 있고, 두들겨 맞은 흔적이 많아."

예상한 대로였다. 대공분실에서 고문이 없을 수 없었다.

"상처 부위를 보니 전기 고문이 있었던 거 같아."

박월길은 말을 더 잇지 못했다. 그는 부검 결과와 달리 전기 고문이 있었으리라고 판단했다. 부검의 황적준은 이때부터 경찰로부터 시달림을 받았다.

"급한 불(기자회견)부터 끕시다. 보고서를 '심장 쇼크사'로 작성해 주시오. 은혜는 잊지 않겠습니다."

경찰은 허위 보고서 작성을 요구했다. 황적준은 갈등했다. 박종철의 죽음이 고문사가 될지, 쇼크사가 될지는 그의 결정에 달려 있었다.

황적준은 16일 하루 내내 고민하다 그날 밤 잠자는 아내와 아이들의 모습을 바라보며 "정의로운 아빠가 되겠다."는 결심을 한다. 그는 다음 날 아침 아내에게 "정의의 편에 서서 감정서를 작성하겠다."고 말했다. 1년 뒤 그는 그때 부검 과정에서 받았던 경찰의 회유와 협박 내용을 기록한 일기장을 언론에 공개한다. 이로 인해 강민창 치안본부장이 구속된다.

1월 14일 오전 경찰의 요청으로 대공분실 509호 현장을 가장 먼저 목격한 중앙대병원 내과전문의 오연상도 16일 언론을 통해 용기 있는 증언을 한다.

조사실에 도착했을 당시 박 군은 바지만 입은 채 웃옷이 벗겨져 있었던 것으로 기억되며 약간 비좁은 조사실 바닥에는 물기가 있었다.

그의 증언은 박종철의 사인이 심장 쇼크사가 아닌 물고문임을 암시했다. 의사들의 용기 있는 증언으로 박종철이 고문사한 사실을 감출 수 없게 되었다. 사건은 보도 지침으로 통제할 수 없을 만큼 커졌다. 1월 16일부터 사건이 대서특필되었다. 첫 보도를 한『중앙일보』에 이어 19일자『동아일보』는 박종철 사건을 1면 머리기사로 내보냈다. 기자들은 안기부 등의 외압에 맞서며 사건을 추적했다.

경찰은 자체 수사를 하지 않을 수 없었다. 여론이 비등하자 1월 19일 강민창 치안본부장은 고문치사 사건에 대해 직접 발표했다.

(1월 14일) 10시 51분경부터 심문을 시작, 박종운 군 소재를 묻던 중 갑자기 '억' 하고 소리 지르며 쓰러져 중앙대 부속 병원으로 옮겼으나 12시경 사망했다.

그날 경찰이 기자들에게 배포한 보도자료에 등장한 "책상을 '탁' 치니 '억' 하고 죽었다."라는 표현은 박정기 앞에서 재연할 때 했던 말 그대로였다. 고문 사실을 감추기 위한 이 말은 이때부터 시대의 유행어가 되었다.

그 시절, 고문은 공공연한 비밀이었다. 고문 사건이 여론의 관심을 불러일으킨 것은 두 해 전부터였다. 1985년 고 김근태(당시 민주화운동청년연합 의장)는 남영동 대공분실 515호에서 고문 기술자들에 의해 물고문과 전기 고문을 당했다. 김근태의 폭로로 고문 기술자 '김 전무'(이근안)가 세상에 얼굴을 드러냈다. 7년 실형을 마치고 나온 뒤 목사로 변신한 이근안은 몇 해 전 어느 인터뷰에서 자신의 심문을 '고문이 아닌 예술'이라고 표현했다.

1986년엔 서울대 휴학생 권인숙이 고문을 당했다. 그는 경기도 부천의 한 공장에 위장 취업하면서 '허명숙'이라는 가명을 쓰고 주민등록증을 위조한 혐의로 경찰에 연행되었다. 그는 문귀동 형사에 의해 이틀에 걸쳐 가혹 행위와 성 고문을 당했다.

해마다 터진 고문 사건은 국가권력에 의한 인권유린의 민낯을 드러냈다. 그런 상황에서 발생한 박종철 고문치사 사건은 삽시간에 국민들의 분노를 불러일으켰다.

박정기는 정년 퇴임을 1년 남짓 앞두고 부산시장실을 방문한 적이 있었다. 말단 공무원 생활 30여 년 만에 시장실을 방문한 것은 그때가 처음이었다. 시장은 '아들 단속'을 주문했다.

"박 선생도 어렵게 자제가 그 좋은 대학을 갔으니 학업에 열중하라고 꼭 가정에서 타이르시오."

에둘러 한 말이었지만 무슨 뜻인지 짐작할 수 있었다. '누구누구가 데모하는 아들을 뒀다는 이유로 국장 진급에서 탈락했다.'는 이야기는 공무원들 사이에서 심심찮게 들려왔다.

텔레비전만 켜면 화염병을 던지는 대학생들과 최루탄을 쏘는 전경들의 모습이 등장하던 시절이었다. 종종 아들의 입학식 때 본 서울대 정문도 보였다. 서울대는 시위가 가장 빈번한 학교였다. 박정기는 화면 속의 학생들 중에 혹여 아들이 있을까 노심초사했다.

학생운동을 하며 마포경찰서를 드나들던 큰아들과 달리 막내는 큰 문제를 일으키지 않아 안도하고 있었다. 그때까지만 해도 그는 종철이 이른바 '운동권 학생'인 것을 모르고 있었다. 그는 시장을 만난 뒤 한 번 더 다짐을 받아 두었다. 아들은 그를 안심시켰다.

1월 15일 오후 석간신문에 첫 보도가 나간 뒤 기자들이 경찰병원 영안실로 몰려들었다. 그들이 분향실에 들어서려 하자 경찰관들이 막았다. 기자 한 명이 분향실을 향해 소리쳤다.

"안에 유가족 누구 없습니까?"

박은숙이 대답했다.

"여기 있어요. 들어오세요."

기자들이 우르르 몰려들었다. 박은숙과 기자들이 얘기 나누는 도중 박정기가 나타나 기자들에게 외쳤다.

"뭘 알고 싶소? 왜 죽었는지가 궁금한 기요? 내 아들은 못돼서 죽었소."

기자 한 명이 박정기에게 되물었다.

"아드님이 왜 못됐다고 하십니까?"

"이놈의 세상에선 똑똑하면 못된 기죠. 내한테는 아들이 또 하나 있는데 그놈도 아주 못된 놈이요."

박종부는 응급실에 누워 있는 어머니 옆을 지키고 있었다. 어머니는 정신을 잃었다 깨어나기를 여러 차례 반복했다. 그는 어머니에게 '죽지 말라.'는 말만 되풀이했다.

밤 10시 무렵, 박정기는 박종부와 함께 염을 준비했다. 이튿날 아침 화장이 예정되어 있었다. 그는 카세트에 테이프를 꽂았다. 천수경이었다. 선친 박영복이 어린 딸 정옥을 보낼 때 그랬듯, 박정기는 제 손으로 자식의 옷을 수의로 갈아입히고 베로 감쌌다. 그는 염을 하는 동안 천수경을 외웠다. 독경 소리가 영안실 가득 울렸다.

그는 부검을 마친 아들의 몸을 염했다. 갓 태어난 아기를 씻길 때처럼 정성을 다한 몸짓이었다. 그것은 아비로서 아들을 보내기 위한 마지막 의식이었다.

다음 날인 1월 16일 오전 8시 25분, 박정기는 아들 박종철의 주검을 실은 경찰병원 장의 버스를 타고 영안실을 떠났다. 버스가 출발할 무렵 기자들이 다가와 가족들과 대화를 시도했다. 하지만 경찰들이 기자들의 멱살을 잡고 위협해 한마디도 나눌 수 없었다.

화장터 가는 길엔 겨울비가 내렸다. 벽제화장터에서 관을 내릴 때 아내 정차순은 아들의 이름을 부르다 쓰러졌다. 경찰들이 대기

중이던 구급차에 정차순을 실었다. 딸 박은숙이 엄마를 보호하기 위해 구급차에 탔다. 박정기는 그 시간을 견뎌야 했다. 그는 아들의 영정을 앞에 두고 멍하게 앉아 혼잣말을 했다. 그렇게 사인이 밝혀지지 않은 채 박종철은 서둘러 화장되었다.

두 시간 뒤 박종철은 한 줌 하얀 뼛가루가 되어 나왔다. 박종부가 유골을 품에 안았다. 그들을 태운 검은색 승용차가 임진강의 지류인 샛강으로 향했다. 경찰과 기자 네댓 명이 뒤따라왔다.

박정기는 한 줌 한 줌 아들을 임진강에 뿌렸다. 겨울비가 흩뿌렸다. 손을 펴자마자 바람이 아들을 낚아챘다. 아들은 하얀 가루로 흩어져 강물 위에 내려앉았다. 옆에서 박종부가 흐느꼈다. 박정기는 잃어버린 어머니를 생각했다. 어머니를 따라간 동생 정옥을 생각했다. 아들 종철을 생각했다. 가슴 한편에서 내내 떠나지 않은 어머니의 품이 그리웠다.

그는 임진강 속으로 사라지고 싶었다. 아들이 죄 없이 죽은 게 힘없고 못난 아비 때문이라고 생각했다. 눈시울이 붉어진 그는 아들에게 용서를 빌고 싶었다. 아들에게 마지막 인사는 전해야 했다. 그는 겨우 입을 열었다.

"철아, 잘 가그래이……."

유골 가루가 그의 손바닥 위를 모두 떠났을 때 그는 가루를 쌌던 하얀 종이를 강물 위에 띄우며 한 번 더 작별 인사를 했다.

"철아, 잘 가그래이. 이 아부지는 아무 할 말이 없데이."

박정기가 허공에 외친 이 말은, 뼛가루처럼 세상 속으로 흩뿌려졌다.

박정기가 임진강에서 아들을 떠나보낸 다음 날, 언론인 김중배는 신문의 칼럼(『동아일보』 1987년 1월 17일자)을 통해 호소했다.

하늘이여, 땅이여, 사람들이여. 저 죽음을 응시해 주기 바란다. 저 죽음을 끝내 지켜 주기 바란다. 저 죽음을 다시 죽이지 말아 주기 바란다. …… 한 젊음의 삶은 지구보다도 무겁다. ……

사람들은 죽음에 대한 응시 없이 삶을 말할 수 없었다. 사건이 알려진 이후 시민들은 언론사에 전화를 걸어 고문 정권에 항의했고, '자식 키우는 것이 두렵고 슬프다.'며 울먹였다. 박종철의 '죽음을 끝내 지켜 주는' 일은 재야와 시민들의 몫이 되었다.

1987년 1월 16일 어둠이 깃든 뒤, 아들을 떠나보낸 박정기는 버스에 올랐다. 경찰에서 마련한 대형 버스였다. 버스에는 가족과 친척뿐만 아니라 경찰과 기관원도 타고 있었다. 부산에 도착할 때까지 어느 누구도 입을 열지 않았다. 기관원들은 이날부터 참여정부가 들어서기까지 꼬박 15년 동안 그와 가족 주변을 감시했다.

박정기는 버스 안에서 종철이 목숨을 걸고 지키려 한 것이 무엇일까 생각했다. 극한의 고통이 동반된 고문을 견디며 아들은 입을 굳게 다물었다. 그것이 무엇이기에 아들은 목숨과 맞바꾼 걸까?

그는 아들과 함께한 시간을 헤아렸다. 오래된 기억들이 하나둘 떠올랐다.

2001년 2월 26일 서울대학교 인문대학 앞 고 박종철 흉상 앞.

3부

23년

우리 철이 어디 갔나?

내 새끼 내가 낳아 키웠건만,
스물세 해 고이고이 키웠건만,
언제 온다는 말 한마디 없이
우리 철이 어디 갔나?

―――――

박정기의 일기장(1988년 2월 15일)에
옮겨 둔 정차순의 말.

내 아들 박종철은 1965년 4월 1일 부산시 서구 아미동에서 태어났다. 종부, 은숙에 이은 셋째였다. 큰아들 종부 위로 첫째 아이가 있었지만 태어난 지 사흘 만에 세상을 떠났다. 나는 남매에 만족했지만 아내는 아들을 더 낳고 싶어 했다. 막내 종철이 태어났을 때 일곱 살 터울의 종부는 초등학교 1학년에 다니고 있었다. 우리가 사는 전셋집엔 세 가구가 모여 살았다. 갓난아기 철이는 함께 사는 이웃의 관심을 한 몸에 받고 자랐다.

철이가 세 살 때, 초등학교 3학년이던 종부가 부산시교육감상을 받았다. 나는 이를 기념하기 위해 가족을 이끌고 아미동의 단골 사진관에 들러 사진을 찍었다.

그날 철이는 내가 사준 '도리우치' 모자(납작모자)를 쓰고 있었다. 그 모습을 보니 일제강점기 때 도리우치 모자를 쓰고 다니던 정보과 형사들이 떠올랐다. 소련 지도자 흐루시초프(흐루쇼프)를 닮았다는 생각도 들었다. 그래서 나는 철이에게 '흐루시초프'라는 별명을 지어 주었다. 모자 쓴 모습이 통통하고 귀여워 '예쁘다.'는 말을 했더니 녀석은 밤낮 그 모자를 쓰고 지냈다.

'흐루시초프'는 건강하게 자랐다. 네 살 무렵 내가 동요 〈학교종〉을 가르쳐 주자 녀석은 금세 가사를 외웠다. 그러더니 시시때때로 "학교종이 땡땡땡"을 불렀다. 철이의 별명은 '흐루시초프'에서 '땡철이'가 되었다. 나와 가족들은 녀석이 대학에 입학할 때까지 "땡철아, 땡철아." 하고 부르며 놀렸다.

아이들은 유달리 책을 좋아했다. 집에는 아동용 세계문학전집과 세계위인전, 『삼국지』 같은 책이 있었는데, 철이는 학교에 입학하기 전에 이 책들을 모조리 읽었다. 아내와 나는 아이들이 입학 연령이 되기 전 한글과 산수 등을 직접 가르쳤다. 아버지가 야학에서 나를 가르쳤듯 나도 아이들을 가르친 것이다. 철이는 다섯 살 때부터 학교에 가는 게 꿈이었다. 우리 집에서 5분 거리에 토성국민학교가 있었다. 아내는 점심시간이면 종부와 은숙의 도시락을 막내에게 들려 배달시켰는데 그때부터 학교에 가고 싶어 안달이 났다. 이미 형과 누나의 교과서를 다 읽었을 때였다.

아내가 학교에 보내 준다고 했을 때 좋아서 펄쩍펄쩍 뛰던 모습이 생생하다. 그날부터 녀석은 매일 누나의 책가방을 메고 학교 가는 연습을 했다.

아내는 교육열이 대단했다. 학교 다닐 적 학업 성적이 뛰어났는데 집안 어른들의 반대로 중학교에 입학하지 못해 배움의 한이 있었다. 아내는 기어코 동사무소에서 취학 통지서를 받아 냈다. 철이가 입학 연령인 만 6세가 되기 전의 일이었다. 1971년 3월 토성국민학교에 입학했을 때 철이는 학교에서 가장 어린 아이였다. 막내가 2학년 때 우리는 부산 영도구의 대교양수장 사택으로 이사했고, 2년 뒤 집을 장만해 서구의 서대신동으로 옮겼다. 서대신동 성당 맞은편 길가에 있는 2층집이었다. 작은 집이었지만 내 집이 생겼다는 기쁨이 컸다. 그곳에서 5년 넘게 살았다.

1976년 종부가 대학입학 예비고사를 치르고 가톨릭대학교 의과대학을 지망했는데 낙방했다. 워낙 성적이 뛰어난 맏이여서 아내와 나는 충격이 적잖았다. 종부는 초등학교 때부터 줄곧 1등을 놓치지 않은 데다 인근에서 모범생으로 유명한 아이였다. 지금은 딸아들 구분 없이 평등하게 자식들을 대하지만 그때만 해도 장남에 대한 기대가 크지 않을 수 없었다.

종부가 시험에서 떨어진 지 얼마 지나지 않아 철이가 삼천리자전거 한 대를 사들고 집에 왔다. 나는 무슨 이유로 자전거를 샀는지 궁금했다.

"니는 무슨 돈이 있어서 자전거를 샀노?"

"저금한 돈으로 샀지예."

초등학교에서 개설한 통장에 그동안 모은 돈을 털어 산 것이다. 그런데 제 키에 맞지 않는 커다란 자전거였다.

"니한테 맞는 걸 사지 와 큰 놈을 샀노?"

"큰 걸 사야 형이랑 같이 타지요."

막내는 시험에 떨어진 형을 위로하려고 자전거를 사온 것이었다.

1976년 12월 맏이 종부가 재수를 하러 서울에 올라갔다. 막내는 형을 많이 그리워했다. 형의 말이라면 무엇이든 따를 정도로 믿음이 절대적인 아이였다. 누나와는 장난을 잘 치는 사이였다. 막내는 내 앞에선 조심했지만 아내에겐 어리광을 잘 부렸다. 두 사람의 관계는 샘이 날 만큼 친밀했다. 이듬해 종부는 서강대학교 이공대에 합격했고, 철이는 영남제일중학교(현재 영남중학교)에 입학했다.

철이가 중학교 3학년 때 김진용이라는 같은 반 친구가 있었다. 그가 잘못한 일도 없는데 어느 날 교사에게 억울하게 두들겨 맞고 기합을 받았다. 그때 철이가 대신 기합을 받겠다고 나섰다. 교사는 건방지다며 심하게 때리고 기합을 줬다. 김진용은 그날 이후 철이를 잊지 못했다.

30여 년의 세월이 흐른 2006년 봄, 김진용이 박종철기념사업회를 찾아왔다. 자신을 종철이의 중학교 동기라고 소개했다. 가무스름한 얼굴에 뿔테 안경을 쓴, 왠지 작가 느낌이 나는 사람이었다. 대우그룹에서 일했다던 그는 종철에 관한 책을 쓰고 있다고 말했다.

"제가 알려진 작가는 아니지만 죽기 전에 종철이를 위해 책 한 권을 쓰는 게 소원입니다. 그동안 철이에게 빚진 기분으로 살았는데 책을 완성해 영전에 바치고 싶습니다."

그는 1987년 철이의 소식을 듣고 미안하고 부끄러웠다고 했다. 한 달 뒤 종부에게 원고가 도착했다. 종부는 그와 논의하며 글을 진척시키는 데 도움을 줬다. 그때 김진용은 자신이 오래 살지 못한다는 것을 알고 있었다. 그는 간암으로 병마와 싸우고 있었다. 마지막에 입원한 요양 병원에서도 오로지 원고에 매달렸다.

그해 10월 그의 부인에게서 전화가 왔다. 부고였다. 종부가 장례식장을 찾아갔다. 『상한 갈대: 고 박종철 20주기 추모 소설』은 김진용이 세상을 떠난 뒤 유고집으로 출간되었다.

김진용은 아들 고문 사건에 연루된 이들을 취재해 소설을 완성했다. 가족에 관한 내용과 몇 부분을 제외하면 사실에서 벗어난 내용이 거의 없다. 이 소설의 맨 앞장엔 제목을 따온 구절이 있다.

정의가 이길 때까지 그는 상한 갈대를 꺾지 않고, 꺼져 가는 심지를 끄지 않을 것이다.

또 이런 내용도 있다.

박종철! 그 가슴에서 타올라 아직도 우리를 태우고 있는 사랑, 그 사랑은 지독합니다. 그래서 앞으로도 계속 새롭게 해석되고, 피어날 것입니다.

그 뒤 박종철기념사업회에서 그의 부인에게 연락했는데 닿지 않았다. 고맙다는 말을 할 기회도 없이 떠나 버린 김진용에게 뒤늦게나마 감사의 말을 전하고 싶다.

2

1979년 10월 16일부터 닷새 동안 부산과 마산 일대에서 박정희의 유신 체제에 저항한 부마 항쟁이 타올랐다. 부마 항쟁은 유신 정권을 역사에서 밀어내는 결정적인 계기가 되었다.

어느 날 막내 철이는 학원 수강을 마치고 집에 오는 길에 시위대를 발견했다. 막내는 집에 들러 교복을 벗고 평상복으로 갈아입더니 시위대를 찾아 나섰다. 녀석은 한 여학생과 함께 시위대를 종일 따라다녔다. 여학생은 어릴 때부터 손을 잡고 다닌 단짝으로, 철이보다 한 살 어린 가구점집 딸이었다.

막내는 남포동에서 서면까지 행진하며 '유신 철폐', '독재 타도' 구호를 외쳤다. 그날 나도 시내에서 우연히 시위대를 만났다. 전경들이 자갈치시장 근처에서 최루탄을 쏘며 시위대를 진압했다. 그날 최루탄을 처음 보았다.

집에 와보니 막내가 보이지 않았다. 귀가 시각이 일정하던 아이였다. 철이는 최루탄을 잔뜩 뒤집어쓴 채 밤늦게야 들어왔다. 얼굴은 눈물, 콧물에 땀으로 범벅이 되어 있었다. 그 모습을 보고 누나 은숙이 놀리자 억울한 듯 말했다.

"마이 잘못되고 있는 것 같데이. 그러이 형들이 위험한 데모를 하는 거 아이겠나?"

철이는 그날 최루탄 파편에 맞아 피 흘리며 쓰러진 시민들을 보았다. 아내는 이날 일의 원인이 종부가 가져온 책에 있다고 판단했다. 집엔 방학 때 종부가 두고 간 『전환시대의 논리』와 경제학자 박현채 선생의 책 등이 있었다. 중학생인 막내는 형의 책들을 모조리 읽었다. 아내는 막내가 그 책을 읽고 부마 항쟁 때 뛰쳐나간 거라며 종부를 나무랐다.

철이는 그날 많은 의문이 생긴 모양이었다. 시민을 지켜 줘야 할 경찰이 왜 최루탄을 쏘고 사람들을 때리는지 의아했을 것이다.

그 무렵 종부가 잠시 집에 내려왔다. 철이는 부마 항쟁 때 겪은 일을 들려주며 형에게 끊임없이 질문을 해댔다. 서강대 78학번인 종부는 가톨릭학생회에서 활동했다. 멕시코 출신의 신부인 펠릭스 비야레알Felix M. Villarreal Castelazo 교수와 가까웠는데, 그분의 전공이 해방신학이었다. 신부는 멕시코 공학박사, 독일 전산학박사, 전자공학박사 등 박사 학위만 일곱 개를 딴 인재로 서강대 전자계산학과를 설립한 분이다. 종부는 신부에게서 해방신학을 배우며 현장 활동을 했다. 용산시장에서 노동자들과 함께 지내며 밥차를 운영하고, 새벽시장에서 짐꾼들이 리어카로 짐을 나르는 일을 도왔다. 그는 농촌활동이나 동아리 활동을 철이에게 종종 들려주었다. 훗날 종부는 가톨릭학생회 회장을 맡았다가 무기정학을 받았다. 회장을 맡는 동안 중앙정보부(현재 국가정보원) 요원 두 명이 늘 따라다니며 등하교를 함께했다고 한다.

종부는 막내를 포장마차에 데려갔다. 형은 어린 동생에게 소주를 따라 주며 얘기를 시작했다. 철이는 이성 문제로 겪는 고민을 털어놓았고, 『전환시대의 논리』를 읽은 감상을 늘어놓았다. 부마 항쟁을 겪으며 사회에 대한 관심이 깊어진 철이의 질문에 종부는 중학생 수준에 맞춰 고민을 풀어 주었다. 부마 항쟁이 왜 일어났고, 유신 체제의 문제가 무엇인지 등의 이야기였을 것이다.

그날 형제는 포장마차에서 소주 여섯 병을 나눠 마셨다. 중학교 3학년의 미성년이었던 철이는 취하지도 않고 잘 마셨다. 종부보다 술을 더 잘 마셨다고 한다. 녀석들은 그날 나와 식구들에게 들키지 않으려고 동네 슈퍼에서 초콜릿을 사먹고 들어왔다. 아이들은 나를 닮아 술을 잘 마시고, 또 아무리 마셔도 얼굴색이 변하지 않는 체질이라 냄새만 없애면 감쪽같이 속을 수밖에 없었다.

1980년 3월 철이는 보수동의 혜광고등학교에 입학했다. 아이의 주변엔 친구들이 들끓었다. 막내는 친구 사귀기를 즐겼다. 방과 후면 친구들이 우리 집에 몰려오곤 했다. 아내는 아이들이 아무리 많이 찾아와도 먹거리를 챙겨 줘 인기가 많았다.

이듬해인 1981년 3월 종부가 군에 입대하며 논산훈련소로 떠났다. 군 입대 결정은 나와 아내의 불안 때문이었다. 1980년 5·18민주화운동 이후 학원가는 공포스러운 분위기였다.

종부는 신군부가 비상계엄령을 전국에 확대한 직후인 1980년 5월 18일 새벽, 하숙집에서 경찰에 연행되었다. 학생운동을 하는 친구들이 다 도피할 때였는데 공무원인 아버지에게 피해가 갈까 걱정되어 집에 있었다고 한다. 종부는 두 달 동안 유치장에 갇혀 있었다. 나는 서울에 올라갔지만 면회가 허락되지 않아 책과 내의, 국밥을 사서 넣어 주고 돌아왔다.

맏이 종부는 그해 11월 '서강대 유인물 사건'의 주동자로 몰려 다시 연행되었다. 서강대 도서관 옥상에서 학생들이 광주의 참상을 알리는 유인물을 뿌린 사건이었다.

5·18민주화운동 이후 학생들은 광주의 진실을 알리는 활동을 벌였다. 신군부의 언론 통제로 광주의 진상은 거의 알려지지 않을 때였다. 5월 30일 서강대 무역학과 학생 김의기가 종로 5가 한국기독교회관에서 "동포에게 드리는 글"을 뿌린 뒤 투신해 사망했다. 시민들의 저항을 요청하는 글이었다.

동포여, 우리는 지금 무엇을 하고 있는가? 보이지 않는 공포가 우리를 짓눌러 우리의 숨통을 막아 버리고 우리의 눈과 귀를 막아 우리를 번득이는 총칼의 위협 아래 끌려 다니는 노예로 만들고 있는 지금. 동포여, 무엇을 하고 있는가?

김의기는 서강대 학생운동을 이끄는 학생이었다. 그의 2년 후배로 가깝게 지냈던 종부를 비롯해 동료 학생들은 이후 5·18민주화운동을 알리는 유인물 배포 활동을 지속적으로 벌였다. 다행히 종부는 조사 과정에서 주동이 아닌 것으로 밝혀져 한 달 만에 풀려났다.

맏이가 연거푸 경찰에 끌려가는 일이 생기자 나와 아내는 불안해서 잠을 이룰 수 없었다. 대학생을 둔 부모를 불안하게 하는 소문이 너무 많은 시절이었다. 우리는 종부를 설득해 휴학시키고 입영 절차를 밟았다.

1981년 3월 형이 군에 입대하던 날, 막내 철이는 내내 울었다. 나는 그 모습을 보며 짠한 감정이 들면서도 우애가 남다른 형제를 자식으로 두고 있다는 생각에 든든하기도 했다.

종부가 훈련소에 입소한 지 두 달쯤 뒤 아버지(박영복)가 돌아가셨다. 향년 일흔넷이었다. 아버지는 그때까지 월평리에서 농사를 짓고 사셨다. 일제강점기 때 도쿄 유학까지 했던 지식인이었지만 철이가 보고 자란 할아버지는 오로지 농사꾼이었다. 아버지는 논일을 하던 중 쓰러져 사흘 만에 세상을 떠나셨다. 평소 감기 한번 걸리지 않을 만큼 건강한 분이었기 때문에 갑작스러운 죽음이 아닐 수 없었다. 아버지는 손주 철이를 각별히 아끼고 귀여워했다. 형도 떠난 데다 할아버지마저 돌아가시니 막내는 몹시 허전해 했다. 종부에게는 할아버지의 별세 소식을 알리지 않았다. 어렵게 군 생활을 하는 아이의 마음을 상하게 하고 싶지 않아서였다.

불행은 연달아 왔다. 서대신동의 2층집에서 5년을 산 뒤 같은 동네 한옥으로 이사를 했다. 그런데 집을 철거해야 하는 처지가 되었다. 도시계획에 따라 그 자리에 도로가 생길 예정이었기 때문이다.

새집을 마련할 돈을 대출하기 위해 상호부금에 가입했는데 그만 사기를 당했다. 은행에선 두 사람의 맞보증을 전제로 대출해 줬는

데, 은행 소개로 내가 맞보증을 섰던 어떤 할머니가 돈을 들고 일본으로 도망가 버린 것이다. 수십 명이 이런 방식으로 그 할머니에게 당했다. 당시 언론에도 알려질 만큼 유명한 사기 사건이었다. 나는 그 할머니가 대출한 돈까지 갚아야 했다. 앞이 막막한 피해자들이 모여 은행을 상대로 소송을 했지만 패소했다. 한 푼도 돌려받지 못했고 월급을 차압당했다.

빈털터리가 된 우리는 영도구 청학동의 양수장 사택으로 들어갔다. 다시 관사에서 지내는 생활이 시작되었다. 나는 여기서 1987년 은퇴할 때까지 살았다. 철이가 입시를 앞둔 고 3이 되었지만 살림이 기울어 뒷바라지가 여의치 않았다. 우리는 아이에게 부담을 주지 않으려고 조심했다. 막내가 어려운 집안 형편을 모르지는 않았을 것이다. 하지만 불평 한 번 하지 않고 공부에 매진했다. 아내가 "공부 좀 그만하고 나가서 놀아라."라고 할 정도였다.

막내는 학교에 맨 먼저 등교해 도서관 문을 열었고 마지막으로 불을 끄고 나왔다. 우리 집에서 멀리 혜광고가 보여서, 도서관의 불이 꺼지면 아내가 마중을 나갔다. 두 사람은 중간께의 길목에서 만나 다정하게 얘기를 나누며 돌아오곤 했다.

1982년 말 학력고사에서 철이는 서울대 사회대를 가고 싶었지만, 안정적인 지원을 한다며 인문대 사학 계열에 응시했다. 결과는 낙방이었다. 막내는 몹시 실망했다. 나는 아들을 격려하며 재수 생활을 뒷받침해 주겠다고 약속했다. 철이도 한 번 더 도전하고 싶어 했다.

1983년 철이는 서울로 올라가 객지 생활을 시작했다. 친구 김치하의 누나 댁에서 지내며 종로학원을 다녔다. 녀석은 간간이 집으로 편지를 부쳤다. 어려운 형편을 알아서인지 편지엔 미안한 마음이 담겨 있었다. 나는 매번 철이가 청한 액수보다 많은 금액을 부쳐 주었다. 그해 여름 군에서 제대한 종부가 복학을 준비하며 서울로 올라갔다. 이때부터 형제는 함께 하숙하며 지냈다.

12주에 걸친 여름방학이 시작되었다. 막내가 보고 싶었던 아내는 부산에 내려와 달라고 청했다. 철이는 거절의 편지를 보내왔다.

모두 다 집에 간다고들 하는데 낸들 왜 가기 싫겠습니까? 처음에 갓 서울에 왔을 때는 공부고 뭐고 다 때려치우고 집에 가서 어리광이나 부리면서 사는 게 더 좋겠다는 생각이 들더군요. 하지만 올라올 때 엄마하고 약속한 게 있잖습니까. 시험 치기 전에는 나도 안 내려가고 엄마도 안 올라오기로.

녀석의 냉정한 말에 야속함이 없진 않았지만 한편 심지가 굳은 아들이 대견했다.

그러던 철이가 잠시 부산에 내려온 적이 있다. 그날 이원수가 쓴 시를 나에게 보여 줬다. 그 시를 읽으니 갑자기 내가 보고 싶어져 내려왔다는 것이다. 이원수의 시는 '아버지'를 소재로 한 것이다.

밝고 넓은 길에선
항상 앞장세우고

어둡고 험한 데선

뒤따르게 하셨지.

무서운 것이 덤빌 땐

아버지는 나를 꼭

가슴속, 품속에 넣고 계셨지.

_이원수, "아버지", 『너를 부른다』(창비, 1979).

재수 시절 철이는 사회에 대한 관심이 부쩍 늘었다. 시험을 준비하는 와중에도 한 달에 한 번은 친한 친구를 만났다. 그는 혜광고 친구로 서울대 법대에 다니고 있었다. 철이는 그에게 대학 생활 얘기도 듣고, 정치 얘기도 나눴다.

맏이 종부와 하숙집 대학생들도 이 시절 막내의 의식에 영향을 끼쳤다. 종부와 막내가 사는 하숙집은 서강대 정문 맞은편에 있었다. 이 집엔 12명가량의 학생들이 하숙을 했다. 대부분 학생운동을 하는 이들이었다. 형사들이 워낙 자주 찾아와 하숙집 주인이 골머리를 앓을 정도였다.

붙임성이 좋은 철이는 형들의 귀여움을 독차지했다. 막내는 대학생들을 통해 새로운 세계를 만났다. 그것은 지금까지 아들이 본 세계와 달랐다. 본래 알던 세계의 장막이 걷히며 아들은 자신이 깨트려야 할 껍데기를 보았다. 하지만 이를 향해 부리를 들이대기까지는 좀 더 기다려야 했다.

3

1984년 3월 철이는 서울대 언어학과에 입학했다. 공무원 선후배들과 지역 인사들에게 태어나서 가장 많은 축하 인사를 받았다. 종부를 서울대에 보내지 못한 아쉬움이 컸던 아내는 나보다 더 행복해 했다.

철이가 대학에 합격하자 종부의 멘토인 펠릭스 신부는 축하주를 쏘겠다며 단골 실비집(간단한 안주를 싼값에 내주는 술집)으로 데려갔다. 셋이서 소주를 마셨는데 술집 문이 닫힐 시간이 되어도 술이 모자랐다. 이들은 주인에게 열쇠를 받아 든 뒤 아예 문을 닫고 밤새 마셨다. 세 사람 중 종부가 맨 먼저 곯아떨어졌다. 펠릭스 신부는 서강대에서 소주를 물처럼 마시는 이로 알려진 분인데, 철이가 아침까지 대작했다고 한다.

철이는 입학과 함께 형과 헤어져 학교 기숙사에서 생활했다. 재수 시절 만난 법대생 친구가 갓 입학한 아들에게 이념 서클 활동을 권유했다. 아들은 흔쾌히 지하 서클인 대학문화연구회에 가입했다. 이때 철이는 학생운동 문화에 스며들 준비가 되어 있었던 것 같다. 서클 활동은 학습과 함께 시작했다. 아들이 서클에서 처음 공부한 책은 『해방 전후사의 인식』, 『민중과 지식인』, 『한국민족주의의 탐구』 등이었다. 이 가운데는 훗날 내가 읽게 된 책도 있다.

얼마 지나지 않아 서클의 첫 엠티 자리에서 아들이 말했다.

"재수 시절 형님과 함께 생활하면서 많은 책들을 접했지만 뭐니뭐니 해도 얼마 전에 읽은 『어느 청년노동자의 삶과 죽음』이 가장 감동적이었습니다."

철이는 책 한 권에서 받은 감동을 고백한 뒤 이런 말을 덧붙였다.

"열사라는 단어는 언제나 나를 비장하게 만듭니다."

1980년대 대학을 다닌 학생들에게 '열사'라는 호칭은 그들을 비장하게 하는 말이었다. 전태일을 가슴에 아로새긴 입학생 철이는 자신의 일을 뒤로 미루고 거의 모든 시위에 참여했다. 나는 솔직히 1987년 이전엔 전태일이 누군지 몰랐다. 전태일을 알게 된 것은 아들이 떠난 뒤였다. 나는 철이를 보내고 나서 『어느 청년노동자의 삶과 죽음』을 읽었고, 그 뒤로도 여러 차례 되풀이 읽었다.

전태일의 삶과 죽음은 나에게 큰 충격이었다. 나는 그전까지 책을 읽고 나서 무엇을 실천해야 한다고 생각해 본 적이 없었다. 그 책은 이상하게 무언가 실천이 따라야 할 것 같은 강렬한 느낌을 주었다. 겪어 본 적 없는 일이었다.

우리 유가협에서는 '열사'라는 말을 사용하지 않는다. 자식이고, 딸이고, 아들이기 때문이다. 우리 자식들은 열사가 아니다. 우리 곁을 떠난 것이 아니라 언제나 곁에 살아 있기 때문에 열사일 수 없다. 그네들은 다만 인간을 사랑한 존재이다. 그래서 우리는 자식들을

'열사'가 아닌 '동지'라고 부른다.

1984년 5·18 시위에서 막내는 처음 경찰서에 연행되었다. 당시 '5·18'은 금기어였다. 하지만 학생들은 대자보와 유인물을 통해 광주를 알렸다. 대자보를 읽고 광주에서 벌어진 일을 알게 된 철이는 자신이 직접 겪은 부마 항쟁이 떠올랐을 것이다.

아들은 언어학과 학생들과 함께 종로의 파고다공원에서 열린 시위에 참여하러 길을 나섰다. 그런데 녀석은 파고다공원에 가지 못하고 교문 앞에서 경찰에게 붙잡혔다. 아들은 닭장차에 실려 관악경찰서로 연행되었다. 이 일은 종부 외에 우리 식구 누구도 알지 못한 채 지나갔다.

그해 여름방학 때 철이는 충청북도 영동에서 열린 농촌활동(농활)에 참여했다. 농활을 마치고 철이는 부산행 통일호 기차에 몸을 실었다. 집에 도착한 것은 밤이 이슥할 무렵이었다. 초인종 소리에 아내가 바깥을 내다보았다. 아내는 문밖에 선 막내를 보고 깜짝 놀랐다. 갑작스러운 귀가였다.

"아이구, 이노마야. 연락 좀 미리 주고 오면 어디 병난다 카드나?"

"엄마 깜짝 놀라게 해줄라꼬 그랬지예."

막내의 얼굴은 햇볕에 타 가무잡잡하고 옷은 해져 있었다. 모자는 마주앉아 이야기꽃을 피웠다.

"농사일은 힘들지 않드나?"

"지가 한 일은 일 축에도 못 낍니다. 그란 일을 매일 하는 사람도 있는데예."

나와 아내는 농활이 자원봉사인 줄 알았다. 우리 가족은 모처럼 저녁 식사를 함께했다. 나는 밥상을 물리고 입을 열었다. 얼마 전 확인한 첫 학기 성적표 얘기를 안 할 수 없었다. 학사 경고가 표기된 성적표를 본 나는 실망했다. 학생으로서 최소한의 성실함을 잃지 않고서야 받을 수 없는 성적이었다.

"철아, 니 학사 경고가 뭐나? 재수까지 시켜 대학 보냈는데 첫 학기부터 이런 거 받아야 쓰겠나?"

나는 한숨을 내쉬었다. 아내와 딸 은숙도 걱정스러운 눈빛을 보냈다.

"글케 공부가 어렵드나?"

"아입니더. 그기 지가 해야 할 공부의 전부는 아니라 좀 게을리했심니더. 배울 게 너무 많심니더."

무슨 공부가 더 있다는 것인지 이해할 수 없었지만 내 앞에선 항상 진실했던 막내라 더 나무라진 않았다.

"담부턴 더 분발해야 한데이."

"앞으론 장학금을 받을 수 있게 노력하겠심더."

철이는 뜻을 세우면 집중력이 남달랐다. 그래서 나는 아들을 믿었다. 며칠 뒤 철이는 친구를 만나 이렇게 말했다고 한다.

"내가 학사 경고를 받은 것을 운동을 열심히 했다는 이유로 변명할 수는 없다고 생각해. 다음엔 학과 공부도 열심히 해서 좋은 점수를 받을 테니 두고 봐라."

철이는 부산에 오래 머무르지 않고 서울로 올라갔다. 머무는 동안에는 내내 아내 곁에 붙어 있다시피 했다. 은숙에게는 대학생들 사이에서 유행하는 '해방춤'을 가르쳐 주기도 했다.

아들은 2학기 중간고사를 거부했다. 시험 거부의 발단은 서울대 프락치 사건이었다. '프락치'는 대학 내에서 학생들의 동향을 보고 하는 정보원인 '가짜 대학생'을 이르는 말이다. 정부는 프락치 사건 을 계기로 학도호국단 대신 건설한 총학생회를 불법 폭력 조직으로 몰아세우고 와해시키려 했다. 철이는 이에 맞서 언어학과에서 시험 거부 투쟁을 주도했다.

이로 인해 기말 고사에서 성적을 보충해야 했다. 새벽엔 일찍 도 서관에 가고 거리 시위가 있을 땐 책을 덮고 거리로 나갔다. 시위를 마치면 다시 도서관으로 돌아가 책을 펼쳤다. 그해가 저물어 가는 11월, 서울대 인근의 막걸릿집에서 언어학과 친구들과 술자리를 마 치고 나온 철이는 기숙사로 돌아가는 길에 한 친구에게 속내를 털 어놓았다.

"지난 학기는 나를 가두고 있던 알을 깨트리는 아픔의 시간이었 어. 내가 착실히 학업에 열중하고 있을 거라고 믿는 부모님의 기대 에 부응하지 못하는 것에 대한 고민이 많았어. 앞으로도 운동을 하 면서 평생 이런 문제와 갈등으로 내 자신을 괴롭힐 것 같아. 이런 갈 등과 고민을 돌아볼 새도 없이 정신없이 투쟁하고 있는데, 이런 투 쟁 속에 공포를 느껴."

철이의 고민은 길게 가지 않았다. 그가 방황에 빠져 있던 그 순간 민경교통의 택시 노동자 박종만이 분신하는 일이 벌어졌다.

11월 30일 동료의 해고 철회를 요구하며 단식 밤샘 농성 중이던 박종만은 택시 회사 사무실의 난로에서 빼낸 석유를 몸에 끼얹었다. 그의 주검은 신촌 세브란스병원에 안치되었다. 분신 직전 박종만은 배차일지에 이렇게 썼다.

내 한 목숨 희생되더라도 기사들이 더는 피해를 보지 않도록 해야겠다.

'도시의 막장'으로 불리는 택시 회사의 노동자들은 박종만의 분신 이후 20년간 27명이 분신으로 목숨을 잃었다. 철이는 박종만이 겪었을 고민과 고통의 크기를 생각하며 자책하고 후회했다.

'그동안 나는 내 고민에만 빠져 있었는데 부끄럽구나. 내 갈등과 고민이란 살아 있는 자의, 살아서 자신을 위해 무언가를 가지려는 자의 부끄러운 하소연에 불과했구나.'

박종만 분신 사건은 철이가 방황을 끝내는 계기가 되었다. 이때부터 철이는 거리 시위에서 위험할 만큼 경찰과 가까운 거리에서 맞섰다고 한다.

4

1985년 철이는 2학년이 되었다. 후배들이 생긴 것이다. 아들은 만사 제치고 후배들을 만나러 다녔다. 대학문화연구회에 들일 후배들을 찾는 목적도 있었다. 철이와 같은 동아리에서 활동하는 언어학과 친구는 한 명뿐이었다. 언어학과엔 학생운동에 적극적인 학생이 드물었다. 과 활동에선 동아리 동료들과 함께할 때처럼 뜻을 모으는 일이 매끄럽게 진행되지 않았다. 아들은 2학년 들어 과 활동에 비중을 두고 노력을 기울였다.

철이는 언어학과 학생회의 홍보부장과 과 학회인 제3세계연구회의 지도 선배로 활동했다. 2학년 들어 학회 일과 동아리 활동으로 분주해져 귀가가 늦고 외박도 잦았다. 아들은 후배들의 세미나 장소를 마련하고자 기숙사를 나와 대림동에 자취방을 마련했다.

아들은 나와 아내에겐 하숙한다고 거짓말했다. 과외를 단속하던 시절이었는데 철이는 비밀과외로 월 12만 원을 벌었다. 속칭 '몰래 바이'였다. 그 돈은 모두 하숙비로 낸다고 말했다. 철이의 자취방은 형 종부만 알고 있었다. 나중에 알게 된 일이지만 서강대 시절 종부의 자취방도 운동권 학생들의 세미나 방으로 쓰였다. 그해 4월 11

일 막내는 우리에게 편지를 보냈다.

당분간은 하숙집으로 전화는 걸지 마십시오. 아주머니와 저희들 간에 약간의 불화가 발생하여 전화는 사용하지 않기로 하였습니다. …… 참, 이 편지는 제가 불러 주고 누가 옆에서 타자기를 쳐주는 것이 아니라 제 손으로 직접 타자를 치고 있는 것입니다. 놀라셨지요? 이렇게 저는 다재다능하답니다.

4월 30일치 편지를 보낼 때는 이미 집을 옮긴 이후였다.

이번에 옮긴 하숙집은 이사 온 지가 얼마 안 된 새집이라서 아직 전화가 없습니다. 그러니 제가 자주 편지를 하든지 전화를 하든지 하겠습니다.

우리의 전화를 만류했던 것은 아들의 자취방이 이념 서클의 학습 장소였기 때문이었다.

그해 5월 24일 서울대·연세대·고려대·성균관대 등 서울 지역 대학생 73명이 미국문화원을 점거했다. 농성은 72시간 동안 진행되었다. 농성 학생들을 지원하는 집회가 열렸다. 집회 장소는 시청 앞과 사당동 두 곳이었다. 철이가 활동한 대학문화연구회는 사당동 집회에 참여했다. 철이는 가방 속에 화염병을 넣고 사당동으로 향했다.

아들은 2학년 학생들 중 유일하게 방어 전투조를 자청했다. 학생들은 이날 시위에서 경찰 승용차를 불태우는 등 격렬하게 싸웠다.

철이는 시위대가 해산할 때 후미에서 전경들과 대치하며 시위대를 보호했다. 아들은 어느 순간 시위대로부터 멀리 떨어지게 되었고, 갑자기 달려든 사복 경찰에 연행되었다. 이날의 가두 투쟁으로 철이는 남부경찰서 유치장에서 닷새 동안 구류를 살았다.

유치장에서 나온 지 사흘 만에 아들은 다시 경찰서에 연행되었다. 6월 1일 '구로지역 노조민주화추진위원회연합' 결성식에 즈음한 집회에서였다. 이때는 즉심 재판을 받고 사흘 동안 구류를 살았다.

친구들은 집회 때마다 경찰에 연행되는 철이에게 '억세게 재수 없는 싸움꾼'이라는 별명을 붙여 주었다. 그해 여름방학이 되자 철이는 자취방을 안양으로 옮겼다. 자취방을 빌려 쓴 선배들이 수배당하고 검거되었기 때문이다. 선배들은 전국학생총연합(전학련) 산하 '민족통일·민주쟁취·민중해방 투쟁위원회'(삼민투)에 소속되어 있었다.

방학 기간 아들은 보름 동안 공장활동(공활)을 했다. 학생들이 공장에 취직해 노동자의 생활을 직접 체험하는 활동이었다. 철이는 서클에서 미리 노동법 등을 학습한 뒤 자신이 일할 공장을 찾아다녔다.

8월 2일 철이는 대림동의 영세한 공장인 세왕전기에서 사장과 간단하게 면접한 다음 일당 3천5백 원을 받기로 하고 일을 시작했다. 25평(약 83제곱미터) 남짓한 공간에서 사장과 공장장 말고 여섯 명이 일하는 소규모 공장이었다. 철이는 매일 밤 일기를 썼다.

작업장 내의 조명, 환기, 위생 시설은 거의 0점에 가까울 정도다. ……
점심시간 30분 외에 휴식 시간은 없었다. …… 정말 가축적인 분위기 속
에서 가축처럼 일을 시켰다. 피곤하다. (8월 2일)

이제 겨우 3일째인데 벌써 일하는 것이 지루하고 따분해진다. 온종일
앉아서 계속 되풀이되는 단순노동이 사람을 굉장히 멍청하게 만드는 것
같다. 그야말로 인간을 단순하게 만들면서 기계적으로 되게 하는 것이
다. (8월 5일)

아들은 공활을 마치고 부산 집으로 내려왔다. 비쩍 마른 데다 다
떨어진 허름한 옷을 입고 있었다. 아내는 철이를 국제시장에 데려
가 여러 벌의 옷을 사 입혔다. 그때 산 옷을 친구들에게 다 줬다는
것을 나중에야 알았다.

2학기 개강을 앞둔 9월 4일 새벽, 민주화운동청년연합(민청련) 의
장 김근태가 서울 남영동 대공분실에 끌려갔다. 민청련은 학생운동
출신의 청년들이 중심이 되어 1983년 9월 30일 결성한, 신군부 이
후 최초의 공개적인 민주화 운동 단체였다.

미국문화원 점거 사건을 거치며 신군부는 유화 국면에서 탄압 국
면으로 전환했고, 첫 표적으로 삼은 민청련 관련자들을 잡아들였
다. 김근태는 9월 4일부터 20일까지 수십 차례의 물고문과 전기 고
문을 당했다. 출소한 이후 20년 넘도록 고문 후유증을 앓았고, 파킨
슨병에 걸리게 되었다. 그로부터 몇 년 뒤 나는 유가협에 참여하면

서 김근태의 부인 인재근과 깊은 인연을 맺게 되었다.

1993년 말 우리는 고문 후유증으로 고통 받는 이들을 돕기 위해 '고문 피해자 문국진과 함께하는 모임'에 참여했다. 내가 대표를 맡았고, 인재근은 모임을 이끌었다. 서슬이 퍼런 1980~90년대를 보내며 고문으로 고통을 겪은 이들이 너무도 많다. 그들 중 세상에 알려진 이가 남영동 대공분실에서 고문을 당한 내 아들과 김근태였다.

2011년 12월 30일 김근태가 끝내 세상을 떠났다는 소식을 듣고 나는 인재근과 가족들이 겪었을 아픔이 먼저 떠올랐다. 고문 피해자는 후유증이 깊어 자신이 겪은 일을 가족과도 이야기하지 않으려 한다. 기억을 떠올리는 것 자체가 몹시 고통스럽기 때문이다.

 1985년 2학기 들어 철이는 안양의 자취방을 나와 학교 앞 신림
동에서 서클 친구와 함께 하숙 생활을 시작했다. 이듬해인 1986년
3월, 3학년이 된 철이는 언어학과 학생회장으로 선출되었다. 4월
11일 청계피복노동조합(청계노조)은 '장시간 노동 철폐와 노동운동
탄압하는 독재정권 퇴진 촉구대회'를 열었다. 청계노조는 전태일의
친구들이 만든 노동조합이다.

 철이는 시위대와 함께 왕십리역에서 신당동을 향해 걸으며 구호
를 외쳤다. 신당동 네거리에 이르렀을 때 곤봉 부대가 튀어나와 시
위대를 기습했다. 해산 과정에서 아들은 이번에도 어김없이 연행되
었다. 성동경찰서에 끌려간 철이는 전과 때문에 구속되었고, 수감
번호 80번 패찰을 달고 성동구치소로 송치되었다. 구치소에 온 지
얼마 지나지 않은 저녁, 윗방에서 우렁찬 구호 소리가 들렸다.

 "군부독재 타도하자!"

 며칠 전 왕십리 시위에서 외친 구호였다. 아들은 목소리의 주인
공을 따라 구호를 외쳤다. 두 사람은 통방(감옥에서 방과 방 사이 나누는
대화로 규정상 금지 행위)을 시작했다.

"저는 박종철이라고 합니다."

"저는 청계노조에서 일하는 황만호입니다. 민종덕의 후임으로 위원장을 맡고 있습니다."

황만호도 이번 시위에서 구속되었다. 철이는 청계노조 위원장과 함께 감옥에 갇혀 있다는 생각에 뿌듯했다. 얼굴을 볼 수 없는 상황에서 두 사람은 통방을 통해 동지애를 느꼈다.

나는 철이가 운동권 학생인 줄 이 무렵에야 알게 되었다. 소식을 들은 아내와 나는 놀란 마음으로 서울로 향했다. 우리는 '다시는 데모하지 말라.'며 아들을 나무랐다.

나와 아내는 매주 번갈아 부산에서 기차를 타고 성동구치소로 향했다. 아내는 면회하러 갈 때마다 눈물 바람이었다. 나는 서울행 기차를 탈 때마다 집에 남겨 둔 아내가 불안했다. 아들은 구치소에서 우리에게 자주 편지를 보냈다.

이번이 두 번째 징역살이인 황만호는 철이에게 감옥 생활을 의미 있게 보내야 한다며, 많은 사람을 사귀고 운동을 해서 건강하게 나가라고 조언했다. 그 말을 듣고 철이는 요가·단전호흡·평행봉 등을 하며 몸을 관리했다.

황만호에게 철이는 겸손한 청년이었고, 감옥에서도 공부에 매진하는 학생이었다. 아들의 방엔 항상 책이 가득해서 그가 자주 빌려 읽었다. 철이는 구치소를 떠나던 날 그의 감방을 향해 큰 소리로 외쳤다.

"황만호 위원장님, 저 먼저 나갑니더!"

황만호가 화답했다.

"바깥에서 우리 꼭 만나자!"

두 사람은 다시 만날 수 없었다. 황만호는 실형을 선고받고 안동교도소에 수감 중이던 1987년 1월 철이 소식을 들었다. 그는 김병곤 등과 논의해 옥중 시위를 벌였다. 그날 밤 안동교도소의 수감자들은 한목소리로 구호를 외쳤다.

"종철이를 살려 내라!" "독재 정권 타도하자!"

황만호는 1987년 5월 만기 출소했다. 세상은 '6월 항쟁'의 열기로 타오르고 있었다. 그는 청계노조 조합원들과 함께 시위에 참여해 "종철이를 살려 내라!"라고 외쳤다. 그는 해마다 1월이면 박종철 추도식에 빠짐없이 참여하고 있다. 그는 언젠가 철이와 함께 지낸 시간을 회고하며 이렇게 말했다.

"철이가 있었기에 이만큼이나마 민주화된 세상에서 살고 있습니다. 너무 착하고 겸손한 청년이었어요. 수줍게 웃던 모습이 그리워요. 더 나은 세상을 이룩하는 데 제 몫을 다할 친구였는데 일찍 떠나 안타깝습니다."

철이는 구치소에서 책을 넣어 달라는 편지를 자주 보내왔다. 『고요한 돈 강』, 『해방 40년의 재인식』, 『한국 사회의 재인식』, 『소비에트이데올로기』, 『러시아혁명사』, 『한국근대경제사연구』 등이었다. 불온서적으로 보여 나는 일부러 책을 넣어 주지 않았다.

1986년 4월 말 철이는 한 수감자를 통해 서울대생 김세진과 이재호의 분신 소식을 들었다. 그날 아들은 잠을 이루지 못했다. 아들이 김세진을 만난 것은 1985년 5월 관악경찰서에서 구류를 살 때였다. 두 학생은 유치장에서 통성명한 뒤 감시의 눈초리를 피해 대화를 나눴다. 철이가 그를 마지막으로 만난 것은 1986년 봄이었다. 신림동의 어느 서점 앞에서 만난 두 사람은 안부를 주고받았다. 헤어질 때 김세진이 망설이듯 말했다.

"종철아, 앞으로 우리 다시 만나기 어려울 것 같다."

그 뒤 얼마 지나지 않아 자연대 학생회장에 선출된 김세진의 당선 소감이 대자보로 붙었다. 철이는 '다시 만나기 어려울 것 같다.'는 말을 학생회장이 되면 바빠진다는 뜻으로 이해했다. 김세진은 5월 3일 눈을 감았다.

철이는 한동안 넋을 잃은 듯 지내다 5월 12일 집으로 편지를 보냈다. 5월 8일 어버이날에 쓴 이 편지는 구치소에서 온 편지 중 우리 부부가 가장 반갑게 읽은 것이다.

여기 있는 동안에 지난 일들에 대해서는 충분히 돌이켜보고 반성도 하여 나가서는 부모님이 원하시는 막내가 되도록 노력하겠습니다. …… 어버이날을 올해는 이렇게 보냈군요. 죄송합니다. 어버이날 하루만을 치장하는 겉치레 효성보다는 항상 간직할 수 있는 효성이 더 좋겠지요. 그렇게 노력하겠습니다.

그 뒤로도 철이는 출소할 때까지 석 달간 꾸준히 편지를 보냈다.

누나야, 여기 들어온 지가 벌써 한 달이 넘었다. …… 여기서 생활은 끊임없는 자기와의 싸움이다. 또 나 자신을 꿋꿋하게 지탱해 주는 것 중의 하나로 진리에 대한 확신을 들 수 있다. (5월 22일)

아버지, 어머니. 별로 웃을 일은 없겠지만 그래도 당당하게 생활하십시오. 제가 나쁜 죄 짓고 여기 들어온 게 아니잖습니까. 이 땅의 아픈 현실이 바로 우리 가정에 직접 찾아왔다고 생각합시다. …… 누나야! 앞으로는 '엄마, 아빠를 배신하고 나의 이상만을 추구해 온 대가', 이런 말은 쓰지 마라. …… 나는 적어도 내가 처해 있는 모든 처지와 상황을 제대로 파악하면서 누구 못지않게 성실하게 또 하늘을 우러러 한 점 부끄럼 없는 삶을 살고자 노력했었다. (6월 9일)

부모님께서 부처님을 절대적인 존재로서 또 그의 말씀을 절대적인 진리로 믿는 것처럼 저는 저 자신과 저의 신념과 사상을 참된 진리로서 확신합니다. …… 제 자신이 바로 그 수레바퀴의 일부가 되는 것입니다. (6월 24일)

저들이 비록 나의 신체는 구속을 시켰지만 나의 사상과 신념은 결코 구속시키지 못합니다. (7월 8일)

6

그해 7월 15일 철이는 구치소를 나왔다. 연락을 받은 나는 은숙을 데리고 마중 나갔다. 재판 장소는 서울지방법원 동부지원이었다. 민주화실천가족운동협의회(민가협) 어머니들이 방청석에 앉아 있었다. 서너 명의 학생들이 재판정에 들어서는 소리가 들렸다. 학생들은 '5·18 광주'와 관련한 구호를 외치며 등장했다. 아들의 구호 소리를 듣는 순간 머리끝이 쭈뼛해졌다. 아들은 학생들 중 두 번째로 진술했다.

"내가 왜 당신들 앞에서 재판을 받아야 합니까? 80년 5월 광주에서 죄 없는 시민들을 학살하고 권력을 잡은 자들은 어디 있습니까? 재판을 하려면 그 학살자들을 잡아들여 재판하십시오."

방청석에선 함성과 박수 소리가 쏟아졌다. 법원 경위들이 철이의 입을 막으며 제지했다. 나는 아들의 말을 듣고 기가 막혔다. 심장이 쿵쾅쿵쾅 뛰며 진정되지 않았다. 철이에게 저런 면이 있었던가? 아들의 낯선 모습에 놀란 나는 그저 멍하게 앉아 있을 뿐이었다.

재판 결과는 징역 10월에 집행유예 2년이었다. 철이는 항소장을 작성했다. 아들이 부산에 내려왔을 때 아내가 물었다.

"니 또 데모할 끼가?"

"지금 무슨 말씀 하시는 겁니껴? 어무이도 이제 이 종철이 얘기 잘 들으시고 함께 싸웁시더."

아들은 우리가 동지가 되길 원했다. 공무원 신분인 나로서는 생각할 수 없는 일이었다. 아내 역시 그 말을 듣고 근심을 쌓아올릴 뿐이었다. 출소 뒤 친구들을 만났을 땐 이렇게 말했다고 한다.

"감옥 생활을 계기로 가족 문제는 이제 나의 발목을 옥죄지 못할 것이다."

철이는 그때 감옥에 있으면서 단전호흡과 요가를 익힌 일을 자랑하며 이렇게 덧붙였다.

"나는 이제 어떤 고문도 견딜 수 있을 만큼 내공이 강해졌다."

이 말을 나중에 전해 들었을 때 내 가슴은 미어지는 듯했다.

1986년 7월 석 달간의 수감 생활에서 풀려난 뒤 부산에 내려온 철이는 잃어버린 주민등록증을 만들기 위해 청학동의 한 사진관에 들렀다. 이때 찍은 증명사진을 사진관 주인이 우연히 발견해 액자에 담아 나에게 가져다주었다. 불과 몇 개월 뒤 영정에 담겨 세상에 널리 알려진 바로 그 사진이다.

철이는 가을 학기 때까지 집에서 지냈다. 아내는 아들에게 대학원을 준비하라고 간곡하게 설득했다. 아내는 막내가 교수가 되는 것이 소원이었다.

"니는 학교 졸업하고 부산 내려와서 교수 해라. 부산에서 내캉 같이 살자. 엄마가 도와 주께."

아들은 그러겠다고 대답했다. 엄마 말을 잘 듣는 아이라 진심일 것이라고 믿었다.

2학기 개강을 앞두고 철이는 서울로 올라갔다. 아들이 감옥에 있는 동안 함께 활동하던 여러 선후배들이 '5·3 인천 항쟁'(1986년 5월 3일 신민당의 '직선제 개헌 1천만 명 서명운동' 인천 및 경기도 지부 결성 대회가 운동권의 격렬한 시위로 무산된 사건)으로 구속되고 없었다. 철이는 국내에 출간되지 않는 마르크스주의 서적을 읽기 위해 일본어 공부를 시작했다. 철이가 마지막으로 부산에 내려왔을 때, 누나 은숙은 일본어를 공부하는 동생을 의심했다.

"니 공산주의 서적 볼라고 일어 공부하는 거 아이가?"

"그래, 맞다. 와? 니 어머니한테 그런 소리 하지 마라."

철이가 박종운을 처음 만난 것은 1985년 1월이다. 자취방에서 서클 친구들과 합숙 세미나를 하던 중이었다. 그때 박종운이 아들에게 말했다.

"박종운과 박종철. 우리는 이름까지 형제 같구나."

그날 이후 박종운은 서울대 학생운동의 비공개 지도 조직인 민주화추진위원회(민추위) 사건, 이른바 '깃발 사건'으로 지명수배를 받았다. 아들은 길거리에 나붙은 수배자 명단에서 그를 발견했다. 아들이 박종운을 다시 만난 것은 1986년 11월 말이었다. 철이는 서클 선배들을 기다리고 있었다. 박종운은 얼마 전 호구조사 때 신분이 노출돼 머물던 방에서 나와 동가식서가숙하며 지내고 있었다. 그러던 중 그가 철이의 하숙집 옆방 선배인 하종문을 방문하면서 다시 만나게 되었다.

박종운이 먼저 방문을 열었고, 곧이어 기다리던 선배 두 명이 도착했다. 네 사람은 밤늦도록 이야기를 나눴다. 이튿날 아침 헤어질 때 철이는 박종운에게 자신이 가지고 있던 돈을 긁어모아 쥐어 주었다. 다른 선배에겐 지하철 정기승차권을 건넸다.

1987년 1월 8일 박종운이 아들 집을 다시 찾아왔다. 제헌의회그룹 관련자들이 안기부에 연행된 뒤였다. 조직을 재건하기 위해, 연락이 끊긴 이들의 연락책을 철이에게 부탁하기 위한 걸음이었다. 아들은 박종운의 요청을 받아들였다. 철이는 박종운의 남루한 옷차림을 보고 걱정했다.

"오들오들 떨며 자는 모습이 눈에 훤합니다. 안 되겠심니더. 이걸 두르세요. 우리 누나가 내 하고 다니라고 짜준 긴데 참 뜨십니더."

아들은 박종운에게 목도리를 둘러 주었고, 돈이 필요하다는 말에 옆방 하숙생에게 1만 원을 빌려 쥐어 주었다. 박종운과의 마지막 만남이었다.

아들은 박종운에게 목도리를 건네주고는, 누나 은숙에게 전화를 걸어 목도리를 하나 더 짜달라고 부탁했다.

"누나야, 목도리 좀 짜도."

"왜? 잃어버렸나?"

"아이다. 수배 중인 선배가 찾아와서 줬다."

"내가 니 하라고 짜준 목도린데 함부로 줘도 되나?"

"안 그래도 선배가 걱정하더라. 내가 누나가 다시 짜주면 된다고 했다. 알았제?"

"하여간에. 그래, 알겠다."

은숙은 털실 꾸러미를 사서 짜기 시작했다. 며칠 뒤 내가 영문도 모른 채 형사들에게 이끌려 서울로 올라갈 때도 은숙은 두 뼘가량 목도리를 짜고 있었다.

1987년 1월 13일 자정이 가까울 무렵, 집에 거의 도착한 아들을 부르는 소리가 들려왔다.

"박종철!"

아들은 형사들이 대기시킨 차에 실려 어딘가로 향했다. 다음 날 내가 도착하게 된 그 건물, 남영동 대공분실이었다.

철이가 대공분실 509호실에서 고문을 받고 있던 그 순간, 대공분실 514호실에서 서울대 대학원생 하종문도 단지 같은 하숙집의 옆방에 산다는 이유로 끌려와 자술서를 쓰고 있었다. 이틀 뒤 16일 아침 대공분실에서 나온 하종문은 철이도 이미 풀려나 있을 거라고 생각했다. 그는 철이가 미안하다고 사과하면 '걱정하지 마. 난 한 대도 안 맞고 나왔으니까 신경 쓸 것 없어.'라고 대답할 참이었다. 그가 하숙집에 도착했을 때 주인아주머니가 말했다.

"너는 운 좋게 나왔구나."

하종문은 훗날 자신의 마음에 간직한 박종철의 의미를 어느 글에 이렇게 남겼다.

(박종철은) 나만의 비밀스러운 증인이자 감시자인 셈이다. 그의 죽음 이후 많은 것이 달라졌고 많은 사람들의 삶이 뒤흔들렸다.

철이가 떠난 뒤 가끔씩 철이가 쓴 편지를 꺼내 읽는 게 버릇이 됐다. 아들이 여자 친구에게 보낸 편지도 몇 통 있다. 그 편지에는 애비에겐 차마 말하지 못한 이야기가 있다.

지난 한 해 동안 난 배가 고픈 적이 무척 많았다. 때론 잠잘 곳이 없어서 늦은 시각까지 헤맨 적도 있었지. 하지만 그걸 고생이라고 할 수는 없을 것 같다. 그런 생활, 그런 배고픔이 나에게 던져 준 것은 천만금을 주고도 내가 배울 수 없는 진한 삶의 교훈이었다. (1986년 1월 6일)

난 죽기 전에 단 하루만이라도 참다운 인간의 모습을 찾을 수 있는 사회에서 사는 것이 소망이다. 그리고 꾸준히 노력할 것이다. 어떠한 모습으로든. (1986년 3월 8일)

1986년 3월 26일의 편지글 일부는 한 편의 짧은 자서전 같다. 이 글을 보며 철이가 자신을 둘러싼 껍질을 깨기 시작한 첫 계기가 부마 항쟁이었음을 다시 깨닫는다. 아들의 편지글로 박종철의 23년 짧은 이야기를 마친다.

한 평범한 가정의 막내로 태어나 꽤 촐랑거리고 쾌활한 소년이 있었다더라. 그 소년은 불의에 대한 저항심과 독재에 대한 반작용으로 중 3 때 — 훗날 역사적 사건이라고 하는 부마 민중 항쟁 — '독재 타도'와 '유신 철폐'를 외치면서 고민했었다. 그 소년이 어느 정도 자기 책임을 질 수 있는 청년 대학생이 되고 난 뒤에는 새로운 생활과 새로운 과정으로 참다운 인간이 되어 가면서 용기 있게 살아갔단다. 진실에 눈을 뜨고 불의에 분노하면서 참 진리와 참 정의를 찾아서 나아가는 생활들은 때로는 너무도 힘들고 고달팠단다. …… 그 청년이 다짐한 것은 이제는 라면이나 찬물로 배를 채우고, 억압받고 수탈당하는 이 땅의 민중들이 주인이 되어서 참 민주가 실현될 수 있는 사회를 만들겠다는 것이다. 너무도, 너무도 비인간화된 사회 속에서 인간적인 삶을 살고자 몸부림치는, 한 피 끓는 청년이 있다.

ⓒ 박정기
1987년 고문치사 사건이 발생한 뒤 찾아간 박종철의 하숙방.

4부

6월 항쟁

1987년 그날부터 허구한 날 생각한다.
그때의 지난 일들을 회상하면서,
죄책감을 되씹으면서.
막내의 투지와 그가 남긴 정신……
그러나 그의 실체를 볼 수 없는 것이
너무 속상하다.

―――――――

박정기의 일기장(1993년 8월 15일).

1

밤새 달린 버스는 날이 바뀌어서야 부산에 도착했다. 박정기가
영정을 품에 안고 집 앞에 다다랐을 때 집 주변엔 수백 명의 조문객
이 모여 있었다. 현관문을 열고 들어서는데 누군가 알은척을 했다.

"욕봤데이."

고개를 돌리니 원예중학교 친구인 영도구청장 이영택이 서 있었
다. 그와 함께 아들이 쓰던 방에 들어가 영정 사진을 책상 위에 내려
두었을 때 이영택이 제안했다.

"종철이 영정을 여기 두지 말고 선걸음에 가차운 절에 모시는 게
어떻겠나? 가족들과 의논해 보게."

불자인 박정기는 아들을 부처님 곁에 두는 것도 좋겠다는 생각이
들었다. 그는 가족들과 논의해 아내 정차순이 다니는 사리암에 영
정 사진을 안치하기로 결정했다. 박정기는 다시 길을 나서 사리암
으로 갔다. 사리암의 주지는 백우 스님이었다.

백우 스님은 박종철의 영정 사진을 받은 일로 적잖이 고초를 겪
었다. 1987년 2월 7일 '박종철 군 추모 대회'와 3월 3일 사십구재가
사리암에서 열렸는데, 스님은 행사를 방해하는 정부의 압력에 굴하

지 않았다.

'박종철 군 고문치사 사건'은 1월 16일 이래 언론에서 매일 보도되고 있었다. 박정기는 한동안 그 사실을 몰랐다. 아니, 그럴 경황이 없었다. 그는 아들이 떠난 뒤 자신의 대응을 후회했다.

"내가 과오를 저질렀으니까 엄두가 안 났지. 자식이 그렇게 죽었는데 지대로 처리를 못 하고 그 모양을 당했으니…… . 난 죄를 지어도 이만저만이 아니야."

박정기는 아들이 떠난 이후의 삶을 이렇게 표현했다.

"지금 생각하면 매일매일이 처절하게, 철이 없는 세상에, 철이 떠나보내고 바뀐 세상에 적응하는 법을 배우던 때였다."

그날 이후 박정기 주변엔 두세 명의 기관원이 그림자처럼 따라다녔다. 목욕탕에 가도, 시장에 가도 고개를 돌려보면 그들이 서 있었다. 정차순과 맏이 종부, 딸 은숙에게도 형사들이 따라붙으며 일거수일투족을 감시했다.

기관원 중 한 명은 박정기의 중학 동창이자 친척이었다. 그는 아예 박정기의 집과 직장에 출퇴근을 하며 감시했다. 직업상 피하기 어려운 일이었겠지만 서로 난처했다.

부산 수도국 청학양수장의 직장 동료들은 뜻과 무관하게 박정기의 동태를 알리는 일을 맡아야 했다. 시시때때로 기관에서 전화하는 통에 일을 제대로 보지 못할 지경이었다. 박정기는 일할 수 있는 상태가 아니었다. 자신이 허깨비 같았다.

어떤 날은 직장을 이탈해 배회했다. 정년 퇴임을 앞두고 있었기 때문에 직원들도 간섭하지 않았다. 24시간 맞교대 근무였는데 근무가 없는 날이면 부산 거리를 떠돌았다. 가만히 집에 머물 수 없었다. 아들이 있는 사리암엔 거의 매일 찾아갔다.

아무 버스나 잡아타고 어딘가로 무작정 떠났고, 버스에서 버스로 옮겨 다녔다. 그는 유령처럼 시내를 흘러 다녔다. 버스 안에서 정신을 차리고 보면 종점인 김해에 도착해 있을 때가 많았다. 부산 시내에서 집회가 있는 날엔 형사들을 따돌리고 시위를 하고 돌아왔다. 부산의 거리에서, 서울의 도로 위에서 그는 아들을 찾았다.

그는 알 수 없는 낯선 시간 속에 놓여 있었고 다른 시간의 실감 속에서 살았다. 그는 훗날 이순신이 막내아들 면의 전사 통지를 받은 뒤 기록한 『난중일기』의 한 구절을 인용해 이때의 심정을 표현했다.

하룻밤 지내기가 1년 같구나. 하룻밤 지내기가 1년 같구나.

아내와 딸도 대학교와 재야 단체 집회를 찾아다녔다. 형사들의 감시 때문에 가족이 뿔뿔이 흩어져 거리를 헤맸다.

정차순은 멍하게 혼잣말하곤 했다. 혼잣말은 불쑥불쑥 튀어나왔고 끝나지 않을 듯 이어졌다.

"우리 철이 어디 갔나? 내 새끼 내가 낳아 키웠건만, 스물세 해 고이고이 키웠건만, 언제 온다는 말 한마디 없이 우리 철이 어디 갔나? 열다섯 해 애써 공부시켰는데 엄마 버리고 누굴 따라갔나? 그토록 좋아하고 따르던 형님, 누나 버리고 어디 갔나? 지가 원해 간 대학 졸업도 못 하고 우리 철이 어디 갔나? 너털웃음 웃으며 재미나게 놀던 친구 버리고 누굴 따라 어디 갔나? 꿈에라도 한 번 보았으면, 전화해서 하숙비라도 한 번 달랬으면, 우리 철이 어디 갔나, 우리 철이 어디 갔나? 엄마 버리고 어디 갔나?"

박정기는 정차순의 이 말을 메모한 종이를 여러 해 동안 품에 간직했다.

정차순은 종철이 떠난 뒤에야 아들의 행동들을 하나씩 이해하기 시작했다. 언젠가 온몸에 물집이 생긴 채 내려온 적이 있었다. 피부병 때문이라고 했다. 실은 최루탄을 온몸에 뒤집어써서 생긴 것이었다. 한 푼 두 푼 아껴 좋은 옷을 사주고 싶어 옷가게에 데려가면 '메이커 있는 옷은 입지 않겠다.'고 이상하게 고집을 부렸다. 그땐 그런 행동을 이해할 수 없었고 야속했다.

박정기 부부는 아들에 관한 기사를 모으기 시작했다. 『동아일보』는 1987년 1월 19일자부터 '고문 사라져야 한다: 추방 캠페인' 기획을 4회에 걸쳐 연재하며 고문 문제를 주목했다.

정차순은 아들의 숨결이 닿은 물건들을 만지고 끌어안으며 주저앉곤 했다. 밖을 떠돌다 귀가하면 맨 먼저 아들이 쓰던 방의 문을 열었다. 문고리를 잡을 때마다 문 너머 작은 방에서 어미를 뒤돌아보며 아들이 생긋 웃고 있을 것 같았다. "엄마!" 하고 부르며 와락 자신을 끌어안을 것 같았다. 아들이 없는 방을 확인한 어머니는 매번 방바닥에 무너졌다.

"철아, 철아. 이놈의 자슥아!"

그 소리가 들리면 박정기는 문 밖을 나섰고, 아무 버스나 잡아탔다. 그는 아내에게 막내가 어떤 존재인지 잘 알고 있었다.

아들이 그리울 때면 정태춘의 노래 〈떠나가는 배〉를 홀로 불렀다. 종철이 즐겨 부르던 노래였다. 아들은 부산에 내려오면 혼자 익힌 기타를 치며 누나와 함께 〈떠나가는 배〉를 불렀다. 아들이 부산을 떠난 뒤로는 정태춘·박은옥의 음반 테이프를 찾아 혼자 그 노래를 듣곤 했다.

금강경을 독송하는 것도 아들의 부재를 견디기 위한 노력이었다. 평소에도 그는 금강경을 읽으며 시름을 잊고 마음을 기대곤 했다. 때론 금강경의 글귀를 빈 공책에 되풀이해 썼다. 금강경에 빠져 있으면 마음이 한결 나아졌다.

장례를 치르느라 부산에 내려왔던 맏이 종부는 며칠 더 머물렀다. 가족에 대한 걱정을 떨칠 수 없었던 그는 이후로 매주 한두 차례 서울과 부산을 오갔다. 직장 생활은 제대로 할 수 없었다. 형사들이 회사와 자취방을 감시했고, 그를 따라다녔다.

사람들은 박정기를 피했다. 직장 동료들도, 친구들도, 친척들도 그에게서 멀어졌다. 가까이하면 어떤 해를 입을지 알 수 없었기 때문이다. 2월 7일 열린 '박종철 군 추모 대회' 때는 정부의 방해로 친척들이 참석할 수 없었다. 가족은 사회로부터 고립되었다.

그런 상황에서도 용기 있게 다가오는 손길이 있었다. 동네 사람 한 분은 울화병에 녹두즙이 좋다며 가져다주었다. 한 달 동안 식음을 전폐하다시피 한 가족은 녹두즙으로 연명했다. 매일 술에 매달린 박정기가 병을 얻어 누웠을 땐 해동병원 원장이 무료로 건강을 돌보고 마음을 달래 주었다. 생면부지의 시민들이 전화를 걸어올 때도 있었다.

"아드님은 훌륭한 학생입니다. 우리 민족이 영원히 기억할 겁니다."

이런 말을 들으면 위로가 되었다. 처음에는 낯선 이들의 전화와 방문이 달갑지 않았다. 민가협의 김광남이 찾아왔을 때는 거두절미하고 돌려보냈다. 더는 복잡한 일에 끼어들고 싶지 않았다.

민가협이 어떤 일을 하는 단체인지 모를 때였다. 그래서 그들을 섭섭하게 한 적이 많았다. 나중에 유가협 회장이 되어 자신이 그런 노릇을 할 때에야 그들의 고충을 깨달았다.

시간이 흐르면서 차츰 민가협 회원들과 가까워졌다. 회원들 중엔 아들이 활동한 대학문화연구회의 선배를 자식으로 둔 이도 있었다. 그런 인연으로 민가협과 거리가 줄어들었다. 박정기는 이들을 통해 아들에게 한발 다가서게 되었다.

부산 지역 재야인사들이 찾아왔다. 부산에서 민주화 운동에 앞장서던 노무현·문재인·김광일 변호사가 찾아왔다. 그들도 모두 돌려보냈다. 후일 미안함으로 남았다. 영정 사진을 모신 사리암으로 조문의 발길이 모여들었다. 서울에서 재야 단체 인사들과 아들의 대학 선후배들이 찾아왔다.

서울에서 부산까지 내려온 이들 중 김재선은 잊히지 않는 이다. 그는 화가였던 선친의 마지막 유작을 들고 찾아왔다. 모란꽃을 그려 넣은 그림이었다. 김재선과는 훗날 유가협에서 다시 만났다.

언론에서 '박종철 군 고문치사 사건'을 집중 보도하자 궁지에 몰린 경찰은 더는 고문 사실을 감출 수 없었다. 결국 1월 19일 강민창 치안본부장은 경찰 조사 결과를 발표했다. 이날 강민창은 고문 상황을 재연했다. 그는 두 수사관이 박종철의 머리를 욕조에 집어넣는 부분에서 직접 자세를 취했다.

일부 수사관들의 지나친 직무 의욕으로 인해 이러한 불상사가 발생한 것은 매우 유감된 일로 …… 극소수 좌경 용공 분자를 완전히 척결할 때까지 경찰은 주어진 책무를 다하겠다.

그는 '지나친 직무 의욕' 때문에 발생한 일임을 반복해서 말하며 고문 경관을 감쌌다. 경찰은 여론의 확산을 막으려 서둘러 수사를 마쳤다. 1월 24일 검찰은 고문 경관 두 명을 구속기소했다. 정부는 치안본부장과 김종호 내무부장관을 해임했다.

한국기독교교회협의회KNCC를 시작으로 천주교정의구현전국사제단, 민주통일민중운동연합(민통련) 등 종교·사회단체들의 성명서가 줄을 잇고 집회와 시위가 이어졌다. 야당과 재야 등은 1월 20일부터 26일까지를 '박종철 군 추모 기간'으로 정했다.

박종철을 대신해 서울대 언어학과 임시 과 학생회장을 맡은 신상민은 과 사무실에 빈소를 마련했다. 그는 박종철이 연행되기 전날 밤늦게까지 함께 술을 마시며 과 학생회 운영에 대한 고민을 나눈 친구다. 빈소가 마련되자 유가협에서 방문했다. 1월 18일에는 정부의 여당 인사가 조화를 보냈다. 분노한 학생들은 조화를 구석에 내던졌다.

1월 20일 낮 1시 40분 관악캠퍼스 학생회관 2층 라운지에서 서울대 총학생회가 주관한 박종철 추모제가 열렸다. 방학인 데다 교문 앞에 전경들이 진을 치고 있었지만 1천5백여 명의 학생이 모였다. 학생들은 진상 규명과 더불어 고문이 자행되는 치안본부·안기부·보안사의 해체를 요구했다.

박종철의 과 선배 장지희가 쓴 추도시 "우리는 결코 너를 빼앗길 수 없다"를 이현주 학생이 낭독했다.

누가 너를 앗아갔는가
감히 너를 앗아갔는가
감히 누가 너를 죽였는가
지금도 생생하게 살아 있는 너 철아
살아서 보지 못한 것 살아서 얻지 못한 것
인간·자유·해방

죽어서 꿈꾸며 기다릴 너를 생각하며
찢어진 가슴으로 네게 약속한다
거짓으로 점철된 이 땅
너의 죽음마저 거짓으로 묻히게 할 수는 없다

시를 읽는 동안 학생들의 울먹임이 그치지 않았다. 조사는 최순정(김세진의 어머니)이 읽었다. 추모제를 마치자 민가협의 어머니들이 모여 박종철의 이름을 부르며 오열했다.

"철아, 다 잊어버리고 잘 가거라."

학생들은 영정을 앞세우고 교문으로 진출했다. 교문 앞은 전경들이 여러 겹으로 진을 치고 가로막고 있었다.

얼마 전인 1월 15일 소형 선박 청진호를 타고 탈북한 김만철 씨 일가족의 소식이 보도되었다. 이들은 일본 후쿠이 현에 도착해 망명을 요청했다. 일가족 11명은 타이완을 거쳐 2월 8일 남한에 귀순했다. 언론은 박종철 고문치사 사건을 덮으려 김만철 탈북 사건을 연일 대대적으로 보도했다. 의혹이 집중된 상황에서 탈북 사건이 발생하자 세상엔 이런 말이 유행했다.

"종철이가 종을 치니, 만철이가 그만 쳐라 했다."

김만철은 귀순 소감에서 "따뜻한 남쪽 나라를 찾아서 왔다."고 말했다. 하지만 남한에서의 삶은 여러 차례 사기를 당하는 등 시련의 연속이었다. 자본주의 체제의 국가 남한도 그에겐 '따뜻한 남쪽 나라'가 아니었다.

1987년 1월 19일 '박종철 군 국민추도회 준비위원회'가 결성되었다. 준비위원회는 2월 7일 서울 명동성당에서 추도회를 열기로 했다. 추도회 표어는 "고문 없는 세상에 살고 싶다"였다. 추도회 준비위원은 무려 6만 명이 넘었다.

전두환 정권은 추도회를 불법 집회로 규정하고 전국의 경찰 12만 명 가운데 5만여 명을 동원했다. 각지에서 검문검색과 압수 수색, 가택 연금 등이 이뤄졌다. 명동성당 주변의 버스 정류소를 모두 폐쇄해 시민들의 참여를 가로막았다.

2월 7일 오후 2시 명동성당에서 종이 스물한 번 울렸다. 박종철의 만 나이에 맞춘 타종이었다. 학생들과 시민들은 도처에서 명동성당을 향해 행진했지만 최루탄이 발사되고 해산 작전이 펼쳐진 탓에 곳곳으로 흩어져 작은 무리를 지어 시위를 벌였다. 여러 장소에서 거리 추도회가 열렸다. 경찰은 시민들이 묵념하는 도중에도 최루탄을 난사했다.

시민들은 자동차 안에서 경적을 울렸고, 시위대에게는 응원의 박수를, 경찰들에게는 야유를 보냈다. 경찰이 학생들을 연행하면 항의했고, 어떤 시민들은 경찰과 싸워 학생을 구출해 냈다.

추도회가 열리는 날까지 박정기의 집에는 조문객이 끊이지 않았다. 2월 7일 오전, 정차순과 딸 은숙은 명동성당 추도회에 참석하기 위해 집을 나섰다. 민가협 어머니들로부터 집회에 꼭 참석해 달라는 요청을 받은 뒤였다. 맏이 종부도 추도회엔 꼭 참석해야 한다고 당부했다.

모녀가 추도회에 참석하려면 기관원들의 미행을 따돌려야 했다. 골목을 걷는 모녀의 차림은 허름했다. 두 사람의 가방에는 여벌의 옷이 들어 있었다. 은숙은 목욕탕에 들어서며 뒤를 살폈다. 형사들이 멀찌감치 걸음을 멈추었다.

목욕탕에 들어선 모녀는 서둘러 옷을 갈아입고, 사위를 살피며 뒷문으로 빠져나갔다. 두 사람은 빠른 걸음으로 가까운 정류장으로 향했다. 정류장에 도착한 뒤에는 아무 버스나 잡아탔다.

시내버스를 몇 번 갈아탄 모녀는 한 시간 뒤쯤 부산역 앞에 도착했다. 두 사람은 역 광장을 가로질러 힘껏 뛰었다. 역사驛舍 안으로 들어서자마자 걸음을 멈췄다. 앞에 형사들이 서있었기 때문이다. 계획은 수포로 돌아간 것이다.

형사들 옆에는 가깝게 지내는 은숙의 큰삼촌과 작은삼촌도 서있었다. 그들이 삼촌을 회유한 것이다. 어디서 붙잡혀 왔는지 박정기도 있었다. 큰삼촌은 아무 말도 하지 못한 채 가만히 서있었다.

모녀는 경찰차에 태워져 사리암으로 향했다. 두 사람은 서로 껴안고 울었다. 차는 부산 시내를 에돌아 이동했다. 취재를 위해 뒤따르는 부산일보 차량을 따돌리기 위해서였다. 사리암에 도착했을 때 입구는 추모객들로 가득했다. 사리암 일대는 교통이 마비되다시피 했다. 모녀는 곧장 백우 스님을 찾았다.

오후 2시 정각이 되자 백우 스님이 두 사람에게 타종을 청했다.

"이제 종을 치세요. 타종은 스물한 번입니다!"

전국의 사찰과 성당에서 동시에 타종을 시작했다. 모녀는 종을 치며 외쳤다.

"철아, 이 종소리 듣고 깨어나거라!"

은숙에게 타종은 동생의 억울한 죽음을 세상에 알리는 일이었다. 시간이 한참 지나도 종소리는 멈추지 않았다. 사리암의 종소리는 전국에서 가장 오랫동안 울려 퍼졌다. 스물한 번이 아니라 수십여 차례 종소리가 울려 퍼졌다. 모녀가 타종을 몇 번 했는지 셀 수 없었기 때문이다. 누구도 타종을 제지할 수 없었다.

1987년 2월 9일 준비위원회는 사십구재 날인 3월 3일에 '고문추방 민주화 국민평화대행진'(이하 평화대행진)을 열기로 했다.

3

사십구재를 며칠 앞두고, 박정기는 사리암에서 백우 스님을 만났다. 한국대학생불교연합회(대불련) 부산지부의 성재도와 이갑상이 함께한 자리였다. 대불련 부산지부에는 부산 지역 18개 대학이 망라되어 있었다. 이들은 사십구재 당일 대각사 앞에서 시위를 벌이기로 논의했다.

3월 2일 아내 정차순과 딸 은숙은 평화대행진에 참여하기 위해 이날도 기관원들의 미행을 따돌리고 부산역에 도착했다. 이번에는 기차를 타는 데 성공했다. 하지만 서울역에 내려 대합실에 들어서자 형사들이 갑자기 나타나 앞을 가로막았다.

같은 날 맏이 박종부의 회사에도 형사들이 찾아왔다. 이튿날 사십구재 참여를 막기 위해서였다. 형사들은 가족들 옆에 24시간 붙어 있었다. 저마다 형사들에게 끌려 서울 시내를 돌다 밤늦게 도착한 곳은 종부가 다니는 회사 부장 댁이었다.

세 사람은 그곳에서 밤을 새우고 다음 날 아침 기차에 실려 부산으로 내려갔다. 부산역에 도착하자 경찰차가 대기하고 있었다. 모녀와 종부는 차에 실려 사리암으로 향했다. 사리암 주변엔 경찰들이 진을 치고 있었다. 스님들과 일부 신도들의 출입만 허용했다.

민가협 회원들은 사리암 신도로 위장해 잠입하는 데 성공했다. 사십구재 집행위원장 이갑상도 전날 경찰에 연행되어 동래 온천장의 한 여관에 감금되었지만 탈출에 성공해 행사장에 도착했다. 대불련의 간부 성재도와 한광석은 전날 미리 사리암의 대웅전 불상 밑에 숨어 하룻밤을 지새웠다.

사찰 입구에 모인 2천3백여 명의 시민들은 사십구재가 거행되는 동안 경찰들과 몸싸움을 하고, 시위를 벌였다.

법당 안에는 3백여 명이 모여 있었다. 박종철의 영혼을 극락으로 보내는 사십구재가 엄숙한 분위기에서 진행되었다. 경찰은 백우 스님에게 행사 절차와 시간을 줄여 속히 마무리하라고 요구했지만 스님은 예정한 대로 세 시간에 걸쳐 진행했다. 사십구재를 주관한 통도사의 청하 큰스님은 이날 박종철에게 법명을 주었다. 그가 준 법명은 '춘삼'이었다. 춘삼 박종철. '세 개의 봄, 즉 민주·평화·통일을 이루는 자'를 뜻하는 이름이었다.

사십구재의 마지막 순서로 박종철의 유품을 태우는 의식이 행해졌다. 행사를 마친 학생과 시민은 대각사까지 행진하려 했지만 전경들에게 막혀 나아갈 수 없었다. 각 대학의 직원과 교수 수십 명이 찾아와 학생들의 참여를 방해했다. 시민들은 일단 사리암에서 뿔뿔이 흩어진 뒤 대각사에서 다시 합류했다.

이날 오후 6시 부산의 대각사에서 1만여 명의 시민·학생이 모인 가운데 평화대행진을 시작했다. 시민들의 호응이 열렬했다. 시위대가 등장하는 곳마다 박수 소리와 응원의 함성이 들려왔다.

4월 13일 전두환 대통령은 특별 담화를 통해 호헌을 발표했다. 현행 헌법에 따라 대통령 선거인단이 체육관에서 뽑는 대통령 간선제를 유지하겠다는, 군사정권 연장 선언이었다. 대한노인회·한국노총·한국문인협회 등은 환영을 표시했고, 서정주 시인은 구국의 결단이라며 호헌을 지지했다. 재야 단체들은 전두환 정권의 퇴진을 요구하며 저항에 나섰다. 정부를 선택할 국민의 권리를 찾기 위한 싸움이었다.

3월 3일 사십구재를 마친 뒤 박정기 내외는 맏이 종부의 결혼식을 서둘렀다. 애초 종부는 대학 시절부터 사귄 여자 친구 서은석과 지난해 12월 결혼할 예정이었다. 그런데 회사 일이 갑자기 바빠지면서 올 2월로 미루었고, 막내가 돌연 세상을 떠나면서 거듭 미뤄진 일이었다.

정차순은 "자식 하나 더 잃을 수 없어 결혼시켰다."라고 말했고, 박종부는 '어머님을 살려야겠다.'는 생각에서 결혼식을 준비했다고 말했다. 정차순은 속세를 등지겠다며 삭발하려 했고, 어느 날부터 밥을 굶었다. 아무리 말려도 말을 듣지 않았다. 맏이의 결혼식을 준비하면서 어머니는 겨우 다시 끼니를 이었다. 딸 은숙과 함께 신혼집을 구하는 일 등으로 바빠지면서 차츰 상태가 나아졌다.

오랜 기간 사귄 데다 예식 준비를 해온 신부의 마음도 급하긴 마찬가지였다. 양가는 4월 26일 결혼식을 올렸다. 이듬해 손자를 얻으면서 정차순의 일상은 조금씩 회복되었다. 그는 "손주가 내를 살렸다."라고 회고했다.

1987년 5월은 광주 시민들의 죽음과 박종철의 죽음이 겹친 기간이었다. 전국의 대학에서 집회와 시위가 열렸다. 5월 18일 오후 6시 30분 서울 명동성당에서는 천주교정의구현전국사제단이 주최한 '광주민주항쟁 제7주기 미사'가 열렸다. 김수환 추기경은 광주 시민과 박종철의 죽음을 애도했다. 곧이어 김승훈 신부가 성명서를 읽어 내려갔다.

박종철 군을 직접 고문하여 죽음에 이르게 한 진짜 범인은 학원분과 1반 소속 경위 황정웅, 경사 방근곤('경장 반금곤'의 오기), 경장 이정오 ('이정호'의 오기)로서 이들 진범들은 지금도 경찰관 신분을 그대로 유지하고 있다.

김승훈 신부는 전날 저녁 함세웅 신부로부터 이 성명서 낭독을 요청받았다. 성명서 제목은 "박종철 군 고문치사 사건의 진상이 조작되었다"였다. 고문 수사관이 조한경·강진규 외에 세 명이 더 있다는 사실이 세상에 알려지는 순간이었다. 며칠 전 박종철 고문치사 사건을 담당한 황인철 변호사가 박정기에게 말했다.

"범인들이 구치소를 옮겼습니다. 전례 없는 일이라 이상하다는 생각이 들어요. 이유가 있을 겁니다. 기다려 보면 뭔가 나올 것 같습니다."

박정기는 그 말을 예사롭게 듣고 지나쳤다. 박은숙은 성명서가 발표되기 전날 꿈을 꾸었다. 꿈속에서 동생은 삽을 들고 집 앞마당을 안간힘으로 파헤치고 있었다. 누나가 다가가자 동생은 일을 멈추고 고개를 들었다. 동생은 안타까운 표정으로 말했다.

"누나, 아직 멀었어. 더 파야 돼. 땅을 더 파야 된단 말야."

현실처럼 생생하고 이상한 꿈이었다. 그는 곰곰이 생각한 뒤 정차순에게 말했다.

"엄마, 꿈을 꿨는데 철이가 너무 억울한가 봐."

박종철 사건의 진실을 담은 편지가 함세웅 신부에게 전달되기까지 몇 사람의 목숨을 건 용기가 있었다.

4

1987년 당시 이부영은 서울 영등포교도소에 수감 중이었다. 이른바 '5·3 인천 항쟁' 배후 주동 혐의로 구속돼 재판을 받던 어느 날 그는 교도소 보안계장 안유를 통해 박종철 군 사건의 앞뒤를 알게 되었다.

안유는 대공분실 간부들과 고문 경관 조한경·강진규의 면회 장면을 옆에서 지켜봤다. 애초 간부들은 그에게 면회에 참관하지 말 것을 요구했다. 규정상 받아들일 수 없는 일이었다. 교도소 쪽에서 거부하자 그들은 참관하더라도 중견 간부가 입회할 것과 면회 내용을 기록하지 말 것을 요구했다. 교도소에서 이를 받아들여 안유가 참관하게 된 것이다.

그는 이때까지 박종철 고문치사 사건에 거의 관심을 두지 않고 있었다. 그는 경찰들의 대화를 듣고 치안본부에서 사건의 진실을 숨기고 있다는 사실을 알게 되었다. 대공분실 간부들은 고문 경관들에게 1억 원이 찍힌 통장을 보여 주며 회유했다.

안유는 공안 사범 전담반의 반장이었다. 공안 사범을 감시하고 교화하는 임무를 맡고 있었다. 그런 그가 보기에도 어처구니없는 일이었다.

"기가 막혔죠. 해도 해도 너무하잖아요. 이놈들이 별짓을 다 하는 구나 싶었습니다."

그가 이 사실을 알리게 된 데는 이부영에 대한 믿음이 있었기 때문이다. 동아자유언론수호투쟁위원회(동아투위) 해직 기자 출신인 이부영은 교도소 안에서 재소자의 대변자 구실을 하고 있었다.

영등포교도소는 조용한 날이 없었다. 감방이 모자랄 만큼 재소자가 넘쳤고, 이들은 거의 매일 구호를 외치고 교도관들과 다투었다. 그때마다 일반 재소자들도 시국 사범들의 목소리에 힘을 보탰다. 교도관과 재소자들의 상명하복 관계는 학생 수감자가 많아지면서 바뀌었다. 문제가 발생할 때마다 안유와 이부영이 교도소와 재소자의 대표로 협상했다. 안유는 이전에 근무했던 서울구치소(현재 서대문형무소역사관)에서부터 이부영을 알고 있었다. 마침 한 고교 동창이 이부영과 군대 동기여서 안유에게 부탁했다.

"부영이 형 잘 돌봐 줘야 돼."

안유는 넌지시 이부영에게 조한경과 강진규에게 어떤 사연이 있음을 내비쳤다.

"이부영 씨가 기자 출신이라 나중에라도 기록으로 남겨 주었으면 하는 바람에서 얘기를 했어요."

그는 자신의 이야기가 밖으로 나가리라고는 미처 예상하지 못했다. 며칠 뒤 이부영이 그에게 말했다.

"안 형, 나와 면회한 기록을 모두 없애야 합니다."

그 말을 듣는 순간 절로 표정이 굳었다. 대화 내용을 기록하지는 않았지만, 정보 유출 경로를 들키지 않으려면 면회자 등을 기록한 업무 일지까지 모두 삭제하라는 조언이었다. 안유는 그날 업무 일지에서 관련된 내용을 삭제했다.

안유는 이부영이 무슨 일을 벌였는지 짐작할 수 있었다. 은폐 조작 사실이 세상에 알려지기까지 두 달 가까이 걸렸다. 그때까지 그는 불안에 시달렸다. 박봉의 교정 공무원으로 세 아이를 길러야 하는 처지에서 다가올 일이 두려웠다.

"경찰에선 (두 고문 수사관의) 가족들을 통해 (박종철 고문치사 사건의 진범이 따로 있다는) 정보가 사제단에 전달된 걸로 판단한 것 같아요. 편지가 밖으로 나간 뒤 바로 고문 수사관들이 의정부교도소로 이감된 것도 다행스러운 일이었죠."

안유는 5월 18일 김승훈 신부의 폭로 이후에야 사건의 파장을 실감했다. 이후 그는 교도관 신분이어서 시위에 참여할 수는 없었지만 6월 항쟁 내내 마음속으로 시위대를 응원했다.

"그렇게 큰 사건인 줄 몰랐어요. 그토록 빨리 역사가 바뀔 줄 몰랐습니다. 역사의 물줄기가 아주 작은 데서 시작된다는 것을 깨달았죠."

안유는 2012년 1월 14일 박종철 25주기 추도식에서 한재동 교도관과 함께 처음으로 모습을 드러냈다. 한재동은 당시 이부영의 편지를 밖으로 전해 준 전령이다. 이날 안유는 지금껏 추도식 자리에 나서기 부끄러웠다고 고백했다.

"나는 학생과 민주화 인사들을 탄압한 사람 중 하납니다. 그러면서도 늘 미안했어요. 특히 학생들은 나라를 이끌어 갈 동량인데 수갑을 채우고 포승줄로 묶었습니다. 그때마다 참 불편했어요. 그래서 때론 수감자들에게 공격당하고 그들이 던진 짬밥통에 얻어맞으면서도 한 번도 징벌한 적이 없어요. 나는 본의 아니게 가해자의 편, 탄압자의 편이었고, 전두환의 주구, 사냥개였단 말이에요. 그게 미안했기 때문에 추도식에 참여하는 일이 조심스러웠습니다."

1987년 3월 서울 영등포교도소에서 보안계장 안유를 통해 상황을 파악한 이부영은 한재동 교도관에게 볼펜과 종이를 부탁했다. 한재동은 자신의 볼펜과 근무용지인 '보고전' 몇 장을 건넸다. 수감자들에게 필기도구조차 금지된 때였다. 이부영은 세 통의 편지를 써서 "박종철 사건에 관해 중요한 사실을 알아냈다."라며 건넸다.

한재동은 영등포교도소 안에 있는 철공장의 재소자들을 감독하는 일을 했다. 철공장에선 재소자들이 수갑 등을 만들었다. 일을 마치는 오후 5시부터 퇴근 시각인 6시까지 그는 매일 이부영을 만나 바깥소식을 전해 주었다.

'민주 교도관'으로서 한재동의 활약은 오래전부터 시작되었다. 그는 5·3 인천 항쟁을 비롯한 주요한 시위가 있을 때마다 참여하고 있었다. 그는 1970년 대전교도소에서 근무할 때 동료 교도관을 통해 우연히 『씨알의 소리』 창간호를 읽었다.

"동료가 어느 날 『씨알의 소리』라는 작은 책자를 책상 위에 두면서 '너도 읽어봐라.'라고 하더라고요. 그때부터 잡지가 폐간될 때까지 탐독하며 역사의식을 갖게 됐어요."

그 뒤 교도소에서 조영래·김대중·함세웅 등을 만나며 감옥 안과 바깥을 연결하는 구실을 했다. 1977년 무렵에는 박정희 유신 체제를 극복하기 위한 모임에 비밀리에 가담했다. 교도관 신분으로 위험을 감수하는 일이었다. 이부영이 한재동에게 중요한 임무를 맡긴 것은 그에 대한 믿음 때문이었다.

한재동은 내부 제보자가 안유 보안계장일 거라고 추측만 했다.

"서로 물어보지 않았어요. 알면 위험하니까요."

그는 6월 항쟁 동안 거리에서 살다시피 하며 시위대와 함께했다.

감옥 안에서 한재동을 통해 바깥소식을 접하고 있던 이부영은 박종철 고문치사 사건을 알게 된 뒤 항의 투쟁을 벌여 왔다. 2월 7일 추도대회와 3월 3일 사십구재 때는 단식으로 항의했다. 어느 날 고문 경관 두 명이 영등포교도소에 수감됐다. 애초 여성 재소자들을 수감하는 여사동이었는데, 기존 수감자들을 다른 교도소로 모두 내보낸 뒤 두 경관이 들어왔다. 마침 같은 사동에 배치된 이부영은 일부러 큰 소리로 외쳤다.

"조한경, 강진규. 당신들은 이제라도 박종철의 명복을 비십시오. 반성하십시오. 회개하십시오."

일방적인 외침이라 그들의 대답은 들리지 않았다. 토요일에 두 사람이 면회를 다녀온 뒤면 강진규는 흐느껴 울었고, 나중에 교회장로가 된 조한경은 찬송가를 불렀다. 이부영은 자신이 한 말을 듣고 우는지, 면회를 다녀온 일로 우는지 알 수 없었다.

그러던 어느 날 안유로부터 두 경관이 다녀온 면회에서 벌어진 일을 들었을 땐 이부영도 깜짝 놀랐다. 사건의 내막을 적은 편지를 한재동을 통해 밖으로 내보낸 뒤 그 사실이 들킬까 봐 하루하루가 불안한 것은 이부영도 마찬가지였다.

한재동에게서 편지를 전달받은 전직 교도관 전병용은 전에 이부영을 숨겨 준 혐의로 수배 중이었다. 그는 편지를 김정남(전 청와대 교육문화사회수석비서관)에게 전달했다. 김정남도 수배 중인 상태였다. 전병용은 편지를 전달한 이틀 뒤 검거되었다. 이부영은 감옥에서 이 소식을 전해 들었다.

"아찔했죠. (전병용이 편지를 지닌 채) 며칠만 먼저 체포됐으면 어떻게 됐겠어요? 더 좌불안석이 됐죠. 여러 차례 옥살이를 했지만 그때처럼 힘든 때가 없었습니다."

5월 18일 천주교정의구현전국사제단의 폭로 이후 틈날 때마다 안유가 신문을 가져와서 보여 줬고, 한재동이 바깥소식을 전해 줬다. 이부영은 6·29 선언이 나온 뒤에야 비로소 안도할 수 있었다.

5

1987년 5월 18일 명동성당에서 성명서가 발표된 지 이틀이 지나 검찰은 사건을 축소·조작한 사실을 인정하고 재수사를 시작했다. 5월 26일 오전 정부는 전면 개각을 단행했다. 사흘 뒤인 29일 대검 중앙수사본부는 수사 결과를 발표했다.

재수사 결과 물고문에 앞서 고문 경찰관들이 박 군을 조사할 때 가슴을 때리는 등 상당한 구타가 있었음이 입증됐다. …… 그러나 물고문 이외 전기 고문을 한 사실은 없다.

박정기는 전기 고문이 없었다는 말을 믿을 수 없었다. 이미 전 국민에게 거짓말이 들통 난 정부였다.

1987년 5월 27일 민주 단체들은 민주헌법쟁취국민운동본부(국본)를 결성했다. 이날 각계 인사 150여 명은 저마다 기관원들의 추적을 따돌리고 서울 을지로 향린교회에서 발기인대회 및 결성대회를 개최했다. 6월 항쟁을 이끌 '중심'이 탄생한 것이다.

국본은 '박종철 고문살인 은폐조작 규탄 및 호헌철폐 범국민대회'(6·10 국민대회)를 민정당 대통령 후보 지명 대회가 열리는 6월 10일에 열기로 했다. 그날은 전두환이 노태우에게 권력을 이양하는 날이자, 일제강점기에 6·10 만세 운동이 벌어진 날이었다.

국본은 국민의 참여를 끌어내기 위해 민중가요 대신 〈애국가〉를 부르는 한편, 〈우리의 소원〉은 가사 중 '통일'을 '민주'로 개사해 부르기로 했다.

정부는 매일 오후 6시에 틀어 주던 〈애국가〉 옥외 방송을 금지했고, 대회 며칠 전부터 택시와 버스 회사를 통해 경음기를 차량에서 떼어 내게 했다. 차량 경적 시위를 막기 위해서였다.

6·10 국민대회를 하루 앞둔 6월 9일, 박정기는 놀라운 소식을 들었다. 연세대학교 경영학과 학생 이한열이 최루탄에 맞아 병원에 실려 갔다는 것이었다. 아들에 이어 또 한 명의 젊은 학생이 위태로운 상황에 놓여 있었다.

"'천지가 또 한 번 무너지는구나.' 하는 심정이었지. 정말 말이 안 나오더라. 그 소식을 듣자마자 이한열 군 부모를 만나러 병원에 찾아가야겠단 생각을 했어."

연세대 동아리 만화사랑에서 활동하던 이한열은 6월 9일 오후 '구출학우 환영 및 6·10 대회 출정을 위한 연세인 총궐기대회'에 참여했다.

그는 1천여 명의 학생과 함께 스크럼을 짜고 구호를 외치며 연세대 교문 쪽으로 행진했다. 교문 앞에 다다르자 전경과 백골단(사복 체포조)이 가로막고 도열해 있었다. 이한열은 시위대의 앞자리에 서

있었다. 최루탄이 난사되었고 전경과 시위대 사이의 공방전이 이어졌다. 학생들이 교내로 후퇴하는 순간 이한열이 SY44(직격탄) 최루탄에 맞아 쓰러졌다. 대여섯 명의 학생들이 그를 부축해, 인근 세브란스병원 응급실로 향했다.

며칠 뒤 박정기는 기차를 타고 홀로 상경해 신촌 세브란스병원을 찾았다. 그는 학생들의 안내를 받아 병원 앞 잔디밭에 있는 이병섭(이한열의 아버지)을 찾았다. 박정기가 먼저 인사했다.

"내는 박종철의 애비 되는 사람입니더."

위로가 되고 싶어 찾아왔지만 무슨 말을 해야 할지 막막해 하다 겨우 입을 떼었다.

"아들이 곧 회복돼서 일어날 낍니다."

박정기는 담배를 피우지 않았지만 그 순간 갑자기 담배를 입에 물어야 한다는 생각이 들었다. 그렇게라도 위로하고 싶었다. 담배를 피우며 두 사람은 무언의 말을 주고받았다.

훗날 유가협을 함께 이끌어 갈 배은심은 만나지 못했다. '꼭 살아야 한다.'고 말해 주려 했던 이한열도 만나지 못하고 돌아갔다.

6월 10일 아침부터 학생들과 시민들은 시청·종로·을지로 등에서 시위를 벌였다. 경찰은 사흘 전부터 대회 장소인 성공회대성당 건물 주변을 에워쌌고, 11개의 지하철역을 폐쇄해 시민들의 참여를 막았다.

정오가 되자 잠실체육관에서 1만여 명이 참석한 가운데 민정당 전당대회가 열렸다. 민정당은 이날 노태우를 대통령 후보로 선출했다. 박정기는 전두환과 노태우가 함께 손을 치켜드는 방송 화면을 보며 박종철과 이한열을 떠올렸다. 거의 같은 시각 성공회대성당에서, 해방 후 42년째 되는 해임을 의미하는 42번의 종소리가 울렸다.

6·10 국민대회 시작 시각인 오후 6시가 되자 서울 시내 도로를 달리던 자동차에서 경적 소리가 일시에 들려왔다. 곧이어 퇴근하는 직장인들이 거리를 메우기 시작했다. 서머타임제가 적용되고 있어서 거리는 대낮처럼 환했다. 시민들은 〈애국가〉를 부르고 구호를 외치며 행진했다.

"독재 타도, 호헌 철폐!" "박종철을 살려 내라!"

구호와 함께 〈흔들리지 않게〉, 〈우리의 소원〉, 〈아침이슬〉 등의 노래가 온 도심에 울려 퍼졌다. 거리에 나오지 못한 국민들은 그날 밤 9시 뉴스 시청을 거부하고 소등했다. 이날 6·10 국민대회는 전국 22개 도시에서 50만여 명이 참여해, 3,831명이 연행되었다. 시위는 시가전을 방불케 했다. 제주도에선 4·3 항쟁 이후 최대 인파가 참여했고, 순천에서도 여순 사건 이후 가장 많은 시민이 모였다.

이날 서울 명동 인근에서 투석전을 벌이던 시위대 1천여 명은 명동성당으로 향했다. 국본의 계획에 없는 일이었다. 이들은 명동 일대에서 다음 날 새벽까지 거리 투쟁을 벌였다. 명동성당은 항쟁의 중심이자 민주화의 성지로 부상했다.

박종철의 고향 부산에서도 시위대가 거리를 점령했다. 박정기·정차순·박은숙은 따로 흩어져 시위대에 합류했다. 이들은 "우리 종철이를 살려 내라!"라는 구호를 따라 외치며 시내를 누볐다.

시위는 자정이 넘도록 그치지 않았다. 8년 전 부마 항쟁을 경험한 부산은 여느 지역보다 시위의 열기가 뜨거웠다. 박정기는 시위대를 따라다니다 밤늦게 보수동의 중부교회에 도착했다. 중부교회는 1970년대부터 부산 민주화 운동의 중심지였고, 이 교회의 최성묵 담임목사가 부산국본의 상임대표였다.

중부교회에서 박정기는 딸 은숙을 만났다. 그는 딸과 함께 농성을 하며 밤을 지새웠다. 부산산업대학교(현재 경성대학교) 4학년에 재학 중이던 은숙은 과 친구들에게 사회과학을 가르쳐 달라고 요청했다. 동생이 떠난 뒤 사회에 대해 알고 싶었다. 그전까지 그는 학생운동에 참여하는 친구들을 멀리서 지지하는 학생이었다.

부산에 내려올 때마다 동생은 누나 앞에서 한두 시간씩 주제를 정해 사회과학을 가르쳐 주곤 했다. 동생은 진지한 표정이었지만 은숙은 지루해 했다. 은숙은 뒤늦게 동생이 추천한 『어느 청년노동자의 삶과 죽음』, 『사이공의 흰옷』 등을 읽었다. 부산산업대 학생운동을 이끄는 과 친구들과 매일 교내 집회에 참여해 마이크를 잡고 동생의 삶을 이야기했다. 항쟁 기간 내내 그들과 함께하며 거리를 뛰어다녔다.

명동성당에서는 시위가 엿새 동안 진행되었다. 시민들은 성당 주변으로 몰려와 의약품과 의류, 먹을거리, 생필품, 성금 등을 건넸다. 성당 뒤편에 자리한 서울계성여자고등학교 학생들은 도시락을 모아 시위대에 넘겨주고 점심을 굶었다.

6월 11일 점심시간이 되자 하얀 와이셔츠에 넥타이를 맨 직장인들이 한꺼번에 쏟아져 나왔다. 이들은 "호헌 철폐, 독재 타도!"를 외쳤다. '넥타이 부대'가 등장하는 순간이었다. 다음 날 농성 시위대에 곧 계엄령이 선포될 것이라는 소문이 들려왔다. '효창구장에 군대가 집결해 있다', '성당 후문에 공수부대가 집결해 있다', '진압 작전이 곧 시작된다.'는 소문이 꼬리를 물었다. 시위대 일부는 유서를 써두었다.

정부와 협상에 나선 함세웅 신부는 '귀가하면 사법 조치를 하지 않는다.'는 확답을 받아 낸 뒤 시위대를 설득했다. 명동성당의 시위대는 3차에 걸친 투표 끝에 해산을 결정하고 다음 날 각자의 자리로 돌아가 항쟁을 지속하기로 했다.

6월 10일 이후 최루탄으로 인한 부상자가 늘고 있었다. 배은심은 병원을 찾아오는 사람들에게 여러 차례 호소했다.

"이 땅에서 최루탄이 없어져야 합니다. 최루탄을 없애자는 시위를 해야 해요."

국본은 6월 18일에 '최루탄 추방의 날' 행사를 열었다. 전국에서 150만여 명이 거리를 메웠다. 이날 민가협의 어머니들은 최루탄 발사기에 장미꽃을 꽂아 주었다. 박정기는 그날 부산의 서면에 모인 30만여 명의 인파와 함께 있었다. 부산의 시위는 시민 봉기에 가까웠다. 시위대는 경찰차를 불태우고 파출소를 습격했다. 이틀 전 경찰에 쫓긴 시위대가 부산가톨릭센터에 들어가면서 이곳은 명동성당에 이어 민주화의 성지로 떠올랐다.

박정기와 은숙은 대열을 따라 가톨릭센터와 시내를 오가며 마주

치곤 했다. 박정기는 거리에서 우연히 딸을 만날 때마다 가슴에서
뜨거운 것이 북받쳤다. 부산에도 계엄설이 나돌았다. 박정기는 군
이 출동하면 목숨을 걸고 싸울 다짐을 했다. 그는 주변 시민들이 말
릴 만큼 위험을 무릅쓰고 전경들에게 뛰어들어 사람들을 조마조마
하게 했다.

'최루탄 추방의 날'인 이날, 지난 6월 9일 쓰러지는 이한열을 부
축했던 이종창 학생이 최루탄 파편에 맞아 의식을 잃었다. 그는 이
한열의 병상 옆에 눕게 되었다. 부산에서도 최루탄을 피하다 고가
도로에서 추락한 이태춘 씨가 병원에 실려 갔고 엿새 뒤 28세의 나
이로 운명했다.

6월 23일 국본은 사흘 뒤에 '국민평화대행진'을 개최하겠다고 선
언했다. 그리고 6월 26일 34개 도시에서 150만여 명의 시민이 거리
를 메웠다. 박정기는 이날 서울에 올라와 남대문 일대에서 시위를
한 뒤 밤차를 타고 부산으로 내려갔다. 그는 전과 다른 묘한 느낌에
사로잡혔다. 서울역에 막 도착해 남대문 쪽에서 밀려 내려오는 사
람들의 거대한 물결을 바라보고 있을 때였다. 시민들은 "박종철을
살려 내라!"라는 구호를 외치고 있었다. 박정기는 이날을 회고하는
글에서 이렇게 표현했다.

처음으로 가슴 저미는 감동 같은 것을 느꼈다. 어디서 그 많은 사람들이
밀려나오는 것인지⋯⋯. 저 사람들이 한마음, 한뜻으로 민주주의 하자
고 모이는 것이고, 거기에 종철이가 많은 기여를 했다는 생각에 내 눈에

서는 눈물이 흘렀다. 그때처럼 세상 사람들이 고마웠던 때도 없었다. 내 자식의 죽음을 헛되이 하지 않으려는 그들의 노력. 다행히 최루탄이 가득 눈에 들어가 눈물이 났으니 망정이지 아니면……. 얼마나 장한 모습인가? 지금껏 살아오는 동안 저렇게 힘찬 모습의 인간을 본 적이 없었다. 오늘에 이르기까지도.

그는 이날 결심했다. 앞으로 아들이 꿈꾸던 세상을 만들기 전까지 다시는 울지 않겠다고. 앞으로 유가족으로 겪어야 할 고통을 기꺼이 감내하리라고 다짐했다.

6월 항쟁은 거대한 들불로 번졌다. 국내뿐만 아니라 일본·미국·독일·캐나다 등 해외에서도 집회가 열렸다. 항쟁 기간 박종철의 이름은 세계 각지에서 민주주의의 상징으로 아로새겨졌다. 끊임없이 계엄설이 떠돌았지만 전 계층, 전 지역을 망라한 시민들의 거센 저항은 마침내 '6·29 선언'을 이끌어 냈다.

민정당 대표 노태우는 대통령 전두환에게 직선제 개헌을 수용할 것과 양심수 석방, 언론 자유 보장 등 여섯 가지 제안을 했다. 정치권에서 일제히 6·29 선언을 환영하면서 항쟁의 열기는 순식간에 사그라졌다.

다음 날인 6월 30일은 박정기가 정년 퇴임하는 날이었다. 부산시 수도국의 공무원 생활을 마감한 것이다. 그는 6·29 선언 때도, 정년 퇴임식 때도 막내와 함께였으면 생애 가장 기쁜 날이었을 거라고 생각했다.

7월 9일 박정기는 연세대에서 열린 이한열의 장례식에 참여했다. 10만여 명의 시민·학생이 모여 있었다. 추도사를 맡은 문익환 목사가 민주화의 길에서 사라진 열사들의 이름을 한 명씩 소리쳐 불렀다.

"전태일 열사여! 김상진 열사여! 김세진 열사여! 이재호 열사여! 박영진 열사여! …… 박종철 열사여!"

박정기는 아들의 이름이 호명될 때 설움이 북받쳤다.

"그 외침은 역사의 소리요, 민족의 소리였어. 왜 하필 그 이름들 가운데 종철이가 있어야 했는지……. 철이 이름 뒤에 왜 열사라는 말이 붙게 된 건지……. 막내 이름이 메아리가 되어 오랫동안 들려오는데 가슴이 뜨거웠지. 6월 항쟁은 내 인생을 변화시켰고, 유가협으로 가는 징검다리였어. 내 삶이 다시 시작되었지."

6

박종철의 누나 박은숙은 부산 대청동에 있는 메리놀병원에서 6·
29 선언 소식을 들었다. 그는 6월 28일 시위 도중 하체가 마비되어
병원에 실려 왔다. 급성 디스크 증상이었다. 항쟁 기간 내내 거리 시
위에 나선 일로 몸에 무리가 온 것이다. 뉴스를 본 뒤 그는 보이지
않는 동생을 향해 말했다.

"철아, 니도 보고 있지? 니가 원하는 세상이 조금 더 가까워진 거
맞지?"

6월 항쟁과 6·29 선언은 민주주의의 시작일 뿐, 동생이 꿈꾸는
세상은 자신이 만들어 가야 한다고 다짐했다. 살아 있을 적 동생은
가족 모두가 그런 세상을 함께 만들자고 말하곤 했다.

동생이 부산에 내려오는 날엔 어머니는 평소보다 정성 가득한 식
단을 준비했다. 어느 날인가 밥상 위에 참조기로 만든 굴비가 놓여
있을 때였다. 막내는 젓가락을 들다 말고 어머니를 바라보았다.

"어무이, 이거 다 누가 만드나? 노동자들이 만들제? 노동자들이
없으믄 우리가 살 수가 있나?"

"노동자들 없이 우찌 사노?"

"그라지?"

"맞다."

"그런데 노동자들이 이런 참조기를 먹을 수 있나?"

"그 사람들 일당으론 못 먹는다."

"그렇지? 인간은 다 소중한 존재인데 누구는 매일 참조기를 먹고 누구는 라면으로 끼니를 때우면 문제 있지예?"

"맞다, 맞아. 다 같이 잘 살믄 좋지."

그런 말을 할 때마다 어머니는 웃으며 맞장구를 쳤다.

"그란 세상 말고, 다 같이 간고등어 먹는 세상을 만들어야 한데이."

그때 막내의 표정은 어떤 확신으로 가득 차 있었다. 그 뒤 은숙에게 세상을 바꾸는 일은 '다 같이 간고등어 먹는 세상'을 만드는 일이었다.

종철은 '오빠 같은 동생'이었다. 막내였지만 의젓했다. 박은숙은 어린 시절 '공주 대접을 받고 자랐다.'고 말했다. 친구들은 화목한 집안 분위기를 부러워했다. 아버지는 어머니에게 언제나 존댓말을 썼는데, 그 시절엔 흔치 않은 모습이었다. 박정기는 지금도 정차순에게 존대해 말한다.

어릴 때 아버지의 별명은 '땡땡이 아빠'였다. 퇴근 종소리가 땡 하고 울리면 매일 정확한 시각에 집으로 왔기 때문이다. 아버지에게는 더 바랄 게 없었다. 언젠가 박은숙은 어머니에게 말했다.

"같은 여자로서 내가 볼 때 엄마는 복 많은 여자야."

"내가 무슨 복이 많나? 자식 험하게 잃었는데……."

하지만 정차순은 내심 수긍했다. 박정기는 그의 친구들도 한결같이 손꼽는 모범적인 남편이었다. 가사노동은 자신보다 남편이 더 많이 했다. 식사를 마치면 설거지도 늘 남편 몫이었다.

정차순은 막내에게 졸업 후에 부산에서 같이 살자고 말하곤 했다. 동생이 떠난 뒤 은숙은 어머니에게 말했다.

"엄마, 우리 철이 숨결이 묻어 있는 서울에서 살자."

은숙은 오빠보다 동생과 더 가까웠다. 동생은 그의 자랑이었다. 어릴 때부터 함께 외출할 때면 팔짱을 끼곤 했다. 그럴 때면 동생이 투덜거렸다.

"니 와 이라노? 1미터 떨어져서 따라와라."

동생은 여자애들에게도 인기가 많았다. 그의 친구들 중에도 여럿이 동생을 짝사랑했다. 주말이 되면 막내의 여자 친구들에게서 전화가 잦아 정차순이 나무라곤 했다.

"가시나들아, 전화 좀 그만하그라."

막내는 중학교 3학년 때부터 한 여학생을 사귀었다. 영도구에서 예쁘기로 소문난 학생이었다. 어린 연인은 고 3 진급을 앞두고 헤어졌다. 헤어지던 날 동생이 말했다.

"우리 서울대에서 다시 만나자. 그때까지 서로 최선을 다해 공부하자."

아버지를 닮은 동생은 한번 결심하면 뒤를 돌아보지 않았다. 헤어진 뒤 편지와 전화가 잦았지만 동생은 꿈쩍하지 않았다. 동생이 그 여학생을 다시 만난 것은 대학에 입학한 뒤였다. 두 사람은 서울대 교정에서 재회했다.

여학생은 남자 친구를 다시 만난다는 설렘에 한껏 꾸며 입고 나왔다. 이를 본 종철의 언어학과 친구들이 감탄할 정도였다. 하지만 동생은 낯설고 불편해 했다.

"니는 그 옷차림이 뭐나? 가난한 민중들은 헝겊 쪼가리 같은 옷을 입고 다니는데 부끄럽지도 않나?"

동생은 소박한 옷차림을 한 운동권 여학생을 기대했을까? 실망한 박종철은 옛 여자 친구를 냉정하게 돌려보내고 다시는 만나지 않았다.

박은숙이 동생을 떠올릴 때 잊히지 않는 날이 있다. 1986년 봄, 태어나서 처음으로 구치소에 간 날이다. 그는 아버지와 함께 면회실에서 기다렸다. 낯선 죄수복을 입은 동생이 들어왔다. 아버지는 사과문을 쓰면 선처해 줄 것이라며 설득했다. 동생은 갑자기 일어나 소리쳤다.

"앞으로 그런 말 하실 거면 다신 오지 마세요."

은숙은 너무 놀라 울고 말았다. 한참 뒤 마음을 진정시킨 동생이 말했다.

"사과문 쓰란 말 하지 마시고 재판할 때 내가 말하는 최후진술을 잘 들으세요."

재판정에서 최후진술을 하던 모습을 지금도 생생하게 기억하고 있다.

"인간은 불을 사용하게 되면서 전쟁 무기를 만들었습니다. 인류 역사상 처음으로 불평등이 발생했습니다."

동생은 인류의 기원과 노동의 탄생, 불평등의 역사를 설명했다. 자세는 반듯했고 목소리는 거침없고 당당했다. 동생은 감정을 가눌 수 없는 순간엔 울분을 가라앉히며 말을 끊었고 잠시 후 다시 열변을 토했다. 재판정에서 박수가 쏟아질 때 박은숙도 힘껏 박수를 쳤다. 판사 앞에서 당당한 동생이 자랑스러웠다. 동생은 최후진술을 "내가 아닌 학살자 전두환을 이 법정에 세워라."라는 말로 끝맺었다.

그의 이상형은 동생이었다. 박은숙이 서른셋에 이르러서야 결혼하게 된 것은 동생 닮은 사람을 찾을 수 없었기 때문이었다.

"철이 같은 사람이 없드라구요. 혼담이 참 많이 들어왔는데, 아무리 둘러봐야 비슷한 사람도 없는 거예요. 그래서 결혼이 늦었지예."

'철이 같은 사람'이 어떤 사람이냐는 질문에 그는 '외유내강형, 그리고 기타를 잘 치는 사람'이라고 답했다.

학창 시절 동생은 외출할 때마다 기타를 둘러멨다. 동생이 분신처럼 여기던 기타는 지금 박종철기념관에 보관되어 있다. 박은숙은 동생만 한 남자를 만난 적이 없다고 말했다.

"동생 자랑하는 것 같아 민망한데 정말 그래요. 난 걔처럼 순수한 인간을 본 적이 없어요."

어느덧 쉰이 넘었지만 그는 여전히 동생이 그립다.

"자식이 죽으면 가슴에 묻는다고 하잖아요. 부모만 그런 게 아니에요. 나도 그랬어요. 꿈에서라도 한 번 보는 게 소원이에요."

1987년 5월 이후 동생은 꿈속에 나타나 주지 않는다. 그런데 20여 년 전 그는 딱 한 번 동생을 만난 것 같다. 서울 마포의 어느 거리를 걷던 그는 78번 버스를 보고 걸음을 멈추었다. 서울대로 가는 버스였다. 버스 뒷좌석에서 낯익은 얼굴의 청년 한 명의 시선이 자신을 향하는 것을 보았다. 박종철이었다. 정신을 차리고 다시 바라보았다. 다시 봐도 분명 동생이었다. 뛰기 시작했다. 버스는 빠른 속도로 멀어졌다. 앞을 횡단보도가 가로막았다. 빨간불이었다. 하지만 속도를 늦출 수 없었다. 질주하는 차들 사이로 뛰었다. 사방에서 경적 소리가 들렸다. 옆을 돌아볼 수 없었다. 숨이 차고 다리가 아팠다. 버스는 보일 듯 말 듯 멀어져 갔다.

"그때 철이를 분명히 봤어요. 버스를 놓치고 길거리에 주저앉아 하염없이 울었어요. 철이가 너무 보고 싶어서 그 자리에서 한 시간 넘게 울었어요."

박은숙은 지금도 박종철이라는 이름 석 자를 입에 담기 어려워한다. 그는 1988년 대학을 졸업한 뒤 백기완의 통일문제연구소에서 일했다. 통일문제연구소는 동생이 맺어 준 인연이었다. 백 선생의 조카 이은주가 동생의 가까운 친구였다. 백 선생의 사위 이종회는 오빠 종부의 대학 시절 친구이기도 했다. 박은숙은 그 뒤 박종철기념사업회와 유가협 등에서 일했다. 그는 민주화 운동을 하며 지낸 날들을 회고하며 말했다.

"나는 아무것도 모르는 철부지 공주로 자랐어요. 철이가 떠나고 나서야, 왜 저렇게 똑똑한 학생들이 감옥 생활을 하고 터무니없이 죽음을 당해야 하나 생각하게 되었어요. 알고 싶었고, 알아야 했어요. 인생 한 번 사는 건데 의미 있게 살고 싶었고, 철이가 바라던 세상을 만들고 싶었어요. 다 같이 간고등어 먹는 세상요."

7

1987년 7월 4일 오전 10시, 박종철 고문치사 사건의 1심 선고 공
판이 서울형사지방법원(현재 서울중앙지방법원) 대법정에서 열렸다. 재
판정엔 1백여 명의 교도관이 입장했다. 많은 이들이 법정에 입장하
지 못했다. 교도관들이 앞자리 대부분을 차지했고, 방청객과 재판부
사이에 분리대가 가로놓였다. 박정기는 교도관들 사이에 앉았다. 법
정 주변엔 경찰 네 개 중대가 경비를 폈다. 법원 앞에도, 법정 안에도
경찰과 교도관 들이 도열해 공포 분위기를 조성하고 있었다. 재판
에 참석하지 못한 이들은 법원 마당에서 집회를 열고 시위를 했다.

법정엔 방청객 1백여 명, 내외신 기자 70여 명이 들어서서 재판
을 기다렸다. 방청객의 다수였던 민가협 회원들은 재판부가 입장하
자마자 자리에서 일어나 항의했다. 그러자 재판장이 제지했다.

"아무리 극악한 범죄를 저지른 사람이라도 이 법정에서는 질서
있고 공정한 재판을 받을 권리가……"

방청석에서 야유가 쏟아졌다.

"공정한 재판이라고 했소? 방청객들 자리를 저놈들이 차지하고
있는데 지금 이 재판이 공정합니까?"

재판장이 판결문을 낭독하자 방청객들이 자리에서 일어나 항의했다. 재판장이 소리쳤다.

"소란 피우는 자들 모두 퇴정시켜!"

박정기는 자리를 박차고 법대를 향해 뛰쳐나갔다. 방청객들도 자리에서 일어나 법대를 향해 몰려갔다. 교도관들이 방청객들을 가로막았다. 방청객들은 교도관들의 모자를 빼앗아 법대에 내던졌다. 박정기는 분리대를 뛰어넘었다. 교도관들이 그를 막아섰다. 몸싸움이 벌어졌다. 그는 의자며 교도관의 모자며 잡히는 대로 내던졌다.

그는 검찰관석에 달려들어 마이크를 잡아들고 검사를 노려본 뒤, 검사 앞의 책상을 내리쳤다. 쿵 하는 소리가 울렸다. 법원 경위들이 그를 법정 밖으로 끌어내려 했다. 법정은 아수라장이 되었다. 재판부는 휴정을 선언하고 쫓기듯 밖으로 빠져나갔다. 검사와 고문 수사관들도 자리를 피했다. 재판정을 점령한 방청객들은 구호를 외쳤다.

"독재 타도!" "박종철을 살려 내라!"

이날 민가협 회원 네 명이 교도관들과 싸우다 실신해 한일병원으로 옮겨졌다.

박정기는 앞서 6월 17일 열린 첫 공판 때 고문 경관들에 대한 한 가닥 동정심을 거둬야 했다. 그는 진짜 범인은 최고 권력자들이고, 고문 경관은 명령을 따르는 자들로, 어쩌면 이들도 피해자라는 생각을 하고 있었다. 하지만 재판정에 선 그들에게서 반성하는 모습을 찾아볼 수 없었다. 오히려 자신들이 해온 대공 수사의 업적을 내세우며 재판부의 선처를 요구했다.

"빨갱이들을 잡는 우리의 역할이 있었기에 이 나라가 유지되어 왔습니다. 억울합니다." "의욕이 지나쳐서 벌어진 일입니다." "국가를 위해 일하다 실수가 있을 수도 있는 것 아닙니까!"

진술을 들을 때 박정기는 남영동 대공분실 조사실에서 만났던 그들의 모습이 떠올랐다. '탁 치니 억 하고 죽었다는 말을 처음 들었을 때 왜 따지지 못했나?' 하는 후회가 가슴에 대못이 되어 박혔다.

항소심에서 조한경·강진규·황정웅·반금곤·이정호는 1심보다 낮은 형량이 선고되었다. 1988년 2월 대법원에선 2심에서 선고한 형량 그대로 확정 판결했다. 1년 1개월 만의 속전속결 재판이었다. 그마저도 하나같이 형량을 채우지 않고 가석방되었다.

1988년 1월 박종철 1주기를 즈음해 부검의 황적준 박사의 일기장이 공개되면서 강민창 치안본부장도 재판에 회부됐다. 관계기관 대책회의를 통해 사건의 축소·은폐를 지휘한 치안본부장은 기소 뒤 5년 5개월 만인 1993년 7월 대법원에서 유죄가 확정되었다.

1987년 6월 첫 공판부터 이듬해 7월 대법원 확정판결 때까지 고문 경관들에 대한 재판이 열릴 때마다 법정은 아수라장이 되었다. 사법부의 권위는 찾아볼 수 없었다. 방청석에는 언제나 민가협과 유가협의 회원들이 함께했다. 박종철 고문치사 소식이 알려졌을 때 맨 먼저 임진강으로 달려와 서럽게 모여 울었던 민가협 회원들은 대법원 재판 때까지 박정기와 함께했다. 법정 투쟁으로 구속되고 병원에 실려 가면서도 회원들은 다시 법정에 나타났다. 재판 방청권을 받기 위해 새벽부터 나설 때도 있었다.

법원은 교도관과 경찰을 동원해 장막을 쳤고, 반공 단체 회원들이 몰려와 박정기와 민가협 회원들에게 삿대질하거나 욕설을 내뱉었다. 한번은 박정기가 법대까지 쫓아 올라가 재판관들이 혼비백산해 도망간 적도 있었다. 방청객 중 한 명은 법정 천장에 걸린 전등을 박살내기도 했다.

훗날 박정기는 고문 경찰관들에게 고문당한 피해자들을 찾아가 함께 고발하지 못한 것을 후회했다. 안기부·보안사·경찰서 등에서 고문당한 이들과 함께 대응해 더는 이 땅에 고문이 발 디딜 수 없게 하지 못한 것을 후회했다. 그는 고문 사건이 벌어질 때마다 후회를 반복했다. 1996년 안기부의 조작 수사에 항의해 김형찬이 분신했을 때도, 1997년 나창순이 안기부에서 물고문을 당했을 때도 그랬다.

박정기는 형사재판과 더불어 민사소송도 준비했다. 처음엔 가족과 함께 서울의 어느 유명한 변호사를 찾아갔지만 사건 수임을 고사해 허탈한 심정으로 되돌아왔다. 박정기는 누구에게 사건을 맡겨야 할지 막막했다. 그러던 중 부산대학교의 교수 한 분이 김광일 변호사를 소개했다. 김광일 변호사를 만난 뒤에야 안도할 수 있었다. 김광일은 그에게 황인철 변호사를 소개했다.

황인철 변호사는 변호인단을 구성했다. 그의 노력으로 젊은 변호사들이 대거 참여했다. 법정 사상 최대 규모였다. 박종철 사건 변호인단은 조영래·조준희·고영구·박용일·이석태·조용환 등 2백여 명이었다. 이들은 민변 창설의 주역들이었다. 변론 실무는 이석태 변호사가 맡았다.

1988년 4월 8일 박정기·정차순을 비롯한 박종철기념사업회 회원 41명의 이름으로 제기된 민사소송은 신원권(伸寃權)이 인정된 첫 사례였다. 국가 수사기관의 잘못으로 사망한 피해자 대신에 유가족이 손해배상권을 상속받아 국가를 상대로 청구한 재판이었다. 징벌적 손해배상제도 이론이 사법사상 처음 도입되었다. 민변의 노력으로 대법원에서 승소하며 여러 해에 걸친 민형사 재판이 마무리되었다.

그러나 1987년 1월 사건 당시 관계기관 대책회의 전모는 밝혀지지 않았다. 대책회의 참여자와 회의 내용이 확인되지 않았고, 회의 참석자들에 대한 처벌 없이 사건은 종료되었다. 고문 경관들에게 제시된 회유 자금 2억 원의 출처도 밝혀지지 않았다.

박정기는 언젠가는 죄를 지은 이들이 용서를 구하러 오지 않을까 생각하곤 했다. 하지만 지금까지 아들을 죽음에 이르게 한 이들 중 그를 찾아와 진심으로 용서를 구한 이는 한 명도 없다.

박종철 사건을 세상에 드러낸 주역들 가운데 첫 검안의사 오연상은 개인 병원을 운영하고 있다. 고문 흔적을 기록한 일기를 공개해 은폐를 주도한 경찰 수뇌부의 처벌을 끌어낸 부검의 황적준은 고려대학교 법의학과 교수가 되어 학생들을 가르치고 있다. 부검을 지휘한 최환 검사는 변호사로 활동하고 있다.

김승훈 신부는 2003년 9월 간암으로 선종했다. 1999년 그가 펴낸 회고록 『당신께서 다 아십니다』에는 1987년 5·18 추모 미사 강론 때 고문 수사 축소·은폐 사실을 폭로하기까지 성직자로서 고뇌하던 과정이 고스란히 담겨 있다.

ⓒ 민주화운동기념사업회
1988년 1월 12일 임진강의 샛강가.

5부

늙은 아비의 노래

급기야 그의 죽음 뒤에야
나는 막내의 뜻을 한꺼번에 움켜쥐고 말았다.

———————

박정기의 일기장(1997년 1월 14일).

1

1987년 8월 12일 박정기는 서울 합정동에 있는 마리스타 수도원을 찾아갔다. 비바람이 치던 날이었다. 수도원에는 유가협 회원들이 모여 있었다. 이소선을 비롯해 김세진·이재호·박종만·송광영·김종태·이경환 등의 유가족들이었다. 박정기와 유가협의 첫 공식 만남이었다. 그동안 왠지 다른 유가족들과 만나는 것이 조심스러워 내심 경계해 온 터였다.

이들은 군사정권 시절 직격탄과 쇠파이프에 맞아 죽고, 고문에 의해 살해되고, 정부 기관원들에 의해 끌려간 뒤 시체로 발견되거나 스스로 몸을 불사른 이들의 가족이었다.

그날 저녁 수도원에서 유가협 첫돌을 맞아 정기총회가 열렸다. 유가협의 간사장인 일월서각 대표 김승균과 사무국장 조인식(박종만의 부인), 그리고 민가협의 회원들과 민통련 등 재야의 민주화 인사들도 자리를 함께했다.

유가협은 새 집행부를 선출하는 투표를 진행했다. 투표 결과 회장 후보인 이소선과 김재훈(김세진의 아버지)이 5표 대 5표로 동수였다. 회원들은 이날 처음 참석한 박정기에게 마지막 한 표를 결정해 달라고 요청했다. 박정기가 말했다.

"내는 평생 공무원으로 살았기 때문에 민주화 운동이 뭔지 모릅니다. 하지만 『어느 청년노동자의 삶과 죽음』이라는 책을 읽어 봤는데 어머니의 모습이 참으로 감동적이었습니다. 그래서 이소선 씨를 추천합니다."

그의 추천으로 창립 회장인 이소선이 재선출되었다. 박정기의 유가협 활동은 1988년 1월 14일 박종철 1주기 추도식 이후부터 시작되었다.

유가협은 1986년 8월 12일 창립한 단체이다. 창립 초기 회원은 11명이었다. 유가협의 첫 명칭은 민주화운동유가족협의회였고, 부산·광주 등에 지회가 생기면서 전국민주화운동유가족협의회로 바뀌었다. 그러다가 민주주의민족통일전국연합에 가입하면서 전국민주주의민족통일유가족협의회가 됐다. 현재는 전국민족민주유가족협의회이다.

유가협은 이소선이라는 발원지에서 유래했다. 이소선은 아들 전태일을 잃은 뒤 청계피복노동조합을 이끌었다. 그는 누군가 공권력 때문에 목숨을 잃었다는 소식을 들으면 맨 먼저 병원을 찾아갔다. 그 시절 살아남은 자들에게는 주검을 지키는 일이 급선무였다. 박영진 열사가 분신했을 때는 보안 당국이 주검을 빼앗아 강제로 화장시켰다. 기관원들은 시국 사건이 터지거나 예견될 때면 유가족과 이소선부터 갈라놓았다.

이소선은 당시 상황을 이렇게 전했다.

"가족들은 정부 말밖에 들을 수가 없어요. 청계 식구들하고 재야 인사들하고 가서 보면 정부에서 다 손써 놨어요. 저 여자(이소선) 때문에 많은 사람이 빨갱이가 되어 죽었다고. 대화하면 안 된다고. 가족들이 뭐라고 하는가 하면, '아이고, 이 새끼야 내가 어떻게 해갖고 공부를 시켰는데 겨우 빨갱이 하라꼬 너그 공부시켰나? 이노무 새끼야 잘 디졌다. 빨갱이 할 백기야 잘 디졌다.' 그래서 내가 가족을 설득을 시키볼라 카는데 이래 말해요. '니가 빨갱이 오야붕이라서 죽었는데 너하고 무슨 말 하노?'"

유가족들은 이소선의 머리채를 잡아끌고 내동댕이쳤다. 하지만 차츰 그의 말에 귀 기울이는 유가족이 늘어 갔다. 대학 시절 박종철이 방황을 마치는 계기가 되었던 박종만 열사의 부인 조인식이 이소선과 함께했다. 그리고 김세진·이재호·송광영·김종태·박영진·김의기·이경환의 유가족도 모였다.

처음 유가족들은 분도빌딩에 있는 민통련 사무실에서 주로 모였다. 민통련에 있으면 소식을 빨리 알 수 있기 때문이었다.

1984년 11월 박종만이 분신했을 때는 어용 노동조합의 방해로 병원에 들어가지도 못했다. 장기표는 이소선과 함께 조인식을 찾아가 설득했다. 이때 유가족의 역할을 절실히 깨달은 장기표가 이소선에게 말했다.

"어머니, 이런 일이 되풀이되지 않으려면 유가족들의 모임이 필요합니다."

1986년 3월 민통련의 김도현은 유가족 단체를 처음 공식적으로 제안했다.

"유가족들이 이렇게 하나가 되어 활동하고 있는데 아예 단체를 만들면 좋겠습니다."

모든 유가족이 동의했다. 하지만 단체를 만든 경험이 없어 김도현의 도움을 받았다. 단체의 명칭도 그가 제안했다.

"열사들께서 민주화 운동을 하신 것 아닙니까? 이름을 민주화운동유가족협의회로 하면 어떨까요?"

유가족들은 흔쾌히 동의했다. 김도현과 유가족이 함께 작성한 "창립선언문"은 유가협의 설립 취지와 나아갈 방향을 제시하고 있다.

고인들이 하나뿐인 생명을 바쳐 가면서 목말라 외치던 바를 살아 있는 가족들이 함께 실천해 나가는 것만이 그들의 원혼을 위무해 줄 수 있는 길이라 생각하였습니다. …… 그들의 육신은 한 줌의 흙이 되고 말았지만 불굴의 자주 혼은 이 땅의 통일과 진정한 민주를 갈망하는 모든 이들의 가슴에 파고들어 요원의 불을 사르는 불씨가 될 수 있기를 간절히 기원합니다.

유가협을 결성한 지 반년 뒤인 1986년 8월 12일 전태일기념사업회에서 11명 열사들의 유가족 20여 명이 모여 창립식을 했다. '민주화운동유가족협의회 창립대회'라고 붓글씨를 써서 현판을 대신했다. 현판은 1년 뒤에야 달 수 있었다.

세계적으로 드문 '유가족 운동'의 씨앗이 이날 뿌려졌다. 유가협의 앞날은 장례 투쟁의 여정이었다. 유가족 단체가 탄생한 이날 분위기를 조인식은 이렇게 기억하고 있다.

"조촐한 창립 대회였지만 우리도 단체가 생겼다는 생각에 설레었습니다. 앞으로 열심히 싸우자는 다짐과 각오로 가득했어요."

갓 태어난 유가협을 이끌 집행부가 구성되었다. 회장은 이소선, 사무국장은 나이가 가장 어린 조인식이었다. 그는 이날부터 4년 동안 사무국장으로 실무를 맡았다.

조인식은 1984년 남편 박종만이 분신하면서 예상치 못한 삶의 궤도에 오르게 됐다. 노동자의 분신은 사회에 커다란 충격을 주었다. 전두환 정권은 사건을 무마하려 언론 통제와 왜곡을 일삼았고, 이는 그에게 씻을 수 없는 상처를 남겼다. 언론은 분신의 원인을 노사문제가 아닌 가정 문제로 몰고 갔다.

조인식은 노동자들을 만나면서 그들과 연대하는 것이 남편의 명예를 회복시키는 길임을 깨달았다.

"주저앉을 때마다 그 사람(박종만) 생각하면 그만둘 수 없어요. 자기 몸을 그렇게 해서 갔는데 내가 그만둘 수 없더라고. 그래서 또 일어나고, 또 일어나고 하면서 살았어요."

조인식은 유가협 결성보다 한 달 앞선 1986년 1월 21일 박종만 추모사업회를 꾸려 남편의 뜻을 이었다.

유가협은 서울 동대문구 창신동의 전태일기념사업회 사무실에 책상 하나를 두고 활동을 시작했다. 회원들은 하루가 멀다 하고 사무실에서 만나 농성 현장을 찾아다녔다.

조인식은 주로 민통련과 연락을 주고받으며 회원을 모으는 데 주력했다. 미처 연락되지 않은 회원들도 약속한 장소에 가보면 거의 빠짐없이 도착해 있었다. 처음엔 그게 신기할 정도였다. 유가협이 생긴 지 얼마 지나지 않아 민가협의 사무국장 인재근이 찾아와 제안했다.

"우리가 효율적으로 투쟁하려면 연대해야 합니다. 민가협 안에 유가협이 들어와서 함께 활동하면 어떨까요?"

민가협은 1985년 12월 12일 구속된 학생과 민주화 인사의 가족들이 만든 단체이다. 이들은 '가족'의 울타리를 넘어 여러 집회와 시위에 앞장서 활동하고 있었다. 민가협은 양심수 석방과 독재 권력에 대한 저항을 병행했다. 유가협은 제안을 받아들여 민가협 내에 있는 여섯 개 협의체의 하나로 가입했다. 연대 활동을 시작하게 된 것이다.

2

1988년 1월 12일 아침, 박정기는 임진강의 샛강가에 서있었다. 1년 만이었다. 그는 아들 박종철의 1주기를 앞두고 며칠 전부터 잠을 이룰 수 없었다. 두통이 일고 정신이 멍해지는 증상에 시달렸다. 통증은 기일이 가까워질수록 심했다. 아들을 만나지 않으면 통증에서 벗어날 수 없을 것 같았다. 집을 나선 그는 아들을 찾아 임진강으로 향했다.

지난 1년 동안 겪은 변화는 그의 육십 평생에 겪은 삶의 변화보다 큰 것이었다. 6월 항쟁과 이한열 장례식, 노동자 대투쟁, 전국대학생대표자협의회(전대협)의 출범, 제13대 대통령 선거……. 박정기는 중요한 역사의 현장마다 서있었다. 지난해 1월 16일 아들에게 마지막 인사를 남기고 이 샛강을 떠난 이후 알 수 없는 삶의 물결에 실려 흔들리며 걸어왔다. 아들이 걸었던 길을 헤아리는 시간이었다. 아들의 길을 알아야 자신의 길을 찾을 수 있을 것 같았다. 365일의 여정을 마치고 그는 아들 곁으로 돌아왔다. 샛강가에서 박정기는 아들의 이름을 불렀다.

"철아!"

아들은 대답이 없었다. 그의 부름은 찬 공기에 실려 메아리로 되돌아왔다. 긴 침묵이 흘렀다. 그는 사방을 둘러보며 아들의 흔적을 찾았다. 가루로 흩어진 아들의 몸은 바람에 실려 어디로 날아갔을까? 박정기는 아들을 향해 혼잣말을 했다.

"우리 철이는 어데까지 갔노? 인제는 좁디좁은 강을 빠져나가 글마의 포부만큼이나 넓은 바다로 갔겠구마."

언 강이 녹을 무렵 아들은 물결을 따라 서해로 흘러갔을 것이다. 지금쯤 서해의 파도가 되어 굽이치며 더 너른 바다를 향하고 있을 것이다. 후회가 엄습해 왔다. 그는 자신만큼 못난 아비가 또 있을까 생각했다. 그는 아들을 어느 땅에도 묻어 주지 못했다. 정부의 강요에 의해 화장해 떠나보낸 것이 회한으로 남았다. 묘소라도 있으면 술 한잔 올리련만 황량한 샛강가에 선 자신이 서러웠다.

박정기는 얼마 전부터 후회를 씻는 심정으로 박종철의 묘를 만들어 주려 노력했다. 주변 사람들의 조언으로 아들의 뜻을 기릴 기념관도 만들고 싶었다. 하지만 일의 진척은 더뎠다. 다음 2주기 때는 샛강의 황량한 강변에서 아들을 만나고 싶지 않았다. 박정기는 강변에서 돌아서기 전 마지막으로 한 번 더 이름을 외쳐 불렀다.

"철아, 잘 있그라. 이 못난 아부지는 간데이."

어딘가로 떠나가는 아들의 뒷모습이 보이는 듯했다. 눈시울이 붉어졌다. 날선 바람이 뺨을 때렸다.

박정기는 임진강변에서 적극적으로 유가협 활동을 할 것을 결심했다. 지난 1년간 그가 지켜본 유가협은 마음을 터놓고 함께할 수 있는 하나뿐인 공간이었다. 같은 처지의 유가족만이 주고받을 수 있는 이심전심이 그를 위로했다. 매사에 신중한 박정기는 결정에 이르기까지 긴 시간이 걸리는 편이지만, 한번 결심하면 돌아보는 일이 거의 없었다. 이때부터 그의 유가협 활동은 오늘에 이르기까지 그침 없이 이어져 왔다.

다음 날 오전 10시 부산의 사리암에서 1주기 추모 법회가 열렸다. 박정기는 임진강에서 부산으로 돌아와 법회에 참석했다. 법회는 백우 스님이 집전했다. 백우 스님은 정도 스님과 함께 해마다 추모 법회를 집전했다. 부산의 추모 법회와 서울의 추모제는 지금까지 한 해도 거르지 않고 열렸다.

아들 1주기가 지난 어느 날 박정기는 꿈을 꾸었다.

아내 정차순이 외출을 마치고 귀가했다. 방학 중인 아들이 집에 있는 날이라 아내가 집에 들어서며 말했다.

"철아. 엄마 왔다."

하지만 아들의 흔적은 어디에도 없었다. 그러다 잠에서 깨었다. 아쉬움이 컸다. 다시 꿈에 아들이 찾아오길 바라며 박정기는 눈을 감았다.

같은 해 2월 박정기는 첫 손자를 얻었다. 아내 정차순은 짐을 꾸려 큰아들 종부의 신혼집인 서울 아현동으로 거처를 옮겼다. 이때부터 손자를 키우며 20년에 걸친 서울살이가 시작됐다. 신혼집이 있는 아현동 언덕배기는 유독 개 짖는 소리가 잦아 동네 사람들이 불편해 했다. 기관원들이 주변을 감시하고 있기 때문이라는 것을 훗날 알게 되었다.

부산의 집은 지난해 정년 퇴임한 뒤 정차순의 뜻에 따라 사리암 옆의 신태양아파트로 옮겼다. 박정기는 유가협의 사무실인 '한울삶'이 마련될 때까지 부산과 서울을 오가며 활동했다. 훗날 그는 때로 유가협이라는 단체에 참여하게 된 자신의 처지를 한탄했다. 하지만 그럴 때마다 그 길을 운명으로 받아들이고 후회를 떨쳐 냈다. 잠들기 전엔 아들 모습이 떠올랐다.

"이부자리에 누우면 철이가 고문을 버티고 버티다 최후에 가슴속에 간직한 게 무엇일까 생각했지. '아들을 생각하며 한 치 부끄러움 없이 싸워 나가자.' 다짐하면서 잠들곤 했어."

이소선과 더불어 박정기의 유가협 생활에서 첫 번째 동지는 배은심이다. 그는 아들 이한열을 떠나보낸 뒤 바로 유가협 활동을 시작했다. 배은심을 처음 만났을 때 박정기가 말했다.

"정부 쪽 말은 절대 듣지 마세요. 이건 산 경험입니다. 나중에 후회해요."

박정기는 이병섭과도 가깝게 지냈다. 이한열이 사경을 헤매고 있던 1987년 7월 초 박정기가 신촌 세브란스병원으로 찾아갔을 때 처음 만났던 두 사람은 박종철 사건 선고 공판을 앞두고 한 번 더 만남을 가졌다. 이병섭은 애초 재야인사들과의 접촉을 꺼렸지만 박정기는 예외였다. 농협에서 근무하던 그는 공무원인 박정기에게서 동질감을 느꼈다. 박정기는 종종 그에게 말했다.

"아버님이 겪은 일은 내가 당한 것보다 더한 고통일 낍니다."

박정기의 말은 배은심·이병섭 부부에게 커다란 위로와 힘이 되었다. 박정기에 대한 배은심의 첫인상은 강렬했다.

"아픈 사람끼리 만났지. 자식들 죽음 때문에 우린 만날 수밖에 없었어. 자식 잃은 동지 아녀? 그때도 종철 아버진 저렇게 등이 구부정했어요. 첨 봤을 땐 표정이 우울해서 귀신 같았어요, 귀신."

박정기가 유가협 활동을 시작하면서 두 사람은 유월의 어머니·아버지로서 함께 초대받는 일이 많았다.

"무슨 행사가 있으믄 사람들이 우릴 같이 불러요. 어쩌다 혼자 가면 왜 혼자 왔냐고 할 정도였어."

두 사람은 주변 사람들이 오해할 만큼 함께하는 일이 많았다.

"내 발걸음이 종철 아버지 따라다니느라고 빨라져 버렸어. 아버님은 금세 가버려. 앞만 보고 가닝께. 사람이 뒤에 오는지 안 오는지 체크를 해얄 거 아녀? 지금은 어디 가면 내가 걸음이 젤 빠르당께. 오해도 사. 뒷사람 안 챙긴다고. 종철 아버지 따라다니다가 못된 것 배워 버렸어. 뭔 인연이 있어도 이런 인연이 있는가 몰라. 우린 환장난 에미, 애비였어. 종철 어머니가 서운할지 몰라도 365일 아버지랑 나는 떨어질 틈이 없었어."

몇 해 전 박정기가 협심증으로 병원에서 치료받을 때였다. 배은심은 가족보다 가깝게 지내 온 동지를 잃을까 노심초사했다. 문병을 마치고 광주로 내려가는 버스 안에서 그는 혼자 훌쩍였다. 팔순 넘은 박정기의 나이가 새삼 걱정되었다.

"아버님 인생이 못 죽어서 한이 목까지 차오른 삶인디 저러다 이

양반이 돌아가시면 어쩌쓰까나 하는 심정였응께."

그는 박정기를 생각하며 혼자 울다 또 혼자 웃고, 다시 혼자 울곤 했다고 한다.

"아버님이 노래도 잘하고 춤도 잘 춰. 몸이 구부정하니 요상한 춤을 추는디 그것도 내가 볼 땐 환장병 난 몸짓이야. 환장이 나서 저런 몸짓을 하는 거여. 한이 맺혀서."

이병섭은 1995년 10월 20일 아들 이한열의 곁으로 떠나갔다. 그는 정년 퇴임 뒤 3년 넘게 고혈압을 앓았다. 아들을 잃은 뒤 고혈압 증세가 심해진 데다 해마다 6월이면 신체 마비 증상으로 고통을 겪었다. 죽기 3년 전부턴 언어장애를 겪었다. 박정기는 일찍 떠난 이병섭을 현재까지 그리워한다.

"신경을 쓰니까 발병하는 기지. 아버지 아프실 때 위로해 드리려고 몇 번 문병을 갔어. 사람이 말수가 적고 믿음직한 분이었어요. 한열 어머닌 바람 들려서 우리랑 다니느라고 아픈 줄도 모르고 살았지만, 아버진 속으로 아픔을 삭이지 못해 끝내 떠나신 기지. 지금은 최루탄 없는 세상에서 한열이를 만나고 있을 거구마."

3

1988년 제24회 서울 올림픽을 넉 달 앞둔 5월 15일, 아들 종부의 아현동 집에 있던 박정기는 다급한 연락을 받고 아내 정차순과 함께 백병원으로 향했다. 대학생 한 명이 위급하다는 말을 듣는 순간 정신이 아득했다.

이날 민가협과 유가협 회원들은 서울 명동성당 들머리에서 '양심수 전원 석방', '수배자 전원 해제'를 요구하며 집회를 열고 있었다. 가톨릭회관에는 박계동·여익구 등이 피신해 있었다. 농민복을 입고 교육관 옥상에 올라선 서울대생 조성만은 확성기의 사이렌을 울린 뒤 구호를 외쳤다.

"공동 올림픽 개최하여 조국 통일 앞당기자!" "민주 인사 가둬 놓고 민주화가 웬 말이냐!" "분단 고착화하는 미국 놈들 물러가라!"

곧이어 그는 할복한 뒤 명동성당 바닥을 향해 몸을 던졌다. 이 모습을 지켜본 회원들은 울부짖고 실신했다.

박정기는 분신 등의 사건이 터지면 조인식 사무국장의 연락을 받고 허둥지둥 달려가곤 했다. 그는 유가협에 가입한 뒤에야 많은 학생과 노동자가 막내처럼 목숨을 잃고 의문사로 사라진 것을 알게 되었다. 언론에 한 줄도 실리지 않고 아무 일 없다는 듯 지나간 사건도 많았다. 특히 노태우의 6공화국이 들어선 1988년 한 해 동안 누군가 죽지 않는 달이 거의 없었다.

새해가 되자마자 경남 마산의 택시 기사 이대건이 분신했고, 두 달 뒤 인천 경기교통의 김장수 노조 위원장이 분신했다. 같은 달 대선의 부정선거를 규탄하던 중 농민 김길호가 목숨을 잃었다. 4월에는 고려피혁의 최윤범 노조 위원장이 분신했다. 5월에는 연세대 학생 고정희가 강남성모병원에서 의문사했다. 그리고 고정희가 운명한 지 이틀 만에 또 한 명의 대학생 조성만이 생명을 잃은 것이다.

1988년 한 해 동안 24명이 국가와 자본의 폭력에 의해 사라졌다. 박정기는 죽음의 행렬에 머리가 어지러웠다. 그는 그때부터 학생과 노동자 들을 만나면 '무조건 살아야 한다.'는 말을 되뇌었다. 그럼에도 텔레비전을 켜면 온통 올림픽 열기로 들떠 있었다. 그가 보는 세상과 텔레비전 화면 속의 세상은 딴판이었다. 방송을 볼 때면 분통이 터졌다. 백병원에 도착한 박정기는 조성만의 유서를 읽었다.

성부와 성자와 성신의 이름으로 아멘. 척박한 땅, 한반도에서 태어나 인간을 사랑하고자 했던 한 인간이 조국 통일을 염원하며 이 글을 드립니다. …… 지금 이 순간에도 떠오르는 아버님, 어머님 얼굴. 차마 떠날 수 없는 길을 떠나고자 하는 순간에 척박한 팔레스타나에 목수의 아들로 태어난 한 인간이 고행 전에 느낀 마음을 알 것도 같습니다.

박정기는 유서의 마지막 구절을 다 읽지 못한 채 눈시울을 붉혔다. 조성만은 독실한 가톨릭 신자로 신부를 꿈꾸던 청년이었다. 그는 고등학교 시절 전주중앙성당에서 문정현 신부를 만난 뒤 농민들과 함께하는 신부가 되기로 결심했다. 세상을 떠날 때까지 그가 닮고 싶었던 이는 '길 위의 신부' 문정현이었다. 부모의 바람을 따라 서울대 화학과에 입학했지만, 오래도록 부모를 설득한 끝에 졸업 후 가톨릭대학교 신학대 입학을 허락받았다. 세상을 떠나기 전 조성만은 일기장에 썼다.

사랑 때문이다. 내가 현재 존재하는 가장 큰 밑받침은 인간을 사랑하려는 못난 인간의 한 가닥 희망 때문이다. …… 나는 우리를 사랑할 수밖에 없고, 우리는 우리를 사랑할 수밖에 없다.

조성만은 박종철이 알고 지낸 김세진의 가까운 친구였다. 세 학생의 운명을 생각하니 박정기는 하늘이 원망스러웠다. 박정기는 조성만의 죽음을 계기로 분단 문제를 고민하기 시작했다. 그가 훗날 유가협 회장이 된 뒤 통일선봉대 단장으로 국토대장정을 이끌게 된 것은 이에 따른 실천이었다.

김복성(조성만의 어머니)은 아들이 떠난 뒤 유가협 회원이 되어 박정기와 함께 활동했고, 공무원인 조찬배(조성만의 아버지)는 1995년 은퇴한 뒤 유가협 활동에 참여했다.

조성만이 운명한 지 사흘 뒤인 5월 18일 단국대학교 학생 최덕수가 분신했다. 조성만의 장지를 광주 망월동 묘역으로 정하고 장례식 준비로 경황이 없을 때였다. 조성만의 주검은 백병원에서 명동 성당 영안실로 옮겨 안치돼 있었다. 오후 나절, 분신 소식을 들은 박정기는 유가협·민가협 회원들과 함께 순천향병원으로 달려갔다.

이날은 5·18민주화운동 여덟 돌이었다. 최덕수는 1968년 전북 정읍에서 빈농의 아들로 태어났다. 그 시절 대부분의 열사들처럼 그도 숨질 때까지 가난을 벗어날 수 없었다. 분신 전날인 5월 17일, 최덕수는 단국대 교내에서 열린 '광주 영령 추모식'에서 성명서를 낭독했다.

80년 5월 광주 민중 항쟁을 겪은 지 8년이 지난 현시점에서 아직도 진상은 규명되지 않은 채 허구적인 '말의 잔치'만이 넘쳐 나는 현실이다.

1980년 이후 해마다 5월이면 학생들의 격렬한 시위와 투신과 분신이 이어졌다. 지난해 6월 항쟁으로 대통령 직선제를 쟁취했지만 신군부 세력이 재집권한 탓에 5공화국 때 저지른 범죄와 비리에 대한 진상은 규명되지 않고 있었다.

5월 18일 당일, 단국대 교정은 학교 축제인 대동제 준비로 분주했다. 시계탑 주변을 오가며 홀로 선전 활동을 벌이던 최덕수는 오전 11시께 몸에 불을 붙였다.

학생들은 서둘러 불을 끈 뒤 그를 순천향병원으로 옮겼다. 저녁 무렵 학생들은 환자를 화상 전문 병원인 한림대학교 한강성심병원으로 옮겼다. 박정기도 따라갔다. 그는 이소선과 함께 중환자실에서 최덕수를 만났다. 박정기는 환자의 손을 꼭 잡고 말했다.

"꼭 살그라. 살아 내야 한데이."

입술만 움직일 뿐 최덕수의 목소리는 들리지 않았다. 그가 사투 중이던 9일 동안 박정기는 불경을 외며 소생을 기도했다. 하지만 5월 26일 스물한 살의 나이로 최덕수는 세상을 등졌다. 5월 30일 장례식과 노제를 마친 그의 운구는 모교인 전북 정읍의 배영고등학교를 거쳐 광주로 향했다. 이날 운구차에는 숭실대학교 학생 박래전이 타고 있었다. 그는 광주 망월동 묘역에 도착할 때까지 운구 손잡이를 놓지 않았다. 긴 시간 꼼짝 않고 운구를 잡고 앉아 있는 학생에게 최종철(최덕수의 아버지)이 물었다.

"왜 말 한마디 없이 덕수 관만 붙잡고 있냐?"

박래전은 멍하니 최종철을 바라볼 뿐 대답이 없었다. 그는 낯선 학생의 모습이 께름칙했다. 최종철은 아들이 떠난 뒤 울화와 지병으로 2009년 세상을 떠났고, 고순임(최덕수의 어머니)은 폐지 모으는 일을 하며 홀로 생계를 이었다. 그는 지금도 유가협에서 활동하고 있다. 최덕수의 운구 손잡이를 붙잡았던 박래전은 5일 뒤인 6월 4일 숭실대 학생회관 5층 옥상에서 몸에 시너를 끼얹고 분신했다.

이날은 6공화국이 출범한 지 1백 일째였다. 인문대 학생회장이었던 박래전은 세 통의 유서를 학생회실 책상 서랍 속에 남겨 두었다. 소식을 듣자마자 한강성심병원으로 달려간 박정기와 유가협 회원들은 유서를 받아 들었다.

어머님, 아버님께. 천하의 몹쓸 불효자 막내가 드립니다. 이제 두 분의 곁을 떠나려 함에 가슴이 미어집니다.

부모님께 자신의 죽음을 설득하고 있는 편지를 끝까지 읽을 수 없었다. 박정기에겐 박종철의 편지였고, 이소선에겐 전태일의 편지였고, 배은심에겐 이한열의 편지였다. 박래전은 유서를 이렇게 끝맺고 있다.

절대로, 절대로 저의 죽음을 비관하지 마세요. …… 어떻게든 살아서 아들과 함께 싸우는 이 땅의 어머님, 아버님이 되세요. 절대로 목숨을 버리시면 안 됩니다. 어머님, 아버님, 모질게 먹은 마음이라 눈물조차 흐르지 않아요. 어머님, 아버님, 안녕히. 6월 2일 불효자 막내 드림.

박래전은 1988년 6월 6일 밤 12시 패혈증으로 사망했다. 박래전이 분신하던 6월 4일, 그의 형 박래군은 20일 전 강남성모병원에서 추락사한 연세대 선배 고정희의 영안실을 지키고 있었다. 그날 밤 늦게 귀가해 자고 있는 그를 집주인이 깨워 동생의 소식을 전해 주었다.

박래군과 박래전. 두 살 터울의 형제는 우애가 깊었다. 대학에 입학한 뒤 형제는 학생운동가로 활동했고, 박래군은 노동운동을 하다 감옥살이를 겪었다.

박래군은 가족 대표로서 장례와 관련한 모든 사항을 위임받았다.

그 덕분에 유가협과 유가족 사이 소통이 긴밀했다. 박래전의 장례는 6월 12일 '민중해방열사 고 박래전 민주국민장'으로 거행되었다. 장지는 이소선의 설득으로 남양주시 마석의 모란공원으로 정했다. 박래군은 이를 계기로 처음 유가협을 알게 되었다. 당시 외부에 알려진 단체는 민가협이어서, 유가협을 아는 이가 드물었다. 유가협이 널리 알려진 건 1988년 10월 17일 의문사 진상 규명 장기 농성에 돌입한 이후다.

박정기와 박래군의 만남도 이때 시작되었다. 박정기는 박래군과 유가족을 위로하고 함께 장례를 준비했다. 박래군이 본격적으로 박정기와 더불어 유가협 활동을 한 것은 의문사 진상 규명 농성이 시작된 지 열흘가량 지나서다.

'광주는 살아 있다.'는 말을 남기며 잇달아 세상을 떠난 학생 최덕수의 어머니 고순임과 박래전의 형 박래군은 유가협에서 각별한 관계로 지냈다. 고순임은 아들의 장례 기간 내내 자리를 지킨 박래전과 유가협의 사무국장으로 만난 박래군을 자식과 다름없다고 했다.

"내가 덕수 보고자퍼 하믄 우리 래군이가 내 손을 꼭 잡고 '엄마, 내 속도 무지 아퍼잉. 그니까 울지 마. 우리 웃고 살게잉.' 글케 위로해 줘요."

여느 유가족이 그렇듯 박래군도 장례 때보다 장례를 마친 뒤 비로소 동생의 부재를 실감했다. 3개월가량 방황의 시간을 보낸 뒤 그는 유가협에 가입했다.

1988년 8월 어느 날 라화순(고정희의 어머니)이 유가협을 찾아왔다.

그는 회원들에게 아들이 의문사당한 억울함을 호소했다. 사연을 듣고 박정기가 회원들에게 말했다.

"어머니 말을 들어보니 타살 가능성이 높습니다. 이 문제는 우리가 해결해야 할 문제입니다."

연세대 정치외교학과 3학년에 재학 중이던 고정희는 13대 대통령 선거가 부정선거라는 내용의 투서를 청와대 등 여러 곳에 보낸 일로 1988년 3월 3일 경찰에 연행되었다. 연행 후 경찰은 응암동 시립정신병원(현재 은평병원)과 강남성모병원(현재 서울성모병원)에 그를 강제 입원시켰다. 강남성모병원 정신병동에 감금된 고정희는 5월 13일 병원 9층에서 추락해 숨졌다.

이 사건은 많은 의문사들처럼 자살로 처리되었다. 라화순은 구타 등으로 아들을 사망케 한 뒤 은폐했을 가능성이 높다며 의혹을 제기했다. 경찰이 현장을 보전하지 않고, 추락한 곳에 혈흔이 없는 점 등이 석연치 않았기 때문이다. 박정기와 회원들은 라화순과 함께 강남성모병원에 찾아가 병원장 면담을 요구하며 구호를 외쳤다.

"고정희를 살려 내라!" "병원은 진상을 밝혀라!"

병원 쪽과 실랑이가 벌어졌다. 몸싸움 끝에 유가협 회원들은 연좌시위를 벌이고, "고정희 사건 진상 규명하라"라는 글씨를 병원 건물 벽에 붙였다. 연좌시위를 하고 있을 때 누군가 천주교의 책임이 크다며 목소리를 높였다.

"여기서 이래선 수가 안 보입니다. 병원을 운영하는 곳이 천주교이니 성당에 가서 책임을 물읍시다."

잠시 후 박창호(박영진의 아버지)가 어디선가 전화를 받고 박정기를 불렀다. 박정기가 수화기를 들자 병원장의 목소리가 들렸다.

"저는 원장입니다. 고정희 씨 문제가 좀 복잡합니다. 우리 병원과 저에게만 책임을 전가해 주십시오."

사건이 커질 것에 대한 우려가 느껴졌다. 박정기가 대답했다.

"택도 없는 소리 마시오. 이만 끊겠심더."

유가협 회원들은 회의를 열어 농성장을 옮기기로 결정하고 명동성당으로 향했다. 성당에서 회원들은 김수환 추기경 면담을 요구했다. 면담이 거부된 유가협 회원들은 명동성당 주임신부 숙소 앞에서 노숙하며 농성을 벌였다. 이틀에 걸쳐 농성했지만 뚜렷한 해결책을 얻지 못했다. 병원에서 환자에 대한 보호가 충분치 못한 점을 인정했지만, 진상을 규명하려면 경찰 관계자 등에 대한 전면적인 조사가 필요했다.

명동성당 농성은 두 달 뒤 시작된 의문사 진상 규명 농성으로 이어졌다. 라화순은 이때 유가협에 가입하고 135일 동안 이어진 기독교회관 농성에 참여했다. 고정희 사건은 2000년 10월 설립된 의문사진상규명위원회를 통해 조사가 이뤄졌다. 위원회는 고정희가 정신병원을 탈출하려다 추락한 사고사로 결론을 내렸다. 민주화 운동 과정에서 사망했다고 보기 어렵다는 결정이었다. 하지만 라화순은 현재까지 조사 결과를 부정하고 있다.

4

1988년 8월 12일 창립 3년째에 접어든 유가협은 정기총회에서 이소선 회장과 박정기 부회장을 선출했다. 회장 1인 체제였던 유가협은 이때부터 부회장을 선출했다. 건강 문제로 활동에 어려움을 겪는 이소선은 박정기의 도움을 필요로 했다. 그리고 이날 회의에서 정미경을 간사로 뽑았다.

정기총회의 결정 사항 중 한 가지는 의문사 진상 규명을 위한 활동에 나서기로 한 것으로, 이는 앞으로 유가협 활동을 특징짓는 중요한 결정이었다. 전영희(김성수의 어머니)와 이계남(우종원의 어머니)은 '의문사 문제를 유가협이 직접 해결해야 한다.'고 주장했다.

박정기는 유가협에 가입한 뒤 의문사 문제를 알게 되었다. 의문사 가족들은 저마다 홀로 자식의 죽음을 밝히려 애쓰고 있었다. 6월 항쟁의 아버지로, 열사의 아버지로 존경받으며 추모제나 집회 등에 초대받는 자신의 처지와 달랐다. 회의 자리에서 박정기가 말했다.

"종철이 일이 대표적인 의문사 아닙니까? 내는 대공분실에서 '탁' 치니 '억' 하고 죽었다는 말을 들었습니다. 의문사를 이보다 더 정확하게 설명하는 말이 어딨겠습니까? 의문사 유가족의 심정을 잘은 몰라도 그때 내 심정이 그런 거 아이겠습니까? 내는 아직도 저놈들이 밝히지 않은 진실을 알고 싶은데 성수, 종원이 어머니는 오죽하겠습니까? 의문사 문제는 내 문제이자 유가협의 문제이기도 합니다."

유가족들은 그동안 거리와 집회 현장에서 의문사 진상 규명을 요구하는 발언과 구호를 외쳐 왔지만, 해결을 위한 직접 행동에 나서기로 한 것은 이때가 처음이었다.

10월 6일 회원들은 문익환·계훈제를 비롯해 재야 민주 단체, 야당 대표 등과 함께 서울 종로구 연지동에 있는 한국교회 100주년기념관에서 '5공화국 이후 군대 내의 의문사사건 진상규명 공동대책위원회' 발족식을 가졌다. 군 의문사 진상 규명 활동은 군대 조직을 민주적으로 개혁하기 위한 첫걸음이었다.

이어 10월 17일부터 의문사 진상 규명을 요구하며 무기한 농성에 들어갔다. 회원들은 종로 5가의 기독교회관 인권위원회 사무실에서 의문사유가족협의회 발족식을 열었다.

우종원·최우혁·박선영·정연관·김성수·신호수 등 의문의 죽음을 당한 젊은이들의 유가족과 박정기·이소선·배은심·이오순(송광영의 어머니) 등이 참석했다. 의문사유가족협의회의 회장은 임분이(정연관의 어머니)가 맡았다. 박정기는 임분이가 회장에 선출된 이유 중 하나를 "경찰의 멱살을 잡고 혼쭐을 낼 만큼 몸싸움에 뛰어났기 때문"이라고 강조했다. 발족식을 마친 유가족들은 그날로 시멘트 바닥에 스티로폼을 깔고 첫 밤을 맞이했다.

농성 초기 이틀은 인권위원회의 배려로 기독교회관 지하 식당에서 끼니를 해결했다. 그러나 사흘째부터 식사가 제공되지 않았다. 유가족들은 농성장에서 밥을 해먹기로 하고 밥솥과 부탄가스, 쌀, 반찬 등을 마련했다. 유가협 창립 초기부터 자발적으로 일을 도와 온 택시 해고 노동자 박채영이 물품을 날랐다. 그가 운전하는 중고 자동차 포니는 서둘러 이동할 일이 많은 유가족들을 위해 이소선이 마련한 것이었다.

박래군도 의문사 진상 규명 투쟁에 합류했다. 그의 합류는 애초 계획에 없었다. 농성장에 상주하며 궂은일을 도맡고 있던 박채영과 간사 정미경을 한두 번 돕다 모르는 체할 수 없어 함께하게 된 것이다.

이들이 하는 일은 회원들의 일정을 짜고 시민들에게 나누어 줄 유인물과 팻말을 제작하고 집회를 준비하는 등의 실무였다. 박래군은 "유인물을 만드는 일이 큰 품이 드는 일"이었다고 회고했다.

"전동 타자기로 한 자 한 자 찍어요. 편집을 몰라서 종이를 잘라 내고 오려붙이며 유인물을 만들었어요. 지금 생각하면 우습지만 어렵게 한 장 한 장 만들었어요."

정미경과 박래군은 매일 시내에서 열리는 집회를 파악하고 일정을 짰다. 서울 시내에선 노동자·학생의 집회와 시위가 끊이지 않았다. 유가족들은 현장을 찾아가 연대하는 한편, 의문사에 대한 관심을 호소했다.

박정기는 의문사 유가족들이 마이크를 잡고 발언하는 모습을 보며 놀라곤 했다. 연설문을 미리 준비하는 사람은 자신 외엔 없었다. 그는 발언할 내용을 미리 준비하지 않으면 불안했다. 그런데 유가족들은 누구에게 발언을 맡겨도 신들린 연설이 쏟아졌다. 평소 말주변이 어눌한 회원도 군중 앞에 서면 딴사람이 되었다. 즉흥적으로 발언을 맡겨도 말이 술술 나왔다. 발언을 들을 때마다 박정기는 가슴이 뭉클해지곤 했다. 입을 열면 내면에 켜켜이 쌓인 응어리가 풀려나오는 듯했다. 회원들은 분노를 자제하지 않고 쏟아 냈다. 그 순간 유가협은 자식 잃은 이들이 모인 '상처의 공동체'가 아닌 '분노의 공동체'였다. 분노의 힘은 국가의 폭력 앞에서 느낀 좌절과 무기력을 밀어냈다.

이른 아침부터 밤늦도록 쉴 짬이 없었다. 이동 중에도 시민들에게 유인물을 나눠 주었다. 의문사진상규명위원회 설치를 요구하며 국회와 각 정당을 방문했다. 항의 방문 여정은 연일 이어졌다. 농성 소식이 알려지면서 연대의 발길이 끊이지 않았다. 야당과 민주 단체, 노동조합 등에서 찾아왔고, 국회의원들과 대학생들이 방문했다. 후원금과 후원 물품이 밀려들었다. 각계각층의 관심과 응원 덕에 외롭지 않은 싸움이었다.

언론을 통해 소식을 접한 또 다른 의문사 유가족들이 하나둘 모여들기 시작했다. 저마다 외로운 싸움을 벌이던 이들이 합류하며 농성 인원이 갈수록 늘었다.

일과를 마치면 평가 회의를 하고 소감을 나눴다. 밤엔 열 명가량의 회원이 번갈아 농성장을 지켰다. 아침이면 유가족들이 다시 모여 간사 정미경과 박래군이 짠 일정에 따라 거리로 나섰다. 두 사람은 틈나는 대로 유가족에게 민중가요를 가르쳤다. 새로 온 유가족에게는 구호와 팔뚝질하는 방법을 알려 줬다.

박정기는 가장 먼저 농성장에 나왔다. 새벽 일찍 기독교회관 주변 골목을 쓸고, 농성장을 걸레질했다. 일거리가 보이면 지나치지 못했다. 그는 자발적인 청소 당번이었다.

평가 회의는 주로 어머니들이 주도했다. 온건한 아버지들과 달리 그네들은 몸싸움에도 물러섬이 없었다. 경찰들에게 욕설이라도 들으면 어머니들은 가만히 지나치지 못했다. 행진 중에 그런 상황이 생기면 순식간에 대열이 흐트러졌다.

어머니들의 서슬 퍼런 공격에 경찰들은 맥을 못 추었다. 이오순은 경찰의 무전기를 박살내는 데 선수였다. 무전기만 눈에 띄면 순식간에 빼앗아 땅바닥에 패대기쳤다. 어떤 어머니는 전경들의 사타구니를 걷어차는 게 특기였다. 전경들은 그분이 다가가면 몸을 사렸다. 주변에서 말려도 소용이 없었다. 아버지들은 그분을 만류하며 이렇게 말했다.

"아따, 어머닌 암찌케나 발을 휘둘러도 쟈들 불알을 반쪽 내부러 잉. 그러다 고자 되믄 어떻게 책임질라고 그려요? 살살 혀."

경찰은 유가족을 붙잡으면 닭장차에 실어 서울 시내나 외곽 곳곳에 내려놓았다. 주로 어머니들이 연행되었다. 경찰이 유가족들을 먼 곳으로 끌고 가는 것은 골치 아픈 일을 피하기 위해서였다. 유치장에 가두면 민가협 등에서 금세 달려와 항의했다. 사회적으로 문제가 될까 봐 꺼려서이기도 했다.

처음엔 회원들을 난지도로 끌고 갔지만 나중엔 수유리·일산·문산·성남·하남·미사리 등 점점 더 먼 곳에 내려놓았다. 들판 가운데에도 내려 두고, 산 밑에도 내려 두고, 공동묘지 인근에도 내려 두었다. 경찰은 유가족들을 한곳에 내려놓는 일이 없었다. 한 명 또는 두세 명씩 내려놓고 몇 개 마을을 지나친 뒤 다시 몇 명을 내려놓는 식이었다.

어머니들 중 한글을 모르는 이들은 농성장을 되찾아 오는 데 애를 먹었다. 시골에서 올라온 유가족들은 서울 지리를 몰라 긴 시간 헤매다 밤이 깊어서야 겨우 찾아왔다. 박정기 역시 밤늦게 낯선 땅에 홀로 서있을 때가 곤혹스러웠다. 컴컴한 시골길을 걸어 불빛이 보이는 마을에 도착한 뒤에야 돌아갈 방법을 궁리했다. 시골 정류장에서 오랫동안 버스를 기다렸고, 차가 끊기면 지나가는 차를 얻어 탔다.

농성이 길어지면서 박정기는 서서히 변화를 겪었다. 농성 초기 그는 전경들에게 크게 소리치는 일이 드물었다. 격렬한 몸싸움도 피하는 편이었다. 하지만 시간이 지날수록 망설임이 없어졌다. 여성들과 얘기 나누는 걸 꺼리는 보수적인 면모도 서서히 바뀌었다. 무뚝뚝한 성격의 그는 농담도 즐기고 어머니들과 허물없이 어울리면서 '투쟁하는 동지'로 어머니들에게 다가갔다.

하루 일정을 마치고 찬 바닥에 모포 한 장 덮고 잠을 이룰 때면 누군가 떠난 자식을 그리며 훌쩍이는 소리가 들려왔다. 그냥 지나치지 못한 이가 달래려다 함께 훌쩍였다. 박정기는 애써 담담한 척했다. 꿈속에서도 구호를 외치고 욕설을 내뱉는 이들도 있었다. 박정기는 그 소리를 들으며 잠을 설치곤 했다.

박래군은 바쁜 와중에도 의문사 자료집『내 자식 죽인 놈들 제 명에 못 살리라』를 제작했다. 의문사 사례를 모아 국회에 제출하고 방문객들과 기자들에게 배포하기 위해서였다. 이때까지만 해도 의문사는 언론에 '의문의 죽음', '의혹의 죽음' 등으로 소개되었다. 박래군의 제안으로 유가협에서 '의문사'라는 용어를 공식적으로 처음 사용했다.

깊은 밤 박래군이 갓 배운 타자를 치고 있으면 유가족들이 한 명씩 찾아와 사연을 풀어놓았다. 농성장에 오기 전까지는, 억울한 죽음의 사연 한번 속 시원히 털어놓지 못하던 이들이었다. 그들에겐 이야기가 필요했고, 그것이 씻김굿이었다.

10월 29일 유가족들은 의문사 진상 규명 특별위원회 설치를 요구하며 국회의사당에 진입하려다 전원 연행되었다. 농성 27일째인 11월 12일 박정기는 의문사 유가족들과 함께 '전두환·이순자 구속 촉구 행진'에 참여했다. 대여섯 명으로 시작한 의문사 유가족은 이 시기에 30명 넘게 불어 있었다.

행진을 마친 의문사 유가족 35명과 시민 5백여 명은 명동성당 들머리에서 '의문사 진상규명 및 책임자 전두환·이순자 구속 처벌을 위한 시민대회'를 열었다. 의문사 문제를 세상에 알리는 중요한 집회였다. 유가족들은 민가협·민통련·서총련(서울지역총학생회연합) 등 17개 단체 공동 결의문을 낭독했다.

우리 자식, 형제 들은 군과 경찰의 중대장이나 수사관 한두 명에 의해 죽음을 당한 것이 아니라 폭력 살인을 본질로 하는 식민지 독재 권력의 만행에 의해 타살된 것이다.

시민대회를 마치고 행진을 시작할 때 전경들이 가로막았다. 몸싸움이 벌어졌다. 유가족과 여러 시민이 중부경찰서에 연행됐다. 박정기는 집회 참가자들과 함께 중부경찰서로 달려가 "연행자를 석방하라!"라고 외쳤다. 유가족들은 경찰서 안에 들어가려 시도했다. 어머니들이 앞장섰다. 의문사 유가족이 주최한 집회에서 시민들이 연행되어 여느 때보다 적극적이었다. 방패를 든 전경들이 막아섰다.

유가족들은 곤봉에 맞으면서도 앞으로 나아갔다. 밀고 밀리는 싸움이 되풀이되다 한순간 경찰들이 방패를 세워 들고 돌진해 왔다. 방팻날에 맞은 어머니들이 쓰러졌다. 전경은 넘어진 이들을 군홧발로 밟았다. 장신환의 어머니인 김옥선(민가협 창립 회원)이 경찰이 휘두른 곤봉에 머리를 맞고 실신해 병원에 실려 갔다. 유가족들과 농성을 함께해 온 시민 김용환이 전경들에게 끌려갔다. 그는 전경 여섯 명에게 에워싸여 반시간 넘게 폭행을 당한 뒤 병원에 입원했다.

유가족들이 당하는 모습을 보다 못한 박채영이 목소리를 높이며 항의했다. 한 전경이 방패를 세워 그의 얼굴을 향해 날렸다. 박채영이 푹 고꾸라졌다. 순식간에 벌어진 일이었다. 놀란 박정기는 딸 은숙과 함께 그를 부축해 가까운 병원으로 옮겼다. 눈 바로 아래쪽이 방팻날에 찍혀 있었다. 응급치료를 받고 침대에 누워 있는 그에게 박정기가 말했다.

"자칫하면 실명할 뻔했데이. 천만다행이구마. 천만다행이야."

옆에 서있던 의사가 불안한 목소리로 말했다.

"싸움이 정말 격렬한가 봅니다."

부상당한 유가족과 시민이 연이어 병원에 실려 왔다. 박정기는 다시 중부경찰서로 달려갔다. 몇 시간째 싸우고 있었지만 유가족들은 물러서지 않았다. 그는 당시 경찰이 의문사 문제를 덮기 위해 유가족들이 주최한 집회를 방해하고 폭력으로 누른 것이라고 설명했다.

"자신들이 저지른 죽음을 감추려는 짓이라고 생각했기 때문에 우린 물러설 수 없었어."

유가족들은 경찰서를 향해 구호를 외쳤다. 평소 자주 외치는 구호였다.

"내 자식 죽인 놈들 천벌을 받으리라!"

그날 일곱 명이 병원에 실려 갔다. 박정기는 한 사람씩 쓰러질 때마다 가슴이 조마조마했다. 네댓 시간에 걸쳐 대치와 싸움이 이어졌다. 유가족들의 기세가 누그러지지 않고 싸움이 걷잡을 수 없게 흘러가자 경찰서에서 중재안을 내놓았다. 일부 유가족에 한해 면회를 허용하겠다는 것이다. 늦은 밤 이소선 회장과 박정기 부회장이 함께 면회를 다녀왔다. 그제야 어머니들은 경찰서에서 물러났다. 박정기가 다시 부상자들이 있는 병원으로 왔을 때 담당 의사는 김용환이 '간에 충격이 갈 정도로 다쳤다.'고 진단했다. 김용환과 김옥선은 그 뒤 반년 넘게 치료받아야 했다.

5

이틀 뒤인 11월 14일 오전, 전영희의 제안으로 유가족들은 서울 형사지법 대법정으로 향했다. 박정기는 농성장을 지키고 있을 때였다. 이날 재판은 그해 5월 20일 미국대사관에 사제 폭발물을 던진 사건에 연루된 경희대학교 학생 박용익 등에 대한 선고 공판이었다. 박용익의 어머니는 민가협 회원이었다. 그런데 이날 재판정에서 벌어진 소동으로 유가족들의 의문사 농성은 예기치 않은 방향으로 흘러갔다.

서총련 산하 '민중생존권 쟁취와 광주학살 주범 미국·청와대 독재 처단을 위한 학생투쟁연합' 소속 청년 일곱 명이 구호를 외치며 재판정에 등장했다. 박용익의 어머니를 비롯해 민가협과 유가협 어머니들로 채워진 방청석은 박수로 호응했다. 학생들은 재판을 거부했다. 재판부는 이들을 퇴정시킨 뒤 징역형을 선고했다.

방청석 맨 앞줄에 앉은 오영자(박선영의 어머니)가 벌떡 일어섰다. 그는 가슴에 품은 딸의 사진을 꺼내 목에 걸었다. 의문사 유가족들이 자나 깨나 지니고 다니는 자식의 영정 사진이었다. 그가 판사에게 항의했다.

"양심수에게 실형이 웬 말이냐? 학생들이 아닌 전두환과 이순자를 감옥에 집어넣어라!"

법정에 온 일곱 명의 유가족들도 항의했다. 판사가 오영자를 향해 소리쳤다.

"너 나와!"

오영자는 기다렸다는 듯 뛰쳐나가 법대 앞에 섰다.

"나오라고 했으믄 말해 보시오! 살인마는 내비 두고 왜 죄 없는 우리 학생들에게 실형을 때립니까?"

그는 말이 끝나기 무섭게 판사를 향해 달려들었다. 놀란 판사가 황급히 법정을 빠져나갔다. 오영자는 마이크와 의자를 내던지고, 판결문과 재판 기록을 갈기갈기 찢었다. 법정은 아수라장이 되었고 방청객들이 빠져나갔다. 재판은 휴정되었다. 오영자와 유가족들은 법정에서 버티며 학생들이 피고인으로 참가하는 다음 재판을 기다렸다. 오영자는 그때 판사를 놓친 일을 안타까워했다.

"판사 놈 쥑일라고 쫓아갔지요. 근디 구녁으로 사라져 부렀어. 난 죽을라고 했어요. 데모하다 죽는 게 내 소원이었으니께. 그냥은 못 죽겠어요. 마르고 닳도록 기른 우리 선영이 생각하믄 너무 원통해."

한 시간쯤 뒤 경찰이 출동해 오영자·임분이·허영춘(허원근의 아버지)·이계남 등 유가족을 한 명씩 끌고 나갔다. 이들은 경찰차에 실려 난지도로 향했다. 난지도에 거의 도착할 즈음 무전기 소리가 들렸다.

"남대문경찰서로 데려와!"

일곱 명의 유가족이 남대문경찰서 유치장에 갇혔다. 박정기는 재판에 참여한 유가족이 전원 연행됐다는 소식을 듣고 경찰서로 향했다. 그는 경찰 책임자를 만나 요구했다.

"어무이들 다 내놓그라. 안 그라믄 게서 다 죽을 끼다."

하지만 경찰서에서는 현행범이라며 면회를 허용하지 않았다. 저녁 무렵 경찰이 오영자를 끌고 수사과로 향했다. 오영자가 버티자 머리채를 잡아끌었다. 그가 바닥에 쓰러졌지만 개의치 않고 머리채를 잡아당기며 말했다.

"이년이 질로 쎈 년이네. 독종이구만. 나한테 맛 좀 봐라."

끌려가는 도중 온몸에 멍이 들었다. 다른 유가족들도 모두 조사를 받았다. 서로 묵비권을 행사하기로 했다. 그런데 임분이가 조사 도중 분을 참지 못하고 거짓말했다.

"그래, 내가 했다. 그깟 서류 좀 찢으면 어떻나? 화장지만도 못한 판결문 찢으면 어떻나?"

실제 판결문이나 서류에 손도 대지 않았던 임분이는 이 말 때문에 8개월의 실형을 받게 되었다. 유가족들은 남대문경찰서 앞에서 연행자 석방을 요구하고 몸싸움을 벌였다. 자정이 가까워질 무렵 박정기가 유가족들에게 말했다.

"우리는 저 안에 갇힌 사람들과 한 운명이니께네 모두 풀려날 때까지 여기서 물러날 수 없습니더."

그는 남대문경찰서 정문 옆 너른 처마 아래서 노숙 농성을 하자고 제안했다. 유가족들은 종이상자와 신문지를 땅바닥에 깔고 농성을 준비했다. 유치장에 갇힌 유가족들도 신발을 벗어 마룻바닥을 두드리고 구호를 외치며 밤샘 농성을 벌였다.

다음 날 남대문경찰서에서 유가족 전원에게 면회를 허용했다. 오영자·임분이는 일반 피의자들과 달리 별도의 건물에 수감되어 있었다. 박정기는 계단을 따라 지하 유치장으로 들어갔다. 감방이 두 개였는데 두 사람이 따로 갇혀 있었다. 박정기는 유치장 풍경에 아연실색했다. 바닥은 발목 위까지 물이 차있었다. 오영자는 무언가를 뭉치더니 갑자기 유치장을 지키는 경찰들을 향해 내던졌다. 변기에 눈 똥과 오줌, 사식으로 제공된 밥을 섞어 만든 '똥오줌밥'이었다. 여러 개를 만들고는 하나씩 던지며 소리쳤다.

"느그들이 준 드러운 밥 안 먹는다. 느그들이나 처묵어라."

이른바 '빵투'였다. 오영자는 전날 유치장에 끌려온 뒤부터 이렇게 빵투를 벌이고 있었다. 변기 배출구를 담요로 막고 수돗물을 틀어 유치장을 물바다로 만들었고, 경찰이 들어와 수돗물을 잠그고 가면 다시 틀었다. 경찰이 접근하면 물을 뿌리며 저항했다. 조사를 하기 위해 접근해 올 때마다 똥오줌밥을 던졌다.

오영자는 면회 온 박정기를 발견한 뒤 주저앉으며 하소연했다.

"이놈들아, 날 폭행하고 치료도 못 받게 할 수 있느냐? 아고 아고, 억울해라."

박정기도 경찰들에게 항의했다.

"아니, 우리 어마이가 무슨 잘못을 했다고 여기 가둬 놓고 폭행합니껴?"

그 순간 이소선이 오영자의 감방을 살피더니 자물쇠를 들어올렸다. 열쇠를 잠그지 않고 허술하게 걸어 둔 상태여서 문이 열렸다. 누군가 외쳤다.

"다 감방으로 들어갑시다!"

이소선이 앞장서고 면회 온 유가족들이 우르르 감방 안으로 들어갔다. 순식간에 벌어진 일이라 경찰들은 미처 손쓸 수 없었다. 15명가량이 들어서니 감방이 가득 찼다. 박정기가 경찰들에게 말했다.

"우리도 떠들었으니 구속시키시오."

유치장을 점거한 지 얼마 안 돼서 열 명 남짓한 형사들이 들어와 유가족을 한 명씩 끌어냈다. 맨 먼저 오영자를 끌어내 임분이의 감방으로 옮긴 뒤 열쇠로 잠갔다. 덩치 큰 경찰 네 명이 팔다리 하나씩을 나눠 잡고 들어 올리니 어쩔 도리가 없었다. 경찰은 박래군과 박채영을 들어 유치장 바깥으로 끌어냈다. 박정기는 몸부림치며 저항했지만 속수무책이었다. 감방 안의 유가족들이 모두 끌려 나왔다.

유가족들은 둘째 날도 경찰서 앞에서 농성을 벌이며 밤을 지새웠다. 그러자 다음 날 경찰은 연행한 유가족들을 여러 경찰서로 분산시켰다. 박정기는 이소선과 함께 경찰서를 순회하며 면회했다. 유가족들은 오영자·임분이 두 사람이 서울구치소에 송치될 때까지 농성을 벌였다. 이태춘·우종원·정경식·김성수의 어머니는 즉결처분을 받고 밖으로 나왔다. 오영자·임분이는 "법원이 생긴 이래 세계적으로 재판 서류를 찢는 일은 처음"이라는 판사의 판결과 함께 8개월의 실형을 선고받고 교도소에 수감됐다. 유가협의 의문사 농성 투쟁을 방해하려는 과도한 실형이었다.

두 사람의 수감으로 의문사 진상 규명 농성은 구속 어머니 석방 투쟁과 병행하게 되었다. 재판이 열릴 때마다 재판정은 농성장이 되었다. 한번은 재판 도중 민가협의 어머니가 소리를 질러 방해하자 판사가 제지했다.

"누구야? 지금 떠든 사람 일어나!"

누군가가 맞받아쳤다.

"모두 일어납시다."

방청객들이 너도나도 일어났다.

"내가 떠들었습니다." "나도 떠들었습니다."

대부분의 방청객이 일어서자 판사는 할 말을 잃었다. 유가족들의 법정 투쟁은 다른 재판에서 볼 수 없는 기상천외한 상황이 발생해 매번 재판부가 골머리를 앓았다.

그 무렵부터 기독교회관 농성장은 '사제 폭발물 사건'에 연루된 대학의 학생들이 찾아오면서 한층 북적였다.

유가족들은 '오영자·임분이가 석방될 때까지 의문사 농성을 멈추지 않겠다.'고 결의했다. 이 결의는 의문사 농성이 장기화된 요인 중의 하나였다. 빈자리가 생기자 농성장의 분위기는 심란해졌다. 유가족들은 감옥에 갇힌 두 어머니를 생각하며 끼니를 멀리했다. 농성장을 찾아온 학생들이 울며 호소했다.

"어머니, 밥 좀 들어요. 먹어야 싸우죠."

학생들은 밥을 지어 유가족들의 끼니를 챙겼다.

6

1988년 10월 29일 박정기는 조선일보사 편집국에 들어섰다. 배은심이 정정 보도를 요구하며 조선일보사에서 항의하고 있다는 소식을 듣고 나선 길이었다. 배은심은 10월 26일 최루탄부상자협의회 회원 11명과 함께 서울 마포구에 있는 최루탄 제조 회사인 삼양화학 본사 사장실을 점거하고 농성을 벌였다. 여덟 시간쯤 기다리자 한영자 사장이 나타났다. 사장으로부터 최루탄을 생산하지 않겠다는 약속을 받은 뒤 사장실을 나설 때 한영자가 손을 내밀며 말했다.

"어머니, 죄송합니다."

배은심은 손을 뿌리치고 문을 나섰다. 이튿날 신문 기사를 읽은 박정기는 깜짝 놀랐다. 『조선일보』 10월 27일자에 한영자와 배은심이 화해의 악수를 하는 사진과 기사가 크게 실렸기 때문이다. 사진 아래에는 이해할 수 없는 설명글이 적혀 있었다.

최루탄을 만든 사람과 그 최루탄에 아들을 잃은 여인이 손을 잡고 아픔을 나누고 있다.

다른 유가족들도 기사를 읽고 어안이 벙벙했다. 연일 끊이지 않는 시위에서 최루탄으로 부상자들이 줄을 잇고 있는 상황에서 나온 기사였다. 박정기는 배은심의 행동을 이해할 수 없었다.

'최루탄 때문에 6천 명 넘게 다쳐 신음하고 있는데 어떻게 혼자 화해의 악수를 나눌 수 있단 말인가!'

기사 내용은 온통 화해의 분위기였다.

누가 먼저인지 모르게 두 사람은 손을 내밀었고 서로의 손을 포개 잡았다. 아들을 최루탄에 의해 잃은 어머니와 최루탄 제조 업체의 사장으로서 정신적 고통을 앓아 온 또 다른 어머니는 한동안 힘껏 서로의 손을 쥐고 있었다.

박정기는 해명을 듣고 싶어 배은심에게 전화를 걸었지만 연락이 닿지 않았다. 배은심은 이날 어느 대학의 초청으로 지방에 내려가 있었다. 농성장의 유가족들도 혼란에 빠졌다. 그들은 박정기에게 하소연했다.

"한열이 엄마가 어떻게 이럴 수 있습니까? 제 자식만 중요하고 남의 자식은 안중에도 없단 말입니까?"

5·18 유가족들의 항의 전화가 빗발쳤다. 최루탄 피해자들과 여러 민주 단체에서도 전화를 걸어 배은심을 질책했다. 박정기는 딱히 답할 말이 없었다. 배은심이 그런 일을 벌일 리가 없다고 생각하면서도, 악수하는 사진이 선명하게 실린 신문을 보면 일말의 의구

심을 떨칠 수 없었다.

그날 밤 지방에서 집회를 마치고 올라온 배은심이 억울한 사정을 털어놓은 뒤에야, 박정기는 신문사가 왜곡 보도한 기사임을 알게 되었다.

"한영자가 손을 내밀 때 난 뿌리쳤당께요. 기자 놈이 악수하는 것처럼 묘허게 연출해 부렀어."

박정기는 배은심의 해명을 듣고 탄식했다.

"사설이야 지네들 맘대로 쓴다 캐도 사실은 있는 그대로 담아야 신문이지 그게 신문입니껴!"

유가족들도 자초지종을 듣고는 서운함을 풀었다. 이튿날인 10월 29일 박정기가 조선일보사 편집국에 도착했을 때, 배은심은 신문을 들고 기자들에게 항의하고 있었다.

"난 화해한 적이 없다니께. 내 새끼가 망월동에 묻혀 있는 마당에 무슨 얼어 죽을 화해여? 기사 쓴 양반 당장 나와 보쇼!"

이한열의 고종사촌인 시인 마대복도 옆에서 기자들을 꾸짖었다.

"어떻게 사실과 정반대의 기사를 쓸 수 있습니까? 담당 기자 어딨어요? 사실 여부를 확인해 봅시다."

박정기도 거들었다.

"기사를 쓴 사람이 있을 게 아니오? 지금 나와서 물어보믄 되지 않겠습니껴? 사실 여부를 확인하고 다른 기 있으믄 정정해야 할 기 아이가!"

편집부장이 난색을 표하며 답했다.

"지금 담당 기자가 외부에 나가 있어서 어렵습니다."

"그럼 기자가 올 때까지 여기서 기다리겠습니다."

배은심과 마대복은 정정 기사를 확인할 때까지 한 발짝도 물러서지 않을 작정이었다. 세 사람은 편집국에서 기자를 기다렸다. 그런데 기자는 밤늦도록 얼굴을 내비치지 않았다. 편집국에 정정 기사를 끈질기게 요청했지만 묵묵부답이었다. 이날 한숨도 자지 못하고 밤샘 농성을 벌였다.

다음 날 아침 기독교회관에 모인 유가족들은 조선일보를 혼쭐내자고 의견을 모은 다음 길을 나섰다. 맨 먼저 도착한 이소선이 편집국에 들어섰다. 그가 배은심에게 다그쳤다.

"한열 엄마, 저거 싹 밀어 부러!"

이소선이 가리킨 책상 위엔 컴퓨터가 놓여 있었다. 배은심이 밀어내자 컴퓨터가 바닥에 떨어져 나뒹굴었다. 배은심은 편집국을 돌아다니며 통화 중인 기자들의 수화기를 가로채 내던지며 업무를 막았다.

"느그들이 엉뚱한 기사 써갖고 나를 나쁜 년 맹글어 놓고 태평하게 또 신문을 맹글라고 허냐? 『조선일보』가 폐간허는지 안 허는지 이참에 한번 보자잉."

뒤늦게 조선일보사에 도착한 다른 유가족들은 건물 로비에서 편집국 입구를 찾아 엘리베이터 앞에 섰다. 그런데 엘리베이터에 '고장 수리 중'이라고 적힌 팻말이 걸려 있었다. 최봉규(최우혁의 아버지)가 경비원에게 물었다.

"엘리베이터 언제 고칩니까?"

"수리하고 있으니 기다려 보십시오."

유가족들은 로비에서 기다리며 구호를 외쳤다.

"조선일보 타도하자!" "조선일보 자폭하라!"

시간이 지나도 고장 난 엘리베이터를 수리했다는 소식은 들려오지 않았다. 유가족들은 편집국을 점거할 방법을 모색했다. 이들은 비상계단을 통해 편집국으로 향했다. 그런데 편집국으로 통하는 출입문이 잠겨 있었다. 아무리 흔들어도 꿈쩍하지 않았다. 주변을 살피니 진공청소기의 흡입관이 보였다. 허영춘과 신정학(신호수의 아버지)이 쇠로 된 흡입관을 들어 문손잡이를 여러 차례 내리쳤다. 쿵 하는 소리와 함께 손잡이가 부서졌다. 그런데 문 너머에서 납땜하는 소리가 들려왔다. 문 너머에선 출입문을 막는 중이었다. 유가족들은 편집국 점거를 포기하고 1층으로 내려가 농성을 벌였다.

조선일보사는 1층 입구의 셔터를 내려 건물을 봉쇄했다. 기자들은 후문으로 드나들었다. 박정기 등은 유가족들과 분리된 상황에서 편집국 기자들과 길고 지루한 싸움을 벌이고 있었다. 편집부장이 마대복을 따로 불러 사진을 보여 주며 설득했다.

"여기 보십시오. 분명히 악수를 하고 있지 않습니까? 어머니를 설득해 이만 돌아가는 게 어떻겠습니까? 정정 보도는 어렵습니다."

마대복은 뭐라 대답할 수 없었다. 배은심을 믿으면서도 사진을 보면 혼란스러웠다. 그는 며칠 뒤 상황을 재연해 보았다. 사진기로 연속촬영을 하자 한두 장의 사진이 『조선일보』에 실린 사진과 유사하게 나왔다. 그제야 일말의 의구심을 떨칠 수 있었다. 박정기는 책임자에게 요구했다.

"정정 기사는 지난번 기사와 크기가 다르면 안 됩니다. 그리고 신문을 발행하기 전에 반드시 우리에게 기사를 보여 주시오. 끝으로 인쇄된 신문을 볼 때까지 우리는 물러서지 않을 낍니다."

기자는 당혹스러웠다.

"정정 기사는 저희가 알아서 합니다. 검열은 받아들일 수 없습니다. 그리고 정정 기사를 싣더라도 같은 크기로는 어렵습니다."

그러나 박정기와 배은심은 물러서지 않았다. 기자 한 명이 주변에 다른 기자들이 없는 틈을 타 마대복에게 귀엣말을 했다.

"저희 잘못입니다. 뭐라 드릴 말씀이 없습니다. 이런 예가 없어서 어려울 거예요. 도와드리지 못해 죄송합니다."

마대복은 그 말이 고마웠다. 하지만 그는 배은심의 훼손된 명예를 되찾아 주고 싶었다. 마대복과 '유가협의 트로이카'로 불리는 박정기·이소선·배은심은 한 달이 걸려도 농성을 풀지 않을 생각이었다. 결국 조선일보는 두 손을 들었다.

"저희가 사과드립니다. 정정 기사를 싣겠습니다."

박정기와 배은심은 새벽녘에 정정 기사가 실린 신문을 받아 들고 유가족들과 함께 조선일보사를 빠져나왔다. 언론중재위원회를 통하지 않은 보도 정정은 언론사상 희귀한 사례였다. 이 소식을 들은 당시 김대중 평화민주당 총재는 얼마 뒤 배은심을 만난 자리에서 탄복하며 말했다.

"허허, 한열 엄마 대단하십니다. 동서고금에 신문 기사를 이렇게 정정한 사례를 나는 첨 봤습니다. 어머니와 유가협이 아니면 감히 누가 할 수 있었겠어요?"

지금도 조선일보의 왜곡 보도로 억울한 일을 당한 이들이 종종 박정기와 배은심에게 방법을 묻고 있다. 어떤 방법을 일러 줬냐고 묻자 박정기는 이렇게 답했다.

"앞뒤 안 보고 쳐들어갔으이 된 기지. 그놈들이 말로 해서 통할 놈들이가!"

7

1988년 12월 7일 박정기는 관광버스를 대절해 유가협 회원들과 함께 경남 창원의 대우중공업으로 향했다. 의문사 유가족 한 명을 지원하는 싸움에 유가족 전체가 나선 것은 처음이었다. 김을선(정경식의 어머니)은 창원에서 유가협과 민가협 회원들을 기다렸다.

지난달 언론을 통해 의문사 진상 규명 농성 소식을 접한 김을선은 기독교회관으로 찾아가 박정기를 만났다. 그는 매일 밤새워 아들의 억울한 사연을 풀어놓았다. 농성 기간 중 경찰서에 여덟 번이나 연행될 정도로 투쟁에도 열성이었다. 하루는 김을선이 박정기에게 부탁했다.

"우리 아들 쥑인 범인이 공장 안에 있는데 회사에선 사건을 묻어뺍니다. 그러니께네 내가 관광차를 하나 대절할 텐께 우리 유가족들이 가가지고 그놈을 만내 보믄 좋겠심니더."

박정기가 흔쾌히 대답했다.

"그람 관광차를 대절하십시오. 우리가 갈 기구마."

유가협 회원들은 의견을 모은 뒤 창원행 버스에 올라탔다.

정경식은 1984년부터 대우중공업 창원공장에서 일하다 1986년

경부터 노동운동에 뛰어들었다. 민주 노조 결성을 준비하던 1987년 5월 26일 노동조합 지부장 선거에서 정경식이 도운 후보가 회사 쪽이 지원한 후보에게 석패했다. 정경식은 회사 쪽에서 대의원을 매수한 의혹을 따지다 상대 후보를 지지한 이 아무개와 다퉜다. 그 뒤 6월 8일 이 아무개가 전화를 걸어 정경식을 기숙사로 불렀고, 정경식은 그를 만나러 나간 뒤 실종됐다.

김을선은 아들을 찾고자 백방으로 수소문했다. 회사와 경찰에 진상 규명을 요구했지만 묵묵부답이었다. 그는 직접 사람을 써서 야산을 수색하고 진정서를 넣는 등 갖은 노력을 다했다. 실종 9개월 만인 1988년 3월 2일 경찰은 창원의 불모산에서 유골만 남은 정경식의 주검을 발견했다. 그 뒤 수사에 착수한 경찰은 1주일 만에 자살로 발표했다.

수사 발표 내용에 자살로 단정할 근거는 없었다. 유골과 함께 발견된 작업복과 회사 출입증은 9개월간 야산에 방치되었다고 보기에는 퇴색하지 않고 깨끗했다. 김을선은 더 큰 의혹이 들었다. 그런 치열하고 눈물겨운 노력은 박정기의 눈시울을 적셨다.

1988년 12월 7일 유가족들을 태운 관광버스가 창원 시내에 들어선 뒤 김을선이 올라탔다. 차에 탄 그는 근심 가득한 얼굴을 하며 운전기사에게 말했다.

"정문 앞에 딱 가면 사람들이 막을 낀데 우짜면 좋겠습니까?"

운전기사가 대답했다.

"어마이, 그까짓 거 내 하는 대로 가마 있으이소. 질만 갈쳐 주면

방법을 찾아보겠심더."

정문이 가까워지자 기사는 속도를 높이고 핸들을 꺾었다. 정문을 지키던 이들이 화들짝 놀라 길을 피했다. 차는 그대로 정문 안으로 진입했다. 유가족들은 차에서 내려 마당에서 연좌시위를 벌였다. 박정기와 김을선, 이소선은 공장 안에 들어가 정경식을 마지막으로 만난 이 아무개를 찾았다.

공장장과 회사 직원들이 나와 만류했지만 이들을 막지 못했다. 김을선은 회사 창고에서 일하고 있던 이 아무개를 발견하고 쫓아가 멱살을 잡았다.

"야, 이눔아, 우리 식구들(유가족들)이 왔다. 니가 경식이를 쥑있지 않나? 바른 말 하래이."

김을선은 그의 뺨을 때리고 목을 비틀어 끌고 나왔다. 그는 키도 크고 완력도 셌지만 속수무책으로 끌려 나왔다. 김을선은 박정기와 이소선 앞에 그를 데려다 놓았다.

"여기 앉아 보래이."

그는 무릎을 꿇고 앉아 새파랗게 질린 얼굴로 벌벌 떨었다. 박정기와 이소선이 추궁했다.

"니가 경식일 안 쥑였나?"

"……."

"니가 쥑인 게 확실 안 하나?"

"……."

그는 사색이 된 채 벌벌 떨 뿐 아무런 대답도 하지 않았다. 박정기는 공장에서 나와 유가족들에게 말했다.

"표정을 보이 그놈아가 딱 범인이데이."

유가족들은 정문 앞으로 장소를 옮겨 집회를 열었다. 집회 도중 김을선의 남편 정재현(정경식의 아버지)이 목발을 짚고 경비실을 향해 걸어갔다. 그는 경비실 앞에서 목발을 쳐들더니 힘껏 내리쳤다. 경비실 유리가 와장창 소리를 내며 산산조각 났다.

그는 다시 목발을 휘둘렀다. 유리창이 부서지며 사방으로 파편이 튀었다. 박정기와 유가족들의 눈과 귀는 오로지 그를 향하고 있었다. 전경들 또한 막을 엄두를 내지 못하고 그를 지켜볼 뿐이었다. 몇 걸음을 옮긴 그는 다시 목발을 쳐들었다. 온 힘이 실린 목발이 떨어지며 유리창을 박살냈다. 누구도 막을 수 없는 분노와 설움이 목발 끝에 실려 있었다. 그는 휘청이며 쓰러졌다.

정재현은 아들의 죽음에 얽힌 진상을 밝히지 못한 채, 2008년 1월 한 많은 세상을 떠났다.

집회를 마친 유가족들은 버스를 타고 마산의 진동에 있는 김을선의 집으로 향했다. 집에 도착하자 김을선은 유가족들을 아들이 있는 아래채로 이끌었다. 그는 "죽음의 진상이 밝혀질 때까지 장례를 치르지 않겠다."며 헛간에 유골을 보관하고 있었다. 매일 그 앞에 향불을 피우고 아들의 이름을 목 놓아 부르고 있었다.

생선 장사를 하던 김을선은 아들이 보고 싶으면 일을 접고 헛간으로 달려갔고, 회사에 쫓아가 항의했다. 아침저녁으로 아들과 대화를 나눴다.

"경식아, 오늘 내 고기(생선) 팔러 간다. 집 잘 봐라."

"경식아, 고기 팔고 왔다. 뭐 하고 지냈나?"

헛간 앞에 선 유가족들의 분위기가 숙연해졌다. 문을 열자 농기구들이 널브러져 있고, 어둠 속 한구석에 사과 상자가 보였다. 헛간 한편에 놓인 사과 상자 안에 정경식의 뼈가 흩어져 있었다. 어떤 이는 차마 볼 수 없어 창고 밖으로 뛰쳐나갔고, 어떤 이는 그 자리에 쓰러져 목 놓아 울었다. 박정기는 북받치는 감정을 견디며 김을선에게 말했다.

"이래선 안 됩니데이. 이카다 산 사람 다 잡는데이. 어마이, 그라지 말고 아 델꼬 모란공원으로 갑시더."

그러잖아도 동네에 흉흉한 소문이 돌고 있었다.

"동네 한가운데 장가도 안 가고 죽은 총각 뼉다구가 있으이 재수가 없다. 지발 땅에 묻든가 다른 곳으로 치우라."

동네에서 가깝게 지내는 친구가 김을선에게 부탁했다.

"고기를 그렇게 팔면 부정하데이. 지사 지내는 고기 팔믄서 그람 쓰나?"

1년 뒤 김을선은 박정기에게 부탁해 정경식의 유골을 떠나보냈다. 박정기는 마산에 내려가 흩어진 뼈를 그러모아 유골함에 넣었다. 그는 유골을 마석 모란공원 납골당에 안치했다.

아들을 떠나보낸 뒤 김을선은 노동자들의 싸움이 있는 곳이면 어디든 달려갔고, 노동자들로부터 깊은 존경을 받았다. 한번은 회사에서 장례를 치르자며 거액의 위로금을 내밀었지만 거부했다.

"어용 노조에서는 (장례를) 못 하겠심더. 진실이 밝혀진 뒤 민주노동자장으로 초상을 치르겠심더."

김을선은 마산·창원 지역 '노동자의 어머니'로 불리고 있다. 대통령 소속 의문사진상규명위원회는 정경식의 의문사에 대해 2002년과 2004년 두 차례에 걸쳐 '진상규명 불능' 결정을 내렸다. 2010년 진실·화해를위한과거사정리위원회에서도 '진상규명 불능' 결정이 나왔다. 어쩌면 영원한 미제로 남을지도 모른다.

정경식은 사망한 지 23년 만인 2010년 9월 8일 모란공원 납골당을 떠나 경남 양산 솥발산 열사 묘역에 묻혔다. 백무산 시인은 정경식의 영전에 "노동자의 죽음은 모두 타살이다."라는 시구를 바쳤다.

8

1988년 의문사 진상 규명 장기 농성 중에 박정기와 유가족들이 잊지 못하는 날이 있다. 그해 10월 28일은 민가협 회원으로 함께 활동하던 민향숙의 결혼식이 열린 날이다. 민향숙과 이철의 결혼식은 약혼한 지 13년 만에 열렸다. 두 사람은 1975년 결혼식을 석 달 앞두고 '재일동포 간첩단 사건'에 연루되었다. 재일동포 유학생인 이철은 20년형, 숙명여자대학교 학생 민향숙은 간첩 방조 혐의로 3년 6개월 형을 선고받았다. 민향숙은 출소한 뒤 민가협에 가입하고 이철의 옥바라지와 구명 운동을 했다. 그 지난한 노력이 결실을 맺어 이철은 1988년 10월 3일 개천절 특사로 석방되었다. 그 뒤 2014년에 이르러 이철은 재심을 청구했고, 법원은 2015년 2월 9일 무죄를 선고했다. 사형을 구형받은 지 40년이 지난 뒤에야 진실이 밝혀진 것이다.

유가족들은 결혼식장인 명동성당으로 향했다. 김수환 추기경의 집전으로 미사가 열렸다. 이날의 극적인 결혼식을 축하하기 위해 많은 하객들이 참석했다. 성대한 결혼식이었다. 그러나 예식이 끝나고 기독교회관으로 돌아온 어머니들의 표정은 밝지 않았다. 이계남과 허두측(김종태의 어머니)이 농성장 한쪽 구석에 앉아 한숨을 내쉬었다. 이상한 침묵이 농성장을 감쌌다. 누군가가 침묵을 깨뜨리며 주저앉았다.

"내 자식이 장기수이기만 해도 언젠가는 만날 수 있고 결혼도 할 텐데, 죽은 자식이라 결혼식도 못 보는구나."

"민가협 엄마들은 자식이 징역살이를 해도 언젠가는 나와서 제짝 만나 결혼할 거 아입니까? 살아 있는 자식은 언젠가 볼 수 있지만 죽은 자식은 어떡합니까?"

여기저기서 참았던 울음이 터지기 시작했다. 모두 같은 생각을 하고 있었던 것이다. 죽은 자와 갇힌 자, 의문사당한 이와 구속당한 이는 모두 국가 폭력의 희생자이지만, '죽은 자'는 다시 만날 수 없었다. 그래서 유가족들은 잠들 때도 목에 건 영정 사진을 끌어안고 잠들었다. 자식을 만날 수 있는 길은 기억을 떠올리고 꿈을 꾸고 사진을 보는 일뿐이었다.

유가족들은 자식을 가슴에 묻고 산 게 아니라, 가슴에 매달고 살고 있었다. 민가협의 어머니들과 한마음으로 투쟁하면서도 그네들과 자신들의 처지가 어떻게 다른지를 그날처럼 선명하게 깨달은 날은 없었다. 박정기는 어머니들을 달랬다.

"고마해라. 고마하이소. 우리가 왜 싸우고 있는지 생각해 보이소. 진상 규명을 꼭 해냅시데이."

유가족들은 이날 밤 소주잔을 기울이며 밤을 지새웠다. 긴 밤이었다. 많은 일들이 기억 속에서 사라졌지만, 13년 만의 결혼식이 열린 이날은 박정기에게 잊히지 않고 남아 있다.

1988년 연말이 다가오도록 유가족들의 의문사 진상 규명 농성은 계속됐다. 유가족들은 기독교회관 3층 농성장의 창문마다 비닐을 덧씌워 외풍을 막고 난로를 마련했다. 온종일 바람 찬 야외 집회에 참가하고 시민들에게 유인물을 나눠 준 뒤 돌아오면 깊은 밤이었다. 좁은 사무실에 담요 한 장을 덮고 잠이 들었지만 무릎이 시렸다.

한기 가득한 겨울에도 쉬는 날이 없었다. 거의 날마다 집회가 끝나면 국회의사당으로 찾아가 국회의장실과 야당 원내총무실을 방문했다. 그즈음 국회엔 5공 특위(제5공화국의 정치권력형 비리조사특별위원회)와 광주 특위(5·18 광주민주화운동 진상조사 특별위원회), 양대선거부정조사특위가 가동 중이었다. 유가족들은 이 중 5공 특위 안에 '의문사 특위'를 구성하라고 요구했다. 〈국회법〉 개정을 통해 11월 3일부터 열린 '5공 청문회'는 텔레비전으로 생중계되며 연일 국민들의 이목을 집중시켰다.

민주당의 김영삼, 평민당의 김대중 등 야당 총재들의 자택도 방문했다. 동교동의 김대중을 만나는 일은 어렵지 않았다. 유가족들이 찾아갔을 때 그는 부인 이희호와 함께 차를 대접했다. 유가족을 대하는 태도가 공손했다. 김대중은 기독교회관 농성을 소상하게 이해하고 있었다. 나중에는 의문사당한 이와 유가족의 이름을 거의 외울 정도였다. 유가족들은 김대중에게 '의문사 진상 규명을 위한 조사 특위'의 구성을 요구했다. 김대중이 약속했다.

"죄송합니다. 앞으로 진상 규명을 위해 제가 최대한 노력하겠습니다."

원하는 답변을 들은 유가족들은 상도동 김영삼의 자택에도 찾아가 같은 요구를 했다. 평민당사·민주당사·공화당사에도 찾아가 '의문사 특위' 설치를 요구하며 농성을 벌였다.

1989년 1월 5일 박정기와 이소선은 군인 장교 두 명과 함께 기독교회관 농성장에 들어섰다. 이들은 이동균 대위와 김종대 중위로, 육군 제30사단 공병대대 소속 장교들이었다. 이들은 군의 정치적 중립과 민주화를 요구하는 성명서를 발표하기 위해 현역 장교로서 위험을 감수하고 탈영했다. 그런데 이소선이 장교들의 가방을 보고 소리쳤다.

"종철 아버지, 이기 웬 신나(시너)가 있는교?"

가방 안에는 시너 두 통이 들어 있었다. 박정기는 깜짝 놀라 시너를 빼앗았다. 장교들은 계획을 털어놓았다.

"사람을 죽이는 군대의 용병이 되고 싶지 않습니다. 저희는 분신을 통해 군의 민주화를 위해 한 목숨 바칠 계획입니다."

박정기는 두 장교를 나무랐다.

"무신 소린교? 분신은 안 된다. 현역 군인으로 이마만한 용기를 낸 건 가상한 일이지만, 분신하겠다느니 하는 그란 소린 다시 하지 말그라."

그는 빼앗은 시너를 농성장 한 곳에 감추었다. 이소선이 장교들의 분신 계획을 만류하고 설득하는 동안 박정기는 여러 신문사를 돌아다녔다. 도청을 피해 각 언론사의 기자들을 일일이 직접 만나

은밀히 부탁했다.

"꼭 취재해 주이소. 이대로 장교들이 부대에 복귀하면 큰일이라."

기자들이 속속 기독교회관에 도착했다. 박정기는 최초의 집단적인 군인 양심선언을 준비했다. 양심선언자는 이동균·김종대 외에 이청록 중위, 박동석 소위, 권균경 소위가 포함되어 있었다. 두 사람이 다섯 명의 양심선언자를 대표해 탈영한 것이다. 두 장교는 유가족과 기자들 앞에서 "명예 선언문"을 읽었다.

우리는 불명예로 군을 이끌었던 정치군인들에게 진실한 각성과 반성을 촉구한다. …… (우리 군인은) 반민족적·반민주적 행위를 하지 않는다.

선언문을 읽은 뒤 김종대 중위가 1987년 대통령 선거 부재자투표에서 벌어진 부정선거를 비판하며 군의 정치적 중립을 요구했다.

"모든 장교를 모아 놓고 '너 누구 찍을 거야? 빨갱이 찍을래?' 하면서 머리에 총을 들이대는데 굴복하지 않을 놈이 누가 있겠습니까? 이런 풍토가 바뀌지 않는 한 우리 군의 미래는 암담합니다."

이들은 전두환·노태우 신군부의 쿠데타 날인 12월 12일에 맞춰 양심선언을 하려 했지만 용기가 나지 않아 미루었다고 고백했다. 저녁 7시에 시작한 기자회견이 끝나자마자 기자들은 급히 기사를 작성해 송고했다. 박정기는 기자회견에 참여한 이재오(현재 국회의원)와 함께 군인들을 택시에 태우고 길을 나섰다. 새벽 5시 무렵에야 30사단 소속 부대에 도착했다. 위병소 앞에서 그는 장교들에게 부탁했다.

"우리가 있으니 용기를 내라. 애먼 생각을 해선 절대 안 된데이."

부대로 복귀하는 장교들의 뒷모습을 보고 돌아오는 내내 불안한 마음이 가시지 않았다. 박정기는 이후에도 여러 차례 먼 길을 달려가 장교들을 면회하고 위로와 용기의 말을 건넸다. 부대에 복귀한 두 장교는 헌병대로 끌려갔고, 육군은 장교들을 모두 군사재판에 회부하려 했다. 유가족들은 농성장에서 "장교들의 즉각 석방과 원대 복귀를 촉구하는 성명서"를 발표하는 등 구명 활동을 벌였다.

박정기와 유가협의 노력에 힘입어 장교들은 다음 달 석방되었다. 하지만 사단 징계위원회를 통해 이동균·김종대는 파면되었다. 이들은 이등병으로 강등돼 불명예 제대했다. 제대한 뒤 두 사람은 유가족들을 찾아와 고마움을 전했다.

"아버님 덕분에 저희가 죽지 않고 이렇게 살아 있습니다."

두 사람은 김대중 정부 시절 명예를 회복하고 군에 복귀하려 했지만 소망은 이뤄지지 않았다.

9

1989년 1월 14일 명동성당 문화관에서 박종철 2주기 추모식이 열렸다. 추모식의 공식 명칭은 '민주열사 박종철 2주기 추모 및 노태우 정권 퇴진 결의대회'였다. 학생과 시민 5천여 명이 참여했다. 이날은 박정기에게 가장 기억에 남는 추모식이었다. 4년의 수배 생활을 마친 박종운이 추모사를 읽었기 때문이다. 그는 수배 중이던 1988년 박종철 1주기 추모식을 앞두고 박종부에게 편지를 보냈다.

저는 종철이의 원혼 앞에 여전히 죄인일 수밖에 없습니다. 그러나 종철이의 따뜻한 마음씨와 불굴의 의지에 대한 추억이 휘몰아쳐 올수록 저에게는 자책감과 함께 끝내는 일어서고 말리라는 결의가 더욱 굳어집니다. …… 누나가 손수 짜주었다는 목도리도, 추워 보인다면서 선뜻 벗어 제 목에 감아 주던 그런 애였습니다. 종철이는 저의 가슴속에 영원히 살아 있습니다. 종철이는 그 모진 물고문 속에서도, 전기 고문 속에서도, 동료·선배를 지켜 내는 불굴의 의지를 보였습니다. 종철이는 우리 모두의 기개로 살아 있습니다.

추모식을 앞두고 박정기는 1년 전 1주기 때를 떠올렸다. 그는 종철이가 체포되는 빌미가 됐던 대학 선배 박종운이 보낸 편지를 거듭 읽었다. 편지와 함께 도착한 목도리는 그와 아들이 생각날 때마다 매만졌다. 그동안 박종운의 소식을 듣긴 했지만 직접 쓴 편지를 읽으니 감회가 남달랐다. 아현동에 사는, 박종운의 친형이 부산 집으로 찾아온 적도 있다. 그가 고개를 숙이며 말했다.

"박종운의 형으로서 정중히 사죄합니다."

박정기는 만류했다.

"아니, 무슨 말씀인교? 그럴 필요 없습니더. 그 아들이 양심을 거역한 일이 무에 있습니껴? 추호도 그런 마음 품지 마이소."

박정기는 아들의 일로 그의 가족이 죄책감을 갖지 않길 바랐다.

"철이를 죽인 건 독재자인데 왜 우리에게 사죄합니까? 그라지 마십시오."

형을 돌려보낸 뒤 박정기는 '박종운도 내 앞에 서기를 두려워하지 않을까?' 하고 걱정했다. 그는 박종운이 언젠가 자유로운 몸이 되어 찾아올 것이라고 생각했다. 1988년 12월 21일 그는 박종철 2주기 추모식에 앞서 당시 서울 양평동에 있던 한겨레신문사에서 박종운을 만났다. 박종운이 4년간의 수배에서 해제된 즈음이었다. 한 기자가 그에게 전화를 걸었다.

"박종운 씨를 만나보시겠습니까? 저희가 자리를 마련하겠습니다."

박정기는 기다렸다는 듯 대답했다.

"우리가 못 만날 이유가 없지예."

오히려 기다리던 소식이었다. 그는 아내 정차순과 함께 신문사로 찾아갔다. 박종운을 기다리는 동안 그는 떠난 아들을 대신해 또 한 명의 자식으로 맞이하리라고 다짐했다. 자신을 향해 걸어오는 박종운의 모습이 보였다. 그 순간 절로 눈물이 쏟아졌다. 오래전 집을 떠난 아들이 돌아오는 것 같았다. 그는 야윈 모습의 박종운을 끌어안았다. 그를 안으며 박정기는 속으로 말했다.

'이젠 됐다. 그래, 이젠 됐다.'

이 말만 그의 마음속에서 되풀이되었다. 박종운이 고개를 숙인 채 말했다.

"아버님, 죄송합니다. 부족하지만 앞으로 제가 철이를 대신하겠습니다."

박정기는 고개를 들지 못하는 그의 등을 두드리며 위로했다. 박정기 내외와 박종운은 이날 밤늦도록 긴 이야기를 나눴다. 박종운은 이날부터 박정기의 새 가족이 되었다. 그는 명절이면 빠짐없이 찾아와 자식 노릇을 대신했다. 박정기는 박종운에 대한 애정을 이렇게 표현했다.

나는 박종운이 같은 사람이 좀 더 이 사회에 많았으면 하는 욕심을 부린다. 어수선한 사회에서 삶을 살고 염증이 나도록 그 꼴들을 보고 비양심적인 사람이 너무 많았으니 말이다. 사기, 뇌물, 비자금, 정치 술수의 꼴을 보다가도 그래도 주위에 이런 착한 젊은이들이 있다고 자부하고 보면 내가 부자이구나 하는 마음에 늘 자랑한다.

박종운은 1991년 박종철기념사업회 운영위원을 맡아 일했다. 그러다가 2000년 한나라당(현재 새누리당)에 입당했고, 이후 국회의원 선거에 세 차례 출마했다.

유가협은 박종철 2주기 추모식 다음 날인 1월 15일 임시총회를 열었다. 쉽게 풀리지 않는 문제가 있었다. 농성을 시작한 뒤 늘어난 의문사 유가족들을 유가협의 회원으로 받아들일지 여부였다. 그동안 유가협 회원은 노동운동·학생운동·통일운동에 헌신한 이들의 유가족으로 한정하고 있었다. 기독교회관을 찾아온 의문사 유가족들은 유가협에 새로운 고민거리를 안겼다. 며칠 전부터 박정기와 이소선은 회원들에게 의문사 유가족을 회원으로 맞이해야 한다며 설득해 왔다.

회의가 시작되자 이소선이 입을 열었다.

"저분들도 억울하게 돌아가신 분의 유가족들 아입니까? 여러분들 생각은 어떻습니까?"

연이어 박정기가 발언했다.

"비록 민주화 운동을 하지 않은 분도 있지만 국가의 폭력에 의해 억울한 죽음을 당한 분들 아인교. 그라고 지금껏 의문사의 진상을 밝히기 위해 어떻게 살았는지 우리가 다 알고 있습니다. 이분들 또한 공권력에 매 맞아 가며 많은 어려움을 겪지 않았습니까? 새 가족으로 받아들이는 게 맞습니더."

하지만 다른 생각을 지닌 분도 있었다.

"죽음에 의문이 있다고 다 유가협 식구가 되면 천 명, 만 명이 넘어설 것입니다. 의문사 유가족이라고 다 가입할 수는 없잖습니까? 민주화 운동을 하다 떠난 분으로 한정해야 하지 않을까요?"

박정기는 그 말도 설득력이 없지는 않다고 생각했다. 유가협 회원의 범위를 무한정 넓힐 수는 없는 노릇이었다. 의견이 분분했다. 박정기는 곰곰이 생각한 끝에 단체명에서 실마리를 잡았다. '민주화운동유가족협의회'라는 명칭대로 유가협은 민주화 운동 과정에서 세상을 떠난 이의 유가족이 모인 단체이며, 현재 민주화 운동에 나선 유가족의 모임이다.

5공화국 시절 군 생활 도중 녹화 사업 등에 의해 희생된 이들도 있지만, 민주화 운동과 직접적인 연관 없이 희생된 이들도 있었다. 하지만 의문사 유가족들은 현재 민주화 운동에 앞장서고 있었다. 유가협 회원들과 의문사 유가족들은 이미 하나의 공동체가 되어 있었다. 박정기가 말했다.

"다 같이 죽은 자식 끌어안고 사는 가족들인데 구분이 무에 필요합니껴? 이 자리에서 함께 밥 먹고 싸우고 있지 않습니까? 이 사실이 가장 중요합니다. 저분들은 이미 우리 가족입니다."

회의는 길게 이어졌다. 유가족들은 투표로 이 문제를 결정하기로 했다. 그 결과 대다수의 찬성으로 의문사 유가족들을 새 식구로 맞아들였다. 아울러 유가협 내에 의문사지회를 설립했다. 이로써 유가협은 배은심을 중심으로 활동하는 호남지회에 이어 의문사지회를 두게 되었다. 이날 새로 가입한 회원들의 대다수는 지금까지 유가협에서 활동하고 있다.

유가협은 그 뒤 유가족 회원의 범위를 꾸준히 넓혀 왔다. 현재 마지막으로 회원이 된 이들은 2009년 1월에 발생한 용산 참사 희생자들의 유가족이다. 유가협은 참사가 벌어진 날부터 장례를 마칠 때까지 유가족들과 함께했다. 지난한 투쟁의 여정에서 시나브로 이들도 유가협의 일원이 되었다. 국가와 자본의 폭력에 의한 희생자가 있는 한 앞으로도 꾸준히 외연을 넓힐 것이다. 하지만 박정기의 바람대로, 유가협이 꿈꾸는 세상은 '회원이 늘지 않는 세상'이다.

10

1989년 2월 22일 민정당이 불참한 5공 특위에서 야 3당 의원들은 의문사 문제를 다루기로 결정했다. 의문사 진상 규명을 위한 국회 청문회는 3월 22일로 잡혀 있었다. 하지만 청문회는 열리지 못했다. 증인으로 채택된 유가족들이 청문회 연기를 요청한 것이다. 민정당 의원들과 가해자 쪽 증인들이 불참하기로 했고, 텔레비전 생중계를 하지 않기 때문이었다.

당시 5공 특위 위원장이었던 이기택은 '억울함을 호소할 수 있는 기회가 다시없을지도 모르니 재고해 달라.'고 부탁했지만 유가족들은 이를 거부했다. 유가협은 회의를 통해 '공정한 조사가 이뤄질 수 있는 여건이 아니라면 반쪽짜리 청문회를 하느니 일정이 연기되더라도 철저히 해야 한다.'는 의견을 모았다. 이로써 의문사 진상 규명 문제는 앞을 알 수 없게 되었다.

2월 27일 유가족들은 5공 특위 야 3당 의원들이 청문회를 열기로 결정한 것을 계기로 기독교회관 농성을 끝냈다. 135일 만이었다. 이틀 전 재판에서 오영자·임분이가 징역 8개월의 실형을 선고받은 것도 한 요인이었다. "오영자·임분이가 석방될 때까지 농성을 풀지 않겠다."라고 구호를 외쳐 왔지만, 8개월 형을 다 채울 때까지 마냥 농성을 지속할 순 없었다.

박정기는 두 어머니가 구속된 채 농성을 끝내는 심정이 편치 않았다. 지난 석 달 동안 유가족들은 번갈아 가며 매일 두 어머니를 면회하고 검찰청과 법원에 찾아가 항의 시위를 했다. 석방을 요구하는 서명운동을 벌여 시민 5천여 명에게 지지 서명도 받았다.

며칠 전 면회 가서 만난 두 어머니는 수십 일에 걸친 단식 농성으로 쇠약해져 있었다. 오영자는 유서를 쓴 뒤 단식에 들어갔다. 그는 문익환 목사 등 재야 원로들이 방문했을 때 "전두환·이순자를 구속하라! 모든 양심수를 석방하라! 내 자식을 살려 내라!"라고 쓴 혈서를 건네주려다 교도관에게 압수당했다.

그동안 유가족들은 험한 싸움을 마다하지 않고 숱하게 연행되었지만 포기하는 일은 없었다. 하지만 두 어머니의 실형은 불가항력이었다. 박정기는 그때의 심정을 이렇게 말했다.

"전두환이 백담사로 도망칠 때보다 억울하고 가슴 아팠지. 어떤 어마이가 유치장에 갇혀도 다 석방시켰는데 두 어마이만 빼낼 수 없었으이. 유서를 쓰는 심정이 어땠을지 말로 다 어찌 표현하나?"

1988년 10월부터 1989년 2월에 걸친, 의문사 진상 규명을 위한 '기독교회관 135일의 농성'은 흩어져 있던 유가족들을 모이게 했다. 농성이 길어지면서 낯선 얼굴들이 하나둘 찾아와 손을 잡았다. 투쟁의 공동체였고, 외로움과 한을 나누는 해원의 공동체였다. 어떤 위로도 같은 처지에 놓인 이들이 서로 나누는 것에 비할 수 없었다.

그네들의 바람은 한결같았다. 죽은 자식의 눈이나마 편히 감겨 주는 것이었다. 거리에 나서고, 넘어가지 않는 밥을 뜨고, 민주화 운동 사상 최장기 농성을 벌이게 한 건 그런 희망이었다. 그러나 135일의 농성으로 해결할 수 없는 바람이었다. 무려 10여 년에 걸친 노력 끝에야 이룰 수 있었다. 의문사진상규명위원회의 조사로도 어떤 사건들은 미제로 남게 된 지난한 도정이었다. 135일 농성은 그 첫걸음이었다.

'박종철의 아버지' 박정기는 이 시기를 거치며 '노투사' 박정기로 거듭났다. 그는 농성 후반기에는 박래군·정미경이 우려할 만큼 현장에서 적극적이었다. 우리 현대사 최초의 과거 청산 활동이 된 의문사 진상 규명 농성을 통해, 유가협은 민주화 운동의 중심 단체로 등장했다. 그동안 민가협으로만 알려진 유가족들은 유가협으로 새롭게 등장했다. 그리고 이 농성을 계기로 유가협 안에 사무국과 후원회, 의문사지회가 만들어졌다.

1989년 2월 27일 기독교회관 농성을 마치던 날, '민주열사 박종철기념사업회'가 문을 열었다. 박종철이 활동한 서울대 동아리인 대학문화연구회의 선후배들이 1987년 이후 석방·사면되면서 설립을 주도했다. 서울대 동창회관에서 열린 창립총회에는 백기완·계훈제·김영삼 등이 참석했다.

박종철기념사업회는 "창립선언문"에서 "독재 정권에 온몸으로 저항하다 숨져 간 박 열사의 못다 이룬 뜻을 이어받아 기념사업회는 앞으로 겨레의 통일과 민주화·자주화를 이뤄 내기 위해 노력할 것"

이라고 밝혔다. 박정기는 사업회가 고문과 인권 문제에 전념하는 단체로 성장하기를 바랐다. 훗날 제정한 박종철인권상은 이런 그의 뜻이 반영된 것이다.

설립 직후 사업회는 박정기의 제안에 따라 초혼장을 준비했다. 아들의 장례를 치르는 일은 지난 2년 내내 박정기의 숙원이었다. '박종철 초혼장'은 화장된 뒤 임진강에 뿌려진 아들의 혼을 불러 장례를 치르고 묘를 만드는 의식이었다.

몇 달 전 유가협 회원들은 마석의 모란공원에서 열린 한 추도식에 참석했다. 추도식 도중 박정기가 혼자 자리를 빠져나갔다. 시간이 지나도 돌아오지 않자 이를 의아하게 여긴 박래군이 찾아 나섰다. 박래군은 등을 보인 채 서있는 박정기를 발견했다.

"아버님, 여기서 뭐 하세요?"

뒤돌아선 박정기의 눈자위가 충혈되어 있었다. 그는 공원에 즐비한 묘들을 가리키며 말했다.

"다른 가족들은 이렇게 묘가 있는데 철이의 넋은 지금도 세상을 떠돌지 않나? 애비가 되어 묘조차 만들어 주지도 못한 기 한이구나. 가묘라도 해서 철이를 안장하면 어떻겠노?"

박래군이 대답했다.

"좋은 생각입니다. 제 동생 래전이도 여기 있으니 모란공원이 좋을 것 같아요."

그도 모란공원에 아들을 묻고 싶었다. 모란공원엔 전태일·박영진·김진수·박래전 등이 잠들어 있었다. 그만큼 찾아오는 발길이 많을 테니 아들도 외롭지 않으리라고 생각했다. 자신도 자주 찾아올 수 있는 곳이었다. 문제는 모란공원에 묫자리를 얻기가 쉽지 않다는 것이었다.

박정기는 직접 모란공원의 홍 아무개 사장을 찾아가 부탁했다. 그가 흔쾌히 나서 주었다. 마땅한 자리를 찾기가 어렵자 홍 사장은 산자락 일부를 깎아 박종철의 묫자리를 마련했다. 전태일이 묻힌 묘 뒤편 산자락이었다. 떠오르는 해를 바라볼 수 있는 전망 좋은 곳이었다.

2월 25일 묘지를 개토했다. 비가 내리고 바람이 부는 날이었다. 박정기는 개토를 마친 뒤 토신을 향해 기도했다.

"내는 애비로서 막내의 기구한 사랑의 운명으로 이 자리를 택했심니더. 굽어 이 인과를 보살펴 주시기 바랍니다."

그 뒤 박정기는 모란공원을 숱하게 드나들며 홍 사장과 인연을 맺었다. 홍 사장은 해마다 박종철 추도식에 참석했다. 그는 정부로부터 부단한 압력을 받았지만 여러 열사들의 묘소를 마련해 주고, 각별하게 열사 묘역을 관리해 주었다.

박정기는 사회적 관심이 큰 장례식을 치를 때면 주로 장례위원회에서 치산을 맡았다. 현재는 박정기에 이어 아들 박종부가 주로 치산위원장을 맡고 있다. 박종철 초혼장을 하루 앞둔 1989년 3월 2일 사리암의 백우 스님이 박정기를 불러 말했다.

"임진강에서 흙을 한 삽 떠가는 게 어떻겠습니까? 사람의 몸은 결국 흙으로 돌아가기 마련이니 우리 불자에겐 흙이나 유골이나 매한

가지입니다."

듣고 보니 일리가 있었다. 그 길로 박정기는 백우·범진 스님과
함께 아들의 유골을 뿌린 임진강 지류를 찾아가 흙을 한 움큼 파내
흰 종이로 감쌌다. 초혼장이 열린 3월 3일, 아침부터 장대비가 내렸
다. 두 해 전 이날에는 사십구재가 열렸고, 전국 곳곳에서 "박종철을
살려 내라!"라는 구호가 가득했다.

장례식은 서울대 아크로폴리스 광장에서 열렸다. 유가협 회원과
1천여 명의 시민·학생이 운집했다. 장례위원장은 문익환 목사였다.
장례식을 마친 뒤 아들의 친구들이 빈 관을 들고 앞장섰다. 박종철
의 자취가 스민 교정 곳곳을 돌며 작별의 시간을 가졌다. 혼을 불러
모으는 의식이었다. 운구가 꽃차에 실렸다. 비바람에 만장이 나부
꼈다. 장례위원회는 남영동 대공분실 앞에서 노제를 치를 계획이었
다. 운구차가 정문을 나서자 전경 수천 명이 길을 막았다. 경찰은 남
영동 방향 도로를 모두 차단했다. 시민들은 길을 가로막은 전경들
에게 항의했다. 서울대 정문 앞에서 한 시간가량 멈춰 선 운구차는
별수 없이 봉천사거리 방향으로 나아갔다. 억수같이 쏟아지는 빗속
을 뚫고 사거리에 도착하자 다시 전경들이 길을 막았다.

멈춘 자리에서 네 시간 가까이 대치하며 버텼다. 시민들이 전경
들과 몸싸움을 벌였지만 대열을 뚫기란 불가능했다. 사위가 어두워
졌다. 하관식을 더 늦출 수는 없었다. 아들을 떠나보내는 길은 마지
막 순간까지 그토록 멀고 험난했다. 온종일 가로막힌 길 위를 서성
인 끝에 사거리에서 노제를 치르고 경기도 남양주시 마석 모란공원

으로 향했다.

모란공원에 도착한 시각은 저녁 7시경이었다. 비는 밤이 되도록 그치지 않았다. 횃불을 켜고 묘를 만들었다. 박정기는 관 뚜껑을 열었다. 석관 안에 임진강에서 가져온 흙을 넣었다. 시신 없는 관이었지만 흙이나마 담을 수 있어 다행이었다. 박정기는 아들이 영원히 거처할 곳을 마련했다는 생각에 비로소 안도감이 들었다. 그는 지난 2년 동안 가슴에 묻어 둔 아들을 모란공원 양지바른 곳에 묻으며 말했다.

"철아, 이제 방황하지 말고 이곳 선배들과 잘 지내거라. 니는 친구 사귀는 데 일가견이 있지 않나. 부디 평안히 잘 가그래이."

아들의 넋은 세상을 떠돌지 않을 것이었다. 인생에서 가장 고마운 하루였다.

ⓒ 김경애
2010년 11월 30일 서울 창신동 한울삶.

6부

한울삶

그러다 어찌 용기를 내어 동대문에
한울삶이라는, 머물 수 있는 30평 한옥을
장만하고부터는 마음의 부자가 되었다.
누구의 간섭 없이 70여 명의 그리운
얼굴들을 방 안에 영정으로 모실 수 있었다.
자랑이었다. 온 가족이 좋아했다.

―――――――

박정기의 일기장(1999년 12월 24일).

1

1989년 3월 31일 서울 경운동의 아람미술관(현재 아람문화원)에서 '만남의 집 마련을 위한 서화전'(이하 서화전)이 열렸다. 서화전은 지난 1월 유가협 임시총회에서 결정한 사업으로 박정기는 지난해 8월부터 전시회를 준비했다. 사무실을 마련하자는 말은 1988년 봄부터 나왔다. 그동안 유가협은 별도의 사무실 없이 지내 왔다. 그러다 보니 회의가 있을 때마다 장소를 잡기가 여의치 않았다.

몇 차례 사무실을 얻으려 했으나 민주화 운동 단체라는 이유로 입주를 거절당했다. 어렵게 사무실을 구했을 땐 경찰이 집주인에게 압력을 가해 쫓겨났다. 지방 회원들이 많아 서울에 올라오면 잘 곳이 필요했는데, 이오순이 사는 서초동 움막집 등을 찾거나 허름한 여관에서 잠들곤 했다. 대부분의 유가족이 가난한 형편이라 서울에서 숙식을 해결하는 일이 큰 부담이었다. 여러모로 직접 집을 구하는 길이 최선이었다.

이런 처지를 아는 김승균 간사장이 유가족의 집을 마련하자고 제안했다. 그는 창립 때부터 유가협의 간사장으로 박정기와 이소선의 곁에 그림자처럼 머물렀다. 김승균은 내심 서화전을 염두에 두고 있었다.

박정기는 이소선·조인식·김승균 등과 함께 전태일기념사업회에 모여 유가협 운영위원회 회의를 열었다. 김승균의 제안에 이소선이 먼저 입을 뗐다.

"우리는 아무리 사무실을 만들려 해도 쫓기나고 이래 싸니 어디 가서 붙어 있지도 못합니다. 그런데 돈이 한 푼도 없는데 무슨 수로 집을 마련합니까?"

박정기도 수차례 고민했지만 뾰족한 수가 떠오르지 않았다. 김승균이 사무실 마련을 위한 구상을 밝혔다.

"제가 민주화 운동을 하는 동안 구속자가 생길 때 여러 차례 모금 차원에서 서화전을 열었습니다. 우리가 전시회를 하면 반응이 나쁘지 않을 거예요. 종철 아버님하고 나하고 돌아다니며 글도 받고 그림도 받으면 되지 않겠어요?"

전시회 경험이 없는 운영위원들은 신중했다.

"좋은 생각이지만 우리가 그런 일을 해본 적이 없는데 힘들지 않겠습니까?"

박정기는 김승균이 직접 나서겠다는 말에 힘을 얻었다. 그도 사리암의 백우 스님이 전시회를 열 때 일을 거든 경험이 있었다.

"내는 대찬성입니더. 부산에서 비슷한 일을 했으이 내와 간사장이 뭉치면 몬들 못 하겠십니까?"

김승균이 반색하며 말했다.

"아버님이 나서 주시면 제가 따라다니며 무슨 일이든지 하겠습니다."

　두 사람이 일을 주도할 낌새를 보이자 이번엔 이소선이 목소리를
보탰다.

　"우리는 농성하느라 아무 일도 못하고 있으니 종철 아버님이 돌
아댕기믄서 수고를 해주십시오. 차비는 내가 빚이라도 얻어 해드릴
게요."

　운영위원들은 그 자리에서 서화전을 열기로 뜻을 모았다. 이소선
이 거마비(교통비)와 작품 구입비 등의 경비를 마련하기로 하고, 박
정기와 김승균이 작품 수집부터 서화전까지 실무를 맡기로 했다.

　무엇보다 어떻게 작품을 수집할지가 급했다. 다음 날 새벽 두 사
람은 부산으로 내려갔다. 백우 스님을 찾아가 서화전 계획을 설명
한 뒤 도움을 요청했다. 스님은 자신이 소장한 모든 작품을 박정기
에게 기증하고 통도사의 수안 스님 등 불교계 인사들을 소개해 줬
다. 그리고 부산 지역 예술가들과 교분이 두터운 두 사람을 방문하
라고 조언했다.

　"청남 오재봉 선생과 요산 김정한 교수를 만나 의논하면 작품을
구할 수 있을 겁니다."

　사리암을 나온 두 사람은 '금정산의 외골수'로 알려진 소설가 김
정한을 찾아갔다. 요산은 흔쾌히 지역 화가와 서예가들에게 직접
연락해 작품 기부를 요청했다. 곧이어 만난 원로 서예가 청남은 그
자리에서 글을 써서 건넸다. 그는 몇 명의 작가를 소개했다. 그 밖에
도 몇 사람을 더 만난 뒤 김승균이 제안했다.

"종철 아버님, 부산에선 이쯤 하고 이제 광주로 갑시다. 광주에선 제가 친하게 지내는 문병란 교수의 도움을 받을 수 있을 겁니다."

두 사람은 버스를 타고 광주로 이동했다. 도착하니 밤 11시가 넘은 시각이었다. 이들은 문병란에게 소개받은 민족생활의학자 장두석을 찾아갔다. 장두석은 광주 지역 유가협 회원들과 함께 기다리고 있었다. 박행순(박관현의 누나)과 배은심, 김재훈 등이 함께한 자리였다. 장두석이 박정기에게 말했다.

"얼마 전 김세진·이재호 추모사업회에서 서화전을 열겠다고 해서 제가 도와주기로 약속했습니다. 그런데 유가협에서도 한다고 하니, 전체 유가족의 염원을 이루는 데 제가 힘을 보태는 게 맞는 것 같습니다."

미처 몰랐던 이야기였다. 비슷한 시기에 두 단체가 같은 일을 계획하고 있었던 것이다. 장두석이 유가협의 서화전을 돕겠다는 말에 고무된 박정기가 광주 지역 유가족들에게 제안했다.

"작품 수집에 드는 경비는 광주 유가족들이 떠맡는 게 어떻겠습니까?"

유가협 호남지회 회원들이 흔쾌히 받아들였다. 이튿날 전주로 갈 때는 배은심·오영자·김재훈이 동행했다. 전주는 화가와 서예가가 많은 지역이었다. 전주에서는 조찬배의 도움으로 지역의 여러 예술가들을 만났다. 일정을 마친 뒤 전주역에서 헤어질 때였다. 유가족들이 박정기에게 말했다.

"우리 자식들이 광주 묘역에도 있고, 모란공원에도 있고, 전국 곳곳에 있습니다. 묘도 없이 떠도는 자식도 있습니다. 영정만이라도 한곳에 모일 수 있는 집이 생기면 얼마나 좋을까요?"

박정기는 코끝이 찡했다. 떠난 자식의 빈자리가 그 말 속에서 다시금 느껴졌다. 오래전부터 유가족들은 자식들의 영정 사진을 한곳에 모시고 싶어 했다. 사진이라도 마음 편하게 걸어 둘 공간이 필요했다.

1988년 여름 부산·광주·전주를 돌고 서울로 올라온 박정기는 전국 곳곳의 화가와 서예가 들에게 서화전 참여를 요청하는 편지를 발송했다. 예술가를 선정하는 일은 서울 을지로에서 길벗화랑을 운영하는 김재선과 임원태가 맡았다.

박정기는 작가들에게 연락이 올 때마다 농성을 멈추고 각지로 달려갔다. 그가 찾아가면 열이면 아홉, 작품을 희사했다. 처음엔 집 한 채 얻을 돈을 어떻게 구하나 앞이 막막했지만, 사람들이 하나둘 함께하며 조금씩 길이 보였다. 고가의 소장품을 선뜻 내주는 분도 있었다. 서화전 홍보를 위해 『한겨레』에 실은 광고를 보고 시민들이 전화를 걸어오기 시작했다.

"평소 존경하고 있었습니다. 저희 집에 귀한 그림이 몇 점 있는데 기증하고 싶습니다."

더러 이름을 밝히지 않은 독지가도 있었다. 야당 총재인 김대중과 김영삼도 서예 작품을 보냈다. 장일순과 임창순 등 원로들에게는 이소선·박채영과 함께 직접 방문해 작품을 받았다. 원주로 찾아가 만난 무위당 장일순은 서화전 계획을 들은 뒤 두말없이 그 자리에서 벼루와 먹을 꺼내 난을 쳤다.

박정기는 붓을 따라 완성되는 난을 지그시 바라보았다. 난 위에 이슬이 맺혔다. 난의 눈물 같았다. 완성된 작품을 다시 보니 사람 얼굴과 흡사했다. 눈물을 흘리는 형상이었다. 그 얼굴이 감상하는 이를 지켜보는 듯했다. 바라보는 건 자신이 아니라 난이었다. 묘한 작품이었다. 박정기는 아들 철이가 자신을 지켜보는 모습을 담은 작품이라고 생각했다.

이소선도 비슷한 생각이었을까? 장일순이 난을 치는 동안 무슨 연유에선지 이소선은 눈물을 뚝뚝 흘리고 있었다. 무위당은 다섯 점의 난 작품을 신문지에 말아 건네주며 말했다.

"원하는 일 꼭 이루시기 바랍니다. 다음에 작품이 필요하면 또 찾아오십시오."

서울대의 어느 교수를 찾아갔을 땐 곤혹스러운 일을 겪었다. 작품 후원을 부탁하자 교수가 타박했다.

"제 작품은 아무리 작아도 4백만 원이 넘습니다. 그런데 제가 박종철이 죽은 것과 무슨 연관이 있나요? 그 아이가 죽었으면 죽었지, 왜 이렇게 와서 날 괴롭히세요?"

이름을 대면 알 만한 유명한 화가였지만 실망스러운 태도였다. 세상에 알려진 이들의 인품이 실제와 다른 경우가 적잖다는 것을 이때만큼 절실하게 느낀 적이 없었다.

박정기는 그동안 수집한 작품 2백여 점의 작품을 인사동에서 표구했다. 탈은 갈촌 이도열, 도자기는 고현 조기정, 서양화는 박상선,

동양화는 고운·무연·희재·백우·수안·지선 스님, 서예는 석전 황욱, 강암 송성용, 쇠귀 신영복 등이 작품을 희사했다. 익명을 원하는 어떤 이는 해강·의재·월전 등 대가들의 값나가는 작품을 내놓았다. 박정기는 작품을 보내준 작가들의 명단을 지금까지 보관하고 있다.

원래 서화전을 열려던 장소는 조선일보사 미술관이었다. 김승균의 선배인 허술(당시 조선일보 출판부국장)이 무료로 대관할 수 있게 도와주었다. 미술관에서 도록도 제작해 주고 소장한 작품도 지원하기로 했다. 전시 작품 일부는 구입해 가기로 했다. 그런데 배은심에 대한 '최루탄 화해 왜곡 보도' 사건이 발생하면서 일이 수포로 돌아갔다. 유가협은 왜곡 보도를 일삼는 언론사의 도움으로 '만남의 집'을 만들 수 없다는 의견을 모았다.

다른 장소를 대관하려면 적잖은 비용이 필요했다. 전시회 수익이 그만큼 줄어들기 마련이었다. 안내문과 초청장도 다시 제작해야 했다. 박정기는 미술관을 대관하기 위해 동분서주했다. 전시 일정에 맞추려니 장소를 잡기가 여의치 않았다. 서화전 1주일을 앞두고 극적으로 서울 경운동의 아랍미술관을 대관할 수 있었다.

그런데 바로 다음 날인 3월 25일 문익환 목사의 방북 소식이 전해졌다. 박정기는 깜짝 놀랐다. 북한 땅을 직접 찾아간다는 것은 상상하기 어려운 일이었다. 그는 서화전 준비보다도 문 목사에 대한 걱정으로 내내 마음을 졸였다.

2

1989년 3월 31일, 8개월가량의 준비 끝에 서화전의 막이 올랐다. 첫날부터 전시장은 인산인해였다. 전국의 유가족 90여 명이 찾아와 일손을 보탰다. 어머니들은 작품을 머리에 이고 다니며 팔았다. 밥값을 아끼기 위해 전시장에서 직접 밥을 해 먹었다.

서화전은 서예가로서 쇠귀 신영복의 이름을 널리 알리는 자리가 되기도 했다. '통혁당 사건 무기수'에서 1988년 특별 가석방으로 풀려난 그의 글씨는 20년간 감옥에서 깨친 사색을 담아 특히 인기가 많았다.

서화전을 마칠 무렵 문화방송의 시사 다큐 프로그램 〈MBC 리포트〉의 기자 한 명이 찾아왔다. 그는 박종철 고문 사건을 통해 알려지기 시작한 의문사 문제를 다룰 계획이라고 말했다. 유가협은 동행 취재할 유가족으로 박래군을 보냈다. 두 사람은 강릉에서 출발해 1주일 동안 전국을 다니며 김성수와 신호수를 비롯해 네 명의 의문사 현장을 취재했다. 그동안 유가족의 증언과 자료를 통해 파악한 내용을 직접 조사하며 진실을 추적하는 여정이었다. 박래군은 이때 현장 조사의 중요성을 깨달았고, 이 경험을 바탕으로 2000년

10월 의문사진상규명위원회의 조사위원으로 활동했다.

한 달 남짓에 걸쳐 제작된 시사 다큐 프로그램은 그해 4월 26일 "의문사, 자살인가? 타살인가?"라는 제목으로 방영되었다. 당시 '여소야대' 국면이라고 하지만 의문사 문제를 방송에서 다루려면 큰 용기가 필요한 때였다. 그 기자가 훗날 문화방송 사장이 되는 김재철이다. 당시 그는 의문사 문제를 파헤치는 정의로운 기자였다.

서화전을 마친 뒤 박정기는 남은 작품을 들고 구매자를 찾아 나섰다. 이번에도 김승균 간사장이 도왔다. 주로 재야인사와 정치인들을 만났다. 그는 박채영의 중고 포니 승용차에 작품을 싣고 전국 곳곳을 돌아다녔다.

돈이 다 마련되지 않은 상황에서 박정기는 집부터 물색했다. 처음엔 이소선·이오순과 함께 명륜동 일대를 돌아다녔다. 서울 변두리에 넓은 집을 얻을 수 있었지만, 지방 회원들이 찾아오기 쉬운 곳으로 잡아야 했다. 하루는 이소선이 복덕방을 통해 봐둔 동대문의 어느 한옥으로 박정기를 데려갔다. 옷을 만드는 작은 공장(마치코바)으로 사용하는 집이었다.

"종철 아버님, 이 집은 서울역에서 가깝고 동대문역에서도 찾아오기 쉽습니다."

건물이 딱 마음에 들었다. 민가협 사무실과 전태일기념사업회에서도 가까웠다. 박정기는 우선 빚을 내 집을 계약한 뒤 유가족들을 불러 회의를 열었다.

"저희가 이만큼 애썼지만 이 돈으론 택도 없습니다. 그란데 없는 돈을 뉘기 만들어 주겠습니까? 각자 형편껏 내서 집을 마련해 봅시데이."

유가족들은 적게는 5만 원에서 많게는 2백만 원까지 두세 차례 갹출해 자금을 마련했다. 감옥에서 출소한 지 얼마 지나지 않은 서준식도 유가협의 사정을 알고 도움을 줬다.

1989년 12월 17일 유가협은 서울 종로구 창신동 이화여대 동대문병원(현재 동대문 성곽공원) 뒤편에 있는 27평(약 89제곱미터)짜리 한옥 건물에 입주했다. 한옥 앞 골목에서 집들이를 했다. 유가협의 한옥 이름은 '한울삶'이다. 박정기는 전시회 기간 동안 신영복의 작품 〈한울삶〉을 눈여겨보았다. '한울타리', '하늘 같은 삶', '한가족처럼 사는 삶', '한자리에 사는 우리들의 살림살이' 등의 뜻을 지닌 글씨였다. 집들이를 앞두고 박정기는 박래군을 불러 의견을 물었다.

"래군이, 이 집에 이름을 하나 붙이야 되겠는데 뭐라꼬 붙이까?"

"글쎄요. '유가협'이 있는데 따로 이름이 필요할까요? 아버님이 생각하는 이름이 있으세요?"

"신영복 선생 작품 중에 〈한울삶〉이라 카는 게 있는데 신 선생 집에 가 저 글자를 우리가 쓰면 안 되겠냐고 말해 볼 끼다."

박정기는 유가족들에게도 제안했다.

"자식을 잃고 내캉 네캉 서로 의지하며 사는 우리에게 안성맞춤 아입니까?"

반대하는 이들이 있었지만 박정기는 여러 차례 설득해 동의를 얻었다. 그는 신영복을 찾아가 '한울삶' 글씨를 하나 더 써달라고 부탁했다. 신영복은 기꺼이 승낙했다.

"유가협에서 사용한다는데 누가 거절할 수 있겠습니까? 저에게도 기쁜 일입니다."

이렇게 해서 유가협의 한옥은 '한울삶'이라는 이름을 얻었다. 박정기는 2000년 9월 비전향 장기수들이 송환될 때 '한울삶' 글씨를 동판으로 제작해 유가협의 이름으로 선물했다.

한울삶은 감옥에서 풀려난 양심수들이 맨 먼저 찾아오는 곳이 되었지만, 장기수들이 출소할 땐 유가협 회원들이 먼저 찾아가 인사하곤 했다. 신념을 지키며 수십 년 감옥살이를 감내한 장기수들에 대한 예우였다. 후일 박정기가 북한을 방문했을 때 평양에서 만난 한 장기수가 '한울삶'의 소식을 전해 주었다.

"그때 주신 '한울삶' 동판을 소중한 곳에 전시하고 있습니다. 통일되는 날 와서 확인하십시오."

"통일되면 꼭 찾아가겠습니다."

박정기는 이루기 어려운 약속이라는 걸 알고 있었다.

1989년 12월 한울삶 집들이를 하기에 앞서서 유가족들이 맨 처음 한 일은 자식들의 영정 사진을 한쪽 벽면에 걸어 두는 것이었다. 전국의 유가족들이 영정을 안고 서울에 올라왔다. 박정기는 표구점에서 배운 솜씨로 사진을 한 장 한 장 끼워 넣어 액자를 만들었다. 영정이 없는 이도 있었다. 그럴 땐 일반 사진을 들고 사진관에 가서 확대했다. 확대해서 흐려진 부분은 직접 그리고 매만졌다. 박정기는 그 뒤로 분신 사건이 발생하면 맨 먼저 고인의 사진을 챙기는 습관이 생겼다.

집들이를 하는 날, 영정 사진들이 한쪽 벽면을 가득 채웠다. 자식들을 한자리에 모이게 하고 싶었던 유가족들의 소원이 드디어 이루어진 날이었다. 회원들은 벽을 바라보며 감회에 빠졌다. 박정기의 눈시울은 젖어 있었다. 사글세와 전세를 전전하던 가난한 가족이 집을 얻었을 때의 심정이 이런 것일까? 그동안 사무실과 숙소가 없어 식당과 움막집을 떠돈 날들, 기독교회관 3층 시멘트 바닥에서 겨울을 이겨낸 시간들이 주마등처럼 흘러갔다. 매일 밤이면 최루탄 범벅이 되어 온기 없는 농성장으로 돌아가던 이들에게 이제 돌아갈 집이 생긴 것이다.

박정기는 여느 재야 단체가 할 수 없는 일을 이뤄 냈다는 자부심에 마음이 들떴다. 집을 가진 재야 단체는 거의 없었다. 유가족들에겐 꼭 필요한 집이었다. 다른 단체는 일꾼들이 들고 나는 곳이지만, 유가협은 한번 회원이 되면 평생 머무는 곳이기 때문이다.

한울삶에서 영정 사진이 있는 벽면은 상징적인 공간이자 유가족들이 가장 소중히 여기는 자리이다. 박정기는 사진 아래쪽에 앉고 눕기를 좋아했다. 그는 많은 이들이 방문해 한울삶의 영정 사진을 바라보길 바랐다.

변변찮은 밥도 나누며, 정말 우리 아이들이 얼마나 많이 죽어 갔는지를 보시기 바란다. …… 죽은 자식들의 영혼이 우리와 함께 있으니 우리는 한울삶에 가면 내 집에 간 것처럼 마음이 편하다. 그 얼굴들을 볼 때마다 그들이 못다 한 투쟁을 어떻게 이을 것인가 고민한다. 나나 유가협에 기쁜 일이 있을 때는 그 얼굴들도 웃는 것처럼 보인다. 그렇지 않을 때는 그들도 우리와 같이 눈물을 흘리는 것처럼 보인다. 눈에 뭐가 씌어서가 아니라 이젠 한울삶의 그 얼굴들은 죽은 이들의 얼굴이 아니라 살아서 우리와 함께하는 얼굴들로 느껴지기 때문이다. 그들의 초롱초롱한 눈을 볼 때마다, 자주적이고 민주적이며 남과 북이 하나 되는 날에 노동자가 인간답게 사는 그때에 우리들 삶이 한울삶 그 뜻대로 평등해지리라 믿는다.

박정기와 유가족들은 시시때때로 벽에 걸린 자식들의 사진을 보며 혼잣말한다.

"갔다 오마." "내 오늘도 투쟁하러 간다. 기다리고 있그라."

불면증을 겪는 유가족들은 한울삶에 오면 잠이 잘 온다고 한다. 불면증이 일시적으로 사라지는 것이다. 박정기는 한울삶에만 들어서면 마음이 탁 트인다. 서울에 도착하면 맨 먼저 박종철의 영정 앞에서 액자를 쓰다듬고 어루만진다. 다른 지방의 유가족들도 한울삶에 오면 자식을 먼저 찾는다.

유가협에는 감기가 걸렸을 때 영정을 보면 낫는다는 말이 있다. 영정은 그네들에게 위로의 사진이고, 치료의 사진이다. 서울의 자녀와 친인척을 제쳐 두고 한울삶만 오갈 만큼 이곳은 유가족들의 '서울 집'이 되었다.

외부의 방문객들은 한울삶에 들어서면 맨 먼저 영정 사진 앞에서 묵념을 했다. 처음 방문하는 이들은 벽면 가득한 열사들의 영정 앞에서 놀라 걸음을 멈추고 할 말을 잃었다. 한동안 말을 잇지 못하고 먹먹한 심정으로 하나하나의 죽음을 바라보았다.

반면에 유가족들은 영정 사진이 있는 방을 편안해 했다. 집에서 혼자 자식의 사진을 볼 땐 애달파 하지만 한울삶에서 다 함께 모여 있는 모습을 보면 편안한 기분이 든다.

한울삶을 얻은 뒤 유가족들은 깊은 밤 농성장에서 나누던, 자식들 살았을 적 추억들을 이어갔다. 어머니·아버지들은 그 추억을 수없이 되새김하면서도 마치 처음 말하고 처음 듣는 것처럼 이야기꽃을 피웠다. 웃다가 울다가 하다 보면 새벽이 밝아 오곤 했다. 누군가 내일의 투쟁을 위해 잠들자고 타박할 때도 있었다. 박정기·이소선·배은심은 한울삶에서 거의 살다시피 했다. 박래군도 1년 동안 한울삶에서 살았다.

열사들의 영정 사진과 유가족들이 한곳에 모일 수 있는 한울삶을 마련한 뒤 유가협 활동은 한층 활기를 띠기 시작했다.

3

1989년 5월 8일 서울 명동 전진상교육관에서 열린 '유가족 어버이 한마당 잔치'에서 박정기는 한 노동자에게 카네이션을 받았다. 어버이날을 맞아 '전진상 노래모임'과 박종철기념사업회 등 15개 추모 단체가 함께해 유가협의 어머니·아버지들에게 효도의 뜻으로 마련한 자리였다.

서울대 동아리 메아리에서 출발한 전진상 노래모임은, 1988년 12월 17일에 '민가협 기금 마련을 위한 노래공연'을 열었다. 이때의 인연으로 노래모임 회원들은 의문사 진상 규명 농성 때 기독교회관으로 찾아와 노래로 연대했고, 만남의 집 기금 마련 서화전 때는 작품을 나르는 등 일을 도왔다.

노래모임 청년들은 1990년 4월 유가협 후원회가 출범할 때 초대 후원회원이 되었다. 그중 일부는 '노래를 찾는 사람들'(이하 노찾사)의 창단 회원으로 합류했다. 박정기를 도와 서화전을 준비한 길벗화랑의 김재선도 노래모임 회원이다. 그 밖에 전태일문학상 출신인 이행자 시인과 작곡가 김제섭·이승혁·박미선 등이 후원회를 이끌었다.

유가협과 관련된 행사는 정부의 방해로 여의치 않던 시절이었지만 유가족 어버이 한마당 잔치는 전진상교육관 관장인 콜레트 누아 Colette Noir 수녀가 나서 준 덕에 무사히 열 수 있었다.

교육관 공연장에는 2백 명가량의 관객이 객석을 가득 메웠다. 이 자리에서 유가족들을 위해 김제섭이 만든 노래 〈눈 감으면〉이 처음 선보였다. 노래 제목은 문익환의 시에서 가져온 구절이다. 유가족들과 가까운 문익환은 이오순의 얘기를 듣고 한 편의 시를 썼다.

이상히여 눈만 감으면 광영이 뛰어다니는 게
여기도 저기도 보이니
저게 다 내 아들 광영이 아닌개비여!
뜨거운 불길이 여기저기 치솟는 것이 보이는구면!
저 아우성이 모두 광영이 아닌개비여!

박정기는 이오순이 입만 열면 되뇌던 말을 그대로 옮긴 시라고 알려주었다. 떠난 자식을 그리워하는 어머니의 심정을 담은, 열사가 아닌 유가족을 소재로 한 최초의 노래였다. 〈눈 감으면〉은 이날 공연에서 박미선이 불렀다.

눈 감으면 보이는 내 아들딸의 얼굴
지금도 떠나지 않고 가슴속에서 웁니다
해마다 봄이 오면 메아리도 아지랑이도
눈 감으면 보이는 사랑스러운 모습

공연 내내 즐거웠던 분위기는 이 노래가 흐르면서 숙연해졌다. 유가족들 모두의 노래였다. 공연을 마친 뒤 박정기는 김제섭의 손을 잡고 말했다.

"우리 유가족들의 마음을 어루만지는 노래를 맹글어 줘서 고맙데이."

그 뒤 이 곡은 노찾사의 공연에서 불렸다. 사연의 주인공인 이오순은 유가협 창립 회원으로 박정기·이소선과 함께 유가협의 전성시대를 이끈 주역이다. 자신을 낮추고 묵묵히 헌신하는 면모를 재야의 많은 이들이 존경했다. 이오순은 창립 초기부터 거의 모든 투쟁에서 앞장서 싸워 온 유가협의 맏언니였다. 이소선은 이오순을 '언니'라고 불렀다. 이오순과 이소선. 이름까지 비슷한 두 사람은 서로 의지하고 함께한 단짝이었다.

유가족들은 1989년 4월 30일, 세계 노동자의 날 1백 돌 기념 전국노동자대회를 앞두고 유가협 노래단을 꾸렸다. 김제섭의 제안으로 유가족이 주를 이루고, 전진상 노래모임 회원, 유가협 후원회원이 함께 만든 합창단이었다. 화음은 노래모임 회원들이 맡고 멜로디는 유가족들이 맡았다.

김제섭은 무대에서 부를 노래로 유가족들이 평소 즐겨 부르는 〈동지여 내가 있다〉 등 두 곡을 선정했다. 노래단은 매주 한울삶 작은 방에서 김제섭의 기타 반주에 맞춰 노래 연습을 했다. 장례 투쟁과 집회 현장에서 앞장서 싸우는 노릇을 맡아 오다 무대 위에서 노래를 부르려니 낯설면서도 흥미로웠다.

4월 29일 연세대 노천극장에서 전야제 문화 행사의 하나로 열린 가요제에서, 박정기와 유가족들은 단체로 맞춘 티셔츠를 입고 〈동지여 내가 있다〉를 열창했다.

외로워 마. 서러워 마. 우리가 있다.
그대 남긴 깃발 들고 나 여기 서있다.

노래가 시작되자 5천여 명의 노동자·학생이 따라 부르기 시작했다. 노래단의 소리가 묻힐 정도였다. 유가족들의 노래 실력이 뛰어난 것은 아니었지만 하나하나의 소리가 모여 이루는 화음은 조화로웠다. 유가협 노래단의 합창은 전야제의 절정이었고, 노동자들에게 신선한 충격을 주었다. 곡이 끝났지만 객석의 환호와 박수 소리는 한참을 이어졌다. 이때 노래단 경험에서 자신감을 얻은 덕에 유가협은 1991년 '어머니의 노래' 공연을 할 수 있었다.

1989년 7월 26일 박정기는 충남의 홍성교도소로 향했다. 임분이가 8개월 15일 동안 수감 생활을 마치고 출소하는 날이었다. 오영자는 전남의 순천교도소에서 같은 날 출소했다. 실형 선고 뒤 법원은 두 어머니를 서울에서 멀리 떨어진 서로 다른 교도소로 이감했다.

유가협 회원들은 무리를 나누어 홍성과 순천으로 가 이들을 맞이했다. 순천교도소엔 유가협 호남지회 회원들이 마중 나갔다. 박정기는 두 사람이 서울구치소에 있을 때와 달리 그동안 면회를 자주

하지 못했다.

서울구치소에 있을 땐 시간이 날 때마다 찾아가 위로했다. 두 어머니가 끊임없이 옥중 투쟁과 단식을 벌였기 때문에 걱정이 한시도 떠나지 않았다. 1월 초 서울구치소의 양심수 재소자들이 대부분 석방되었을 때 두 어머니는 양심수가 아니라며 내보내지 않았다. 그땐 항의 농성을 벌였다. 임분이가 15일 동안 옥중 단식을 할 땐 이소선, 김대중 총재와 함께 찾아가 단식을 말리기도 했다.

교도소에 도착해서도 한참을 기다린 뒤 저녁 무렵에야 임분이가 밖으로 나왔다. 박정기는 교도소 오는 길에 두부를 사오진 않았다. 임분이·오영자가 죄를 짓고 감옥에 갇힌 죄수가 아니라고 생각했기 때문이다. 죄수복을 벗고 새 모시옷으로 갈아입고 나온 임분이의 모습은 밝고 환했다. 박정기는 두 어머니가 지난 8개월 남짓 겪은 고초를 위로했다.

"연관이 어마이, 떠난 자식 죽음의 발자국을 딛고 고생 많이 하셨습니데이. 우리는 어쩔 수 없는 한 가족으로 운명을 같이하고 있습니다."

임분이를 고향으로 떠나보내고 서울에 올라온 박정기는 '임분이·오영자 석방대회'를 준비했다. 유가협은 8월 12일 연세대 장기원기념관에서 석방대회와 함께 정기총회를 열었다. 두 어머니를 환영하기 위해 전국에서 유가족들이 올라왔다.

이날 회의를 통해 유가협은 사무국을 설립했다. 그동안 유가협은 정미경이 사무를 보고, 김승균이 간사장을 맡고 있었다. 그런데 김승균이 운영하는 일월서각이 바빠지면서 유가협 일에 전적으로 매달리기 어려운 형편이 되었다. 그러다 보니 대부분의 일을 박정기와 이소선이 이끌어 가고 있었다. 박래군은 일과 사건이 많은 유가협에선 계획적이고 체계적으로 사무 업무를 전담해 운영할 필요가 있다고 판단했다. 그는 정기총회를 앞두고 박정기에게 제의했다.

"아버님, 정미경 간사 한 명으론 유가협이 원활하게 돌아가기는 어렵습니다. 안정적인 사무국을 만들어야 할 때입니다."

박정기가 미처 생각하지 않은 일이었다.

"사무국을 어뜨케 운영할지 계획이 먼저 서야 하지 않겠노? 또 사무국장은 누가 하나?"

잠시 머뭇거리던 박래군이 말했다.

"사람이 딱히 없으면 제가 할게요."

박정기는 박래군이 사무국장을 맡겠다는 말에 반색했다. 유가협의 주요한 일을 도맡는 처지에서 천군만마를 얻는 기분이었다. 유가족인 박래군은 회원들과 소통하는 데도 장점이 많았다. 얘기를 꺼낼 때까지 박래군은 사무국 일을 자신이 맡는 것은 전혀 고려하지 않았다. 그는 이때 사무국장을 맡은 일을 농담 반 진담 반 이렇게 후회했다.

"대충 발 빼고 내 길을 가야 하는데, 한순간의 판단이 인생을 어렵게 한다는 교훈을 얻은 겁니다. 하하. 그 몹쓸 놈의 정이 들어 버렸거든요. 어머니·아버지들이 온종일 거리를 헤매고 다니시는데 얼마나 힘드시겠어요. 측은하죠. 미경이 혼자 고생하는 걸 보기도 안

쓰러웠고. 그래서 사무국을 만들고 들어간 겁니다."

정기총회에서 박래군은 사무국장이 되었고, 정미경·김승균은 간사·간사장을 연임했다. 유가협 사무국은 한울삶 한쪽에 책상 세 개를 두고 일했다. 사무국장이 받는 활동비는 월 10만 원이었다. 전국을 돌아다녀야 하는 그에겐 차비만으로도 모자란 돈이었다.

유가협의 부회장과 회장을 차례로 맡는 동안 박정기는 매사에 박래군의 의견을 물으며 일을 벌였다. 박정기와 유가협 사무국 활동가들은 눈빛만으로도 서로 무슨 생각을 하고 있고, 어떤 일을 해야 하는지 알 수 있을 만큼 소통이 빨랐다. 8년 뒤인 1997년 4월 22일의 일기에서 박정기는 박래군을 이렇게 기억했다.

박정기만큼 박래군을 좋아하는 사람도 드물 것이다. 나는 그의 인간성을 믿고 좋아해 왔다. 10년이 넘도록 그를 책해 본 일이 없다. 한울삶을 떠난 후 인권운동사랑방에서 인권을 개척하는 걸 보노라면 안쓰러울 때가 많았다. 70년 나이에 그간 내가 걸어오고 또 사랑하던 막내를 먼저 보낸 심정을 담아낼 곳이 어딘지, 나를 지난 10년 제일 잘 아는 사람이 박래군이다.

그 뒤 유가협 사무국 일이 많아지면서 박래전기념사업회에서 일하던 정종숙 등이 간사로 왔다. 한때 사무국엔 다섯 명의 활동가가 일했다. 집을 얻고 사무국이 활발해지면서 한울삶은 사람들이 끊임없이 드나드는 사랑방이 되었다.

4

1990년 8월 12일, 8개월 남짓한 준비 끝에 유가협 후원회 창립 대회가 열렸다. 후원회 창립 논의는 1989년 말 한울삶 집들이에서 처음 나왔다. 그 자리에서 몇 사람이 '열사의 뜻을 계승하는 일을 유가족에게만 맡길 수 없다.'며 후원회를 만들자고 제안했다.

후원회는 5월 13일 발족하려 했으나 준비 부족 등의 이유로 연기되었고, 그날 모인 10여 명의 회원이 준비위원회를 꾸려 창립대회를 준비했다. 유가족의 지인들과 전진상 노래모임 등 1백여 명이 창립과 함께 후원회원으로 가입했다. 유가족과 달리 후원회원은 대부분 청년들이었다. 후원회 창립을 준비하며 유가협은 후원회원들과 시민들에게 활동 소식을 알리는, 유가협 소식지『한울삶』을 1990년 3월부터 발간했다.

창립대회에서 정미경의 후배 권은경이 후원회 간사로 뽑혔다. 유가족인 박종철의 누나 박은숙과 이한열의 누나, 박선영의 언니 등이 실무를 거들기로 했다. 후원회 부회장은 이행자와 김재선, 총무는 전진상 노래모임의 이승혁이 뽑혔다.

초대 후원회장으로는 1989년 4월 '단독 방북'에서 돌아와 〈국가

보안법〉위반 혐의로 전주교도소에 수감돼 있던 문익환 목사가 옥
중 선출되었다. 창립대회 전부터 박정기와 이소선은 문익환을 천거
했다.

"딴 사람이 하면 안 돼요. 문익환 목사밖에 없습니다."

방북 이후 문익환은 언론의 집중적인 비판을 받고 있었다. 대중
의 정서를 고려해야 한다며 문익환의 선출을 몇몇 회원이 반대했지
만, 그를 가까이서 지켜본 이들은 후원회장으로 그 외에 다른 이를
일절 염두에 두지 않았다.

유가족들에게 문익환은 허물없이 의지하고 하소연할 수 있는 유
일한 사람이었다. 여러 시국 사건이 발생해 유가족들이 달려가면
늘 문익환이 있었다. 그는 유가족을 만나면 항상 아픈 곳을 물어보
았다. 회원들이 성치 않은 몸을 내보이면 감옥에서 배운 파스 요법
으로 치료해 주었다.

어느 자리에서든 재야의 어른 노릇을 맡아 의연한 모습만 보이던
유가족들은 문 목사가 오면 속말을 털어놓고 더러 투정도 부렸다.
박정기는 그런 문 목사에 대한 애정을 숨기지 않았다.

"내는 문 목사가 좋아. 유가협을 각별히 사랑한 따뜻한 어르신이
었어. 항상 열사들에 대한 존경심을 힘주어 표현하곤 했어. 내는 그
만큼 열사들을 존경한 사람을 보지 못했어."

박정기는 박래군, 김거성 목사와 함께 전주교도소에 찾아가 유가
협 후원회장을 맡아 달라고 부탁했다. 얼마 뒤 문익환은 흔쾌히 승
낙의 편지를 보냈다. 『한울삶』 제11호에는 문익환이 유가족들에게

보낸 편지가 실려 있다.

몸에 불을 지르고 그 극심한 고통도 아랑곳없이 엉망으로 일그러진 입으로 "목사님, 이 땅에 노동자 농민의 생존권을……", "아, 이 땅에 민주주의를……", "민족 통일을……" 하고 외치는 이 땅의 젊은 넋들의 아름다움과 비길 것이 이 지구상 어디에 또 있겠습니까? …… 그 아름다운 넋들이 살아서, 빛나는 역사와 문화에 창조적으로 참여하도록 하기 위해서 우리는 필사의 결의를 다져야 하지 않겠습니까? 그것이 바로 그 아름다운 넋들의 한을 푸는 일이요, 그 넋들을 역사에서 되살리는 일 아니겠습니까? 이 일에 유가족이 앞장서지 않으면 누가 앞장서겠습니까?"

1993년 3월 6일 문익환이 특별사면으로 풀려난 뒤 박정기와 유가족들은 함께 모란공원을 찾아갔다. 문익환은 모란공원에 도착하자마자 열사들 묘역을 빠짐없이 찾아다니며 넙죽넙죽 절을 했다. 유가족들이 의아하게 생각했다.

"목사님은 기독교의 지도자신데 왜 그렇게 끝도 없이 묘를 찾아다니며 절을 하십니까?"

문익환은 땀을 훔치며 대답했다.

"열사들께 석방 인사는 드려야죠."

그는 목사였지만 형식에 매이지 않는 사람이었다. 박정기는 유가협 회장을 맡으며 그에게 숱하게 많은 부탁을 했지만 거절당한 적이 없다. 문익환에게 열사와 유가족은 '이 땅에 온 예수'였다.

1993년 11월 24일 한울삶 앞 골목에서 문익환 후원회장 환영회 및 유가협 후원회 현판식을 열었다. 문익환이 뒤늦은 취임사로 고마움을 전했다.

많은 분들이 후원회를 만들고 힘써 일하는 것에 감명을 받았습니다. 이 일은 세상에서 가장 기쁘고 아름다운 일입니다. 그런 후원회의 회장이 된 게 기쁩니다.

유가협 후원회는 1993년 2백 명을 넘어설 만큼 규모 있는 단체로 성장했다. 후원회가 생기면서 한울삶과 앞 골목이 북적거리고 생기가 넘쳤다.

유가협은 후원회의 제안으로 1990년 9월 말부터 11월 초까지 서울에 있는 각 대학의 대동제에서 장터를 열었다. 유가협의 활동을 알리고 기금을 마련하기 위해서였다. 한울삶을 마련하면서 생긴 빚을 청산할 필요도 있었다. 유가족들이 갹출하는 회비로는 빚은커녕 활동비를 마련하기에도 빠듯했다. 장터는 서강대·연세대·성균관대 등지에서 열렸다.

후원회원들도 일손을 보탰다. 퇴근하자마자 달려와서는 설거지를 하고 배식을 하며 분주했다. 이계남은 '손님'을 끌어오는 데 열성이었다.

"순대보다 맛있는 파전 사이소!"

한 학생이 그에게 부탁했다.

"저, 돈이 없는데 5백 원어치만 사면 안 돼요?"

"파전 두 개 더 가져와라. 학상! 먹고 모자라면 또 와."

이 모습을 본 간사 정미경이 이계남을 나무랐다.

"어머니, 장사를 그렇게 하시면 안 돼요. 자꾸 퍼주면 쫓겨나는 수가 있어요."

"내는 쫓겨나도 좋아. 배고픈 학생을 어떻게 그냥 보낼 수 있나?"

음식을 담는 어머니들의 손은 크고 넉넉했다. 어머니들은 학생들의 얼굴을 살핀 뒤 유가협을 아는 것 같은 기색이면 아낌없이 퍼주었다. 유가협 장터는 유가족들의 숨은 장기를 발견하는 자리이기도 했다. 정영자(신장호의 어머니)는 한번 눈에 띈 손님은 절대 그냥 보내지 않는 장사 수완을 보였다. 그는 장사를 마친 뒤 김밥이 남자 직접 들고 다니며 파는 열성을 보여 박정기를 감탄하게 했다.

총무 최봉규는 장을 보는 데 일사천리였다. 박창호는 맛보지 않고는 지나칠 수 없는 떡볶이를 만들어 냈다. 순대는 배은심을 따라갈 이가 없었다. 진한 국물 맛을 우려낸 정정원(김윤기의 어머니)의 어묵도 일품이었다. 박정기는 여느 때처럼 장터 주변을 분주히 오가며 주변 쓰레기를 치웠다. 마치 '모든 쓰레기는 내 차지'라고 말하는 듯했다.

배은심과 허두측은 다른 곳의 장터에서 배워야 한다며 이곳저곳 둘러본 뒤 말했다.

"뭐 별거 없드라. 근디 우리가 더 후하고 맛있긴 헌디 조직적이지 못헝께 쬐께 서툰 것이제. 담부턴 좀 더 조직적이어야 한당께."

박정기는 틈날 때마다 장터 앞에서 확성기를 들고 학생들에게 알렸다.

"어, 이 앞을 지나치는 학생·시민 여러분, 잠깐 발걸음을 멈추고 여 앞에 있는 사진들을 봐주십시오. 이 사진은 의문사당한 희생자들의 사진입니데이. 누구라도 언제든지 좋으니까네 와서 우리에게 문의를 해주십시오."

장터 천막에 대형 사진을 둘러치고 주변에는 열사 대자보를 전시했다. 학생들에겐 희생자 자료집 『나의 죽음을 헛되이 하지 말라』를 나눠 주었다. 유가협 장터는 기독교회관 의문사 농성 투쟁의 연장이기도 했다. 분위기가 사뭇 다른 장터 앞에서 학생들은 걸음을 멈추고 열사 대자보를 읽었다. 대자보 전시를 꺼리는 회원들도 있었다. 박정기는 바람에 펄럭이는 대자보를 볼 때마다 안타까운 마음이 일었다.

"즐겁게 일하다가도 자식들 사진이 펄럭이면 와 괴롭지 않겠나?"

대학생들이 흥겹게 즐기는 축제 자리에 열사 대자보 전시가 어울리지 않는다는 의견도 있었다. 하지만 많은 학생이 모이는 자리인데다 시대를 고민하는 학생이라면 거부감이 없으리라고 판단했다.

1990년 한 해 동안 세 차례 대동제 장터에서 얻은 수익금은 외부 빚을 갚는 데 썼다. 이후 유가협은 15년 동안 대학가 축제 일정에 맞춰 매해 장터를 열었다. 유가협의 장터 소식을 듣고 서울에 있는 대학의 총학생회에서 장터를 요청하는 연락이 잦았다. 장터를 열면 총학생회와 각 대학의 열사 기념사업회 학생들이 일을 도왔다.

연세대 대동제에서 장터를 열던 날은 총학생회 주관으로 북한 영화 〈꽃 파는 처녀〉를 상영했다. 북한의 혁명 가극을 영화화한 작품으로 당시 대학가에서 관람 열풍이 불고 있었다. 정부는 승인 없이 북한 영화를 상영할 수 없다며 교내에 전경들을 진입시켰다. 장터가 한창일 때 갑자기 전경들과 페퍼포그 차량이 진입해 최루탄을 난사했다. 전경들은 영화를 관람한 학생들을 연행했다. 박정기와 유가족들은 학생들을 잡아가지 못하게 막았다. 휴가 나온 군인들이 연행되자 기자들이 몰려들었다. 기자들은 위험을 무릅쓰고 군인들을 끌어당긴 뒤 전경들을 설득했다.

"호기심에 영화를 본 사람들일 뿐입니다. 당신들과 같은 군인들 아닙니까? 잡혀가면 영창에 끌려가니 연행하지 마십시오."

전경들이 물러난 뒤 유가족들은 영화 상영 투쟁을 전개한 학생들에게 김밥이나 파전 등 남은 음식을 모두 나눠 주었다.

박정기에게 가장 인상적인 것은 1990년 10월 30일 성균관대학교에서 열린 장터였다. 그때 장터를 돕기 위해 찾아온 김귀정 학생을 처음 만났다. 유가족들은 김귀정을 처음 보았지만, 그는 전부터 유가협 활동에 관심을 갖고 일을 돕던 학생이었다. 김귀정은 정미경 간사가 운영하는 성균관대 앞 찻집 '마른 잎 다시 살아나'에서 아르바이트를 하고 있었다.

그는 1986년 한국외국어대학교에 입학했지만 집안 형편이 어려워 중퇴했다. 자동차 정비소를 비롯해 갖가지 아르바이트를 했다. 2년 뒤 성균관대 불문학과에 입학해 다시 대학 생활을 했지만 아르바이트를 멈출 수 없었다. 그는 일기에 이렇게 썼다.

몸이 열 개라도 도저히 따라갈 수 없는 대학 생활과 아르바이트 생활의 연속, 공부를 하기 위해 대학을 들어왔는데 그 대학을 다니기 위해서 나는 공부를 제쳐 두고 돈을 벌러 다닌다.

그래 한 순간도 머물러서는 안 된다. 난 무엇이 될까? 10년 후에 나는 어떤 모습으로 세상을 살아가고 있을까?

키 작은 그에게 학생들은 '엄지손가락만큼 작다.'며 엄지라는 별명을 붙였다.

엄지 김귀정은 1991년 5월 25일 '폭력살인 민생파탄 노태우정권 퇴진을 위한 3차 국민대회'에 참가했다. 백골단을 피하려다 시위대와 함께 퇴계로 3가 대한극장 건너편 막다른 골목으로 몰렸고, 무차별 구타를 당한 끝에 압박 질식사했다.

5

1990년 10월 16일 유가협 회원 최수호(최동의 아버지)가 서울대병원에서 운명했다. 뚜렷한 병증이 없는 화병이었다. 아들의 사십구재를 지낸 지 1주일도 지나지 않았을 때였다. 그는 아들이 떠난 뒤 사람을 꺼려 가게를 정리하고 유가협 일 외에는 전혀 외출하지 않았다.

비극의 시작은 아들의 죽음을 부른 고문이었다. 최동은 성균관대에서 학생운동을 하다 시위를 주도했다는 이유로 구속되었다. 그 뒤 부천의 프레스 공장에서 일했다. 그는 1987년 인천부천민주노동자회(인노회)를 결성해 활동하다 1989년 4월 〈국가보안법〉 위반 혐의로 강제 연행되었다. 이때 서울 홍제동 대공분실에서 20일가량 극심한 고문을 당했다. 그는 칫솔대를 날카롭게 갈아 자신의 목을 찌르고 머리를 양변기에 찧으며 자살을 기도했다. 출소한 뒤엔 고문 후유증으로 정신분열증을 겪으며 정신병원을 전전했다. 1990년 8월 7일 최동은 한양대에서 분신해 생을 마쳤다. 그가 남긴 유서는 고문의 참상을 고스란히 전하고 있다.

저들의 목적은 인간을 파괴하는 것입니다. 저들의 의도대로 되었습니다. 저는 무엇 하나 할 수 없는 폐인이 되었습니다.

민가협에서 활동하던 최수호·김순옥(최동의 어머니) 부부는 아들이 떠난 뒤 유가협 회원이 되었다. 이들처럼 유가협 회원들 중에는 민가협에서 건너온 이들이 여럿 있다.

박정기는 소식을 듣고 서울대병원에 찾아갔다. 아들에 이어 남편까지 잃은 김순옥은 망연자실해 있었다. 박정기는 고문이 빚은 한 가족의 비극 앞에서 어떻게 위로할지 알 수 없었다. 많은 운동가들이 고문당한 뒤 정신분열증과 폐쇄 공포증에 시달리고 있었다. 그는 '고문 없는 세상을 만들겠다.'는 몇 해 전 다짐을 다시 가슴에 새겼다. 이날의 다짐은 훗날 '문국진과 함께하는 모임'으로 이어졌다.

최수호가 세상을 떠난 지 채 한 달도 지나지 않은 11월 12일, 이춘원(이이동의 아버지)이 유서를 남기고 자살했다. 그는 남은 이들에게 아들의 죽음의 진실을 밝혀 달라고 부탁했다.

이춘원은 서울 서초동의 판잣집에 살며 아들의 의문사를 밝히기 위해 싸워 왔다. 이이동은 전남대학교의 열사 16인 가운데 한 명이다. 대학 시절 학생운동 경력 때문에 국군보안사령부(보안사, 현재 국군기무사령부)의 관찰 대상이었던 그는 군대 내 비민주적인 관행을 거부한 일로 선임들의 구타에 시달렸다. 1987년 6월 15일 오후, 부대에서 충정교육이 있었다. 교육을 담당한 대위가 말했다.

"대학생들이 데모를 왜 하는지 설명할 수 있는 사람 나와!"

나서는 병사가 없자 대위는 이이동을 지목했다. 이이동은 자신이 생각한 대로 말했고, 분노한 대위는 그를 구타하기 시작했다. 그는 이이동을 부동자세로 세워 놓고 군홧발로 낭심을 가격했다. 실신한 채 내무반으로 실려 간 이이동은 몇 십 분 지나지 않아 부대 뒷산에서 총살당한 채 주검으로 발견되었다.

이춘원은 기독교회관 농성장으로 스스로 찾아왔다. 135일 동안 의문사 진상 규명을 요구하는 농성을 벌였지만 아들의 죽음을 밝히는 일은 요원했다. 아들을 잃은 뒤 그는 술에 의지한 채 몸을 돌보지 않았다. 유가협에 자주 드나들었지만 얼굴에 드리운 그림자를 지울 수 없었다. 박정기는 그와 자주 술을 마시며 많은 얘기를 나눴다. 박정기는 말수 적고 멋쩍게 웃는 그의 표정을 좋아했다. 언젠가 그가 박정기에게 말했다.

"남 보는 데서 웃는 것도 죄스럽고 밥 먹는 것도 미안해요."

"끼니는 꼭 챙겨 드셔야 합니데이. 그기 아들의 뜻입니더."

몸을 잘 돌보라는 박정기의 말에 그는 씩 웃을 뿐 대답이 없었다.

박정기는 뚜렷한 진전 없는 의문사 진상 규명 투쟁이 그를 좌절에 빠트려 죽음에 이르게 했다는 생각에 괴로웠다. 이이동의 죽음은 군 의문사였다. 의문사 중에서도 마지막까지 미제로 남는 경우가 많다. 일반 의문사와 달리 증인을 찾기가 어렵기 때문이다.

박정기는 서울 서초동 법원 앞 무허가 비닐하우스촌, 흔히 '꽃마을'로 불리던 곳으로 찾아갔다. 이춘원의 마지막 삶의 보금자리는 5평(약 17제곱미터) 남짓한 움막이었다. 박정기는 빈민장으로 장례를 치러 의문사 진상 규명이라는 고인의 뜻을 널리 알리고 싶었다. 하지만 유가족과 친척들은 가족장을 원했다. 밤새 유가족을 설득했지만 여의치 않았다.

11월 24일 유가협은 한울삶에서 이춘원의 추모식을 열었다. 추모식에서 이순희(이이동의 누나)가 맹세했다.

"돌아가신 아버님의 뒤를 이어 진상 규명 투쟁을 하겠습니다."

의문사 투쟁은 끝을 알 수 없는 지난한 도정이었다. 진실이 밝혀지고 고인의 명예가 회복되어도 떠난 자식이 살아 돌아오지는 않는 싸움이었다.

1991년 3월 6일에는 유가협 회원인 강연임(최우혁의 어머니)이 세상을 떠났다. 강연임은 남편 최봉규와 함께 활동했다. 기독교회관 농성장을 처음 찾아왔을 때 그의 낯빛은 어두웠다. 건강 문제로 농성에 계속 참가하지 못한 그는 박정기에게 입버릇처럼 말했다.

"내가 군대를 보냈기 때문에 우리 우혁이가 그래 됐지요. 우혁인 내가 죽였습니다."

"어마이, 무신 소린교? 다신 그란 말 하지 마이소."

그러면서도 의문사 진상 규명의 의지는 어느 유가족 못지않았다.

"내 눈에 흙이 들어가기 전까지 우혁이의 억울한 죽음을 밝히고야 말겠습니다."

최우혁은 서울대 서양사학과를 다니며 학생운동을 했다. 경찰서에 여러 차례 끌려갔던 그는 전경이 쏜 직격탄에 맞아 중상을 입기도 했다.

그는 졸업한 뒤 입대하고자 했지만, 당시 대학생 아들을 둔 여느 부모들처럼 강연임은 하루빨리 아들이 군 복무를 마치기를 바랐다. 최우혁은 1987년 봄 입대를 앞두고 여러 차례 어머니에게 말했다.

"어머니, 강제징집 되면 나는 죽어요."

학생운동 전력이 있는 사병들에 대한 통제와 구타가 극심할 때였다. 최우혁은 보안사의 요시찰 명단에 올라 있었다. 이는 그가 세상을 떠난 지 3년이 지나서야 알려진 사실이다. 1990년 9월 보안사에서 일하던 윤석양 이병의 양심선언으로 밝혀진 사찰 대상자 명단 1천3백여 명 중에는 김대중·김영삼 등과 함께 최우혁이 포함되어 있었다.

최우혁은 입대한 지 133일 만인 1987년 9월 8일 의문사했다. 강연임은 아들의 죽음에 충격을 받아 뇌내출혈로 쓰러졌다. 병든 몸을 이끌고 기독교회관 농성장에 찾아온 것은 떠난 자식을 위해 그녀가 할 수 있는 유일한 일이었기 때문이다.

아들에 대한 죄의식으로 몸져누운 아내를 최봉규는 극진히 간호했다. 강연임은 아들의 죽음이 진상 규명되기를 손꼽아 기다렸다. 하지만 국회 의문사 특위는 끝내 무산되었고, 그는 1991년 2월 19일 집을 나간 뒤 돌아오지 않았다. 실어증과 우울증, 시력 상실을 겪던 상태였다.

최봉규는 아내의 행방을 수소문했지만 찾을 수 없었다. 강연임은 보름 만에 한강에서 익사체로 발견되었다. 한 맺힌 삶을 마친 그의 주검은 마석 모란공원에 안장되었다.

짧은 기간에 세 명의 유가족을 잃은 유가협 사무국의 활동가들은
회원들에게 편지를 보내 호소했다.

요사이 사무국 분위기가 몹시 침울합니다. …… 저희 간사들도 속상하
고 힘이 없어졌습니다. …… 이이동 아버님(이춘원), 우혁이 어머님(강
연임)이 돌아가신 그때부터일 것입니다. …… 어머니, 아버지, 더 이상
저희들 곁을 떠나지 말아 주십시오.

1991년 1월 7일 가족교실 입학식이 열렸다. 배움에 목말라 하던 박
정기는 학창 시절로 돌아간 듯 마음이 설레었다. 처음 가족교실 얘
기가 나왔을 때 그는 반색하며 사무국 활동가들에게 말했다.

"모르이 답답할 때가 많지. 우리 어마이·아바지들은 머든 배우고
싶거든."

어머니·아버지들의 요청으로 가족교실을 기획한 배경을 박래군
이 설명했다.

"평소 어머니들이 우리 역사와 시국에 대한 궁금증이 많아 질문
을 자주 하셨어요. 자식의 죽음에 대해 좀 더 정확하게 이해하고 싶
어 했습니다."

원래 가족교실의 강사로 교수나 유명 인사를 초빙하려 했다. 가
족교실이 열리기 전 월례회의 때 몇 차례 외부 강사를 불렀다. 그런
데 강의 내내 유가족들 눈치를 보며 진땀만 흘리다 가곤 했다. 어머
니들의 수준에 맞춰 설명하는 것도 어려워했다. 외부 강사들은 어

머니들의 질문을 이해하지 못하는 때가 많았고, 어머니들이 무엇을 궁금해 하는지 헤아리지 못했다. 믿고 강의를 맡길 만한 분은 옥중의 문익환 목사밖에 없었다. 결국 사무국에서 가족교실 강사를 맡았다. 교장은 박래군, 교사는 정미경과 간사들이었다.

사무국에서 교재를 만들어 수업을 진행했다. 민주화 운동사와 한국 현대사, 일제강점기 민족 해방사, 민중의 역사 등이 주제였다. 전진상 노래모임 회원들은 노래를 가르쳤고 문익환 목사 방북 비디오도 함께 보았다.

가족교실의 인기는 예상보다 뜨거웠다. 전국 각지에서 어머니·아버지들이 올라왔다. 전영희는 강원도에서 새벽 눈길을 뚫고 첫차를 타고 찾아왔다. 한울삶의 방이 사람들로 가득 차 모두 앉아서 수업을 받을 수 없었다. 호남지회·영남지회의 요청으로 지방에서 수업할 때도 있었다. 가족교실이 열릴 때마다 어머니들의 눈빛은 형형하게 빛났다. 질문이 꼬리에 꼬리를 물었다. 수업을 마친 뒤면 유가족들은 고개를 끄덕이며 말하곤 했다.

"이걸 이제야 알았데이." "우리 애가 그래서 데모를 했던 거구나."

가난한 집안의 딸로 태어나 학교에 갈 기회조차 없었던 어머니들은 연필을 들고 앉아 있는 것만으로도 한순간 행복했다.

박정기는 한 차례도 빠지지 않고 출석했다. 아들이 배운 것들을 자신도 익히고 싶다는 바람이 이루어졌다. 수업 내용은 귀에 쏙쏙 들어왔다. 박정기는 문익환 목사 방북 비디오 관람 수업에서 깨달은 것을 이렇게 전했다.

"〈국가보안법〉에 대해 소상히 이해하게 됐지. 우리 현대사에서 좌익 세력을 왜 학살했는지, 지배자들이 왜 간첩을 필요로 했는지 깨닫고 실감하게 됐어."

이오순은 소식지 『한울삶』에 가족교실 후기를 남겼다.

선생님들로부터 자세한 가르침을 듣고 보니 나는 인생을 헛살았다는 생각이 든다. 팔십 노인이 손주한테 배운다는 속담이 맞다. 광영이를 잃고 나서야 민주화가 무엇인지, 독재가 무엇인지 조금 알게 되었다. 그것도 광영이가 남기고 간 유서를 읽으면서 알게 되었다. …… 나는 65세가 되면서 귀와 눈이 일부 떠진 셈이다.

가족교실은 유가협이 "자식 뜻을 이어받아 독재 정권 타도하자!"라고 외치던 구호 그대로 '자식 뜻을 이어받는' 자리였다. 박정기에게 가족교실은 민주화 운동가로서 자신과 유가협, 유가족 운동을 되돌아보는 시간이었다. 그가 유가협에서 보낸 시간 중 가장 행복한 한때였다. 가족교실을 마치던 날, 시험을 치르고 수료증을 수여했다. 2월 25일 열린 제1기 가족교실 동지반 졸업식에서 허두측이 우등상을 받았다.

ⓒ 노순택
2004년 12월 1일 서울 여의도, <국가보안법> 폐지 촉구 집회.

7부

산 자여 따르라

그리 외롭지 않다.
한 인생살이가 이런 것이지, 어디 특별한 것
있겠느냐고 생각한다. 철아, 어머니, 아버지는
너를 길렀고 너는 어머니, 아버지의 남은
인생살이를 개조한 큰일을 했다.

막내야,
다음에도 나는, 이 아버지는 민주화 운동을 할 거야.
역사에 없어도 나는 네가 하다 간 그것 할 거야!

————

박정기의 일기장(1994년 4월 26일).

1

유가협은 1991년 4월 27일 연세대에서 '어머니의 노래' 공연을
열기로 했다. 1990년 겨울부터 기획해 공연 준비에 들어갔다. 이 공
연은 유가협 후원회에서 제안하고 전진상 노래모임의 김제섭이 기
획했다. 유가족들의 삶을 들려주고 열사들의 뜻을 전하자는 취지의
공연이었다. 노래 실력은 서툴지라도 유가족들의 이야기를 있는 그
대로 무대에 올리기로 했다.

어머니·아버지들이 직접 무대에서 노래하는 것만으로도 신선한
기획이었다. 공연 소식이 언론에 다뤄지면서 예상치 못한 관심이 쏟
아졌다. 소박하게 시작한 공연이었는데 규모가 점점 커졌다.

한울삶에서 노래 연습을 하는 유가족들의 표정이 남달리 진지했
다. 이 공연은 백창우·박문옥·정세현·김제섭 등 민중가요 작곡가 모
임인 '우리의 노래를 일구는 작곡가 모임' 회원들이 공동으로 연출
했다.

박문옥·김제섭 등은 공연에서 부를 노래를 작곡했다. 노찾사의
강일철과 박미선, 한돌, 노래마을 등의 가수들도 동참했다. 김제섭
은 평소 뒤풀이 자리에서 유가족들이 즐겨 부르는 노래를 눈여겨본

뒤 곡목을 선정했다. 주로 어머니·아버지들의 십팔번인 민중가요와 대중가요를 두루 선정했다.

4월 26일 박정기와 유가족들은 연세대 대강당에서 공연 리허설을 했다. 공연 장소를 연세대로 정한 것은 일반 공연장을 섭외하기 어려운 데다, 박래군·정미경의 모교여서 총학생회와 소통이 원활했기 때문이다. 두 사람 외에도 유가협 후원회원들 중에는 연세대 출신 청년이 많았다.

그런데 공연을 하루 앞둔 이날 한창 연습하던 중에 명지대학교 학생 강경대의 사망 소식이 전해졌다. 곧이어 강경대의 주검이 신촌 세브란스병원에 도착했다. 리허설 장소 바로 옆이었다. 서울 지역 대학생들이 속속 세브란스병원으로 모여들면서 연세대 교정에 긴장감이 감돌았다. 박정기는 리허설을 중단하고 회의를 열었다. 문익환, 문성근, 전진상 노래모임 회원, 사무국 활동가들과 유가족들이 모여 내일로 예정된 공연을 취소할지를 두고 논의했다.

사건이 발생한 마당에 공연을 접어야 한다는 이도 있었고, 공연 날짜를 연기하자는 의견도 있었다. 일정 연기는 현실적으로 불가능했다. 사무국 활동가들과 후원회원들은 공연을 예정대로 열자고 주장했다. 이번 공연을 포기하고 다음을 기약하긴 어렵다는 이유에서였다. 여러 차례 논의를 거듭한 끝에 예정대로 공연하기로 결정했다. 회의를 마친 뒤 박래군과 정미경은 연세대 교정을 돌아다니며 학생들의 공연 참여를 요청했다.

"투쟁도 중요하지만 오래 준비한 공연이니 어머니·아버지들이 실망하지 않게 도와주십시오."

4월 27일 강경대의 죽음에 격앙된 학생들이 '살인정권 퇴진 결의대회'를 열기로 한 연세대 정문 앞은 전경들이 원천봉쇄하고 있었다. 유가족들은 정문이 닫히기 직전 교내에 들어갔다. 그 뒤 학교 출입이 어려워지면서 공연장에 입장하지 못한 관객이 많았다. 공연이 시작되기 직전, 박정기가 객석을 바라보니 5백 명 남짓한 관객들이 자리에 앉아 있었다. 주최 쪽에서 예상한 1천5백 명에 비해 턱없이 적은 수였다.

사회자 문성근이 등장하며 무대가 열렸다. 문익환 목사의 막내아들인 그는 그때 한창 배우로 활약 중이었다. 앞서간 이들을 기리는 독창과 합창이 이어지는 동안 공연장 가까운 곳에는 대낮에 백골단의 쇠파이프에 맞아 죽은 한 청년의 주검이 안치되어 있었다. 연세대 정문 앞에선 학생들이 전경들과 공방전을 벌이고 있었다.

지난밤 내내 강경대의 주검을 지키며 농성을 벌인 유가족들은 무거운 마음을 이끌고 한 곡 한 곡 노래를 불렀다. 1부는 자식을 기르는 어머니의 소박한 심정을 담은 노래가 이어졌다. 2부 '잃어버린 꿈'은 자식의 죽음, 그리고 유가족의 좌절과 비탄이 주를 이뤘다. 3부 '부활과 희망'은 자식들의 몫까지 껴안고 싸우는 어머니·아버지들의 희망으로 마무리를 장식했다. 공연 전체가 유가족의 삶 그대로였다.

박정기·배은심·이소선·전영희 등 네 명은 독창자로도 나섰다. 배은심은 〈창살 없는 감옥〉을 불렀다. 박정기가 부른 〈백범 추모가〉

는 그다지 알려지지 않은 노래였다.

어허 여기 발 구르며 우는 소리
지금 저기 아우성치며 우는 소리
하늘도 땅도 울며 바다조차 우는 소리
님이여 들습니까? 님이여 들습니까?

원예중학교에 다닐 적 배운 애창곡이었다. 그는 반백 년도 넘게
세월이 흐른 지금도 이 노래를 외우고 있다. 술자리에서 박정기가
이 노래를 부를 때면 이오순은 눈시울을 적시곤 했다.

유가족들의 무대 사이사이 가수들의 노래가 흘렀다. 공연 막바지
에 이르자 문익환 목사가 유가협 깃발을 휘날리며 극적으로 무대에
등장했다. 깃발엔 "산 자여 따르라."라는 문구가 선명하게 새겨져
있었다. 유가협 회원들이 모두 무대 위로 올랐다. 문익환은 유가족
들을 끌어안고 마지막 노래를 불렀다. 청중은 기대보다 적었지만
잊지 못할 공연이었다. 하지만 오랜 준비와 상당한 비용을 들인 공
연은 적자를 면할 수 없었다.

박정기와 유가족들은 공연을 마친 뒤 세브란스병원으로 건너갔
다. 그동안 공연 준비와 간밤의 농성으로 모두 지친 상태였지만 쉴
짬이 없었다.

박정기는 전날에도 리허설을 마친 뒤 세브란스병원을 찾아갔다.
아직 강경대의 부모는 도착하지 않았고, 누나 강선미가 와있었다.

그는 시체 안치실로 향했다. 병원에서는 시신 확인을 거부했다.

"가족이 왜 확인하지 못한다는 거요? 경대는 우리의 자식입니다. 내 자식 내가 보겠다는데 이런 경우가 어딨나?"

박정기의 서슬에 병원 쪽은 손을 들었다. 강선미와 학생들이 지켜보는 가운데 강경대의 주검이 나왔다. 아직 살아 있는 것처럼 얼굴 표정에 생기가 남아 있었다. 박정기는 눈을 감았다. 주변에서 흐느끼는 소리가 들렸다. 그는 사진을 찍어 둘 것을 요청했다. 언제 경찰에게 시신을 빼앗길지 알 수 없었기 때문이다.

유가협 회원들이 영안실을 지키고 있을 때 강민조(강경대의 아버지)가 도착했다. 그는 자식을 잃은 충격에 두 손을 바닥에 짚고 주저앉아 온몸을 떨고 있었다. 차마 그 모습을 볼 수 없었다. 박정기는 위로해야 할지, 다잡아 줘야 할지 알 수 없었다. 유가족이 마냥 슬픔에만 빠져 있기엔 많은 일들이 기다리고 있었다. 그는 강민조의 손을 잡고 말했다.

"내는 박종철의 애비입니다. 제가 겪은 일이 이렇게 또 발생하다니요. 아버지, 마음 굳게 먹으셔야 합니데이."

유가협 회원들은 열 명씩 조를 짜 번갈아 영안실을 지키기로 했다. 박정기는 매일 영안실을 오가며 밤을 지새웠다. 거리에서는 연일 저항의 횃불이 타올랐다. '어머니의 노래' 공연 이후 세상은 분신 정국으로 거세게 흘러갔다.

2

강경대는 대학에 갓 입학한 스무 살 청년이었다. 1991년 4월 26일 오후 3시. 그는 5백 명 남짓한 학생들과 함께 학교 정문 앞에서 총학생회장 구출 대회에 참가했다. 전경들과 싸우던 도중 골목에서 갑자기 백골단이 뛰쳐나왔다. 당시 악명을 떨치던 94중대 백골단이었다. 담을 넘는 그의 다리를 백골단 한 명이 잡아 끌어내렸다. 강경대를 담장 벽에 세운 백골단 네 명은 쇠파이프로 죽을 때까지 그를 내려쳤다.

4월 27일 여러 민주 단체가 모여 '고 강경대 열사 폭력살인 규탄 및 공안통치 종식을 위한 범국민대책회의'를 만들었다. 이틀 뒤엔 전남대 학생 박승희가 분신했다. 소식을 들은 박정기는 유가협 회원들과 함께 광주로 향했다.

유가족들은 서울과 광주 두 지역으로 나뉘어 병원과 영안실을 지켰다. 5월 1일 메이데이에는 전국 66개 대학에서 집회와 시위가 열렸다. 이날 전남대학교병원에 머물고 있던 박정기는 안동대학교 학생 김영균의 분신 소식을 들었다. 박정기는 박래군·박행순 등과 함께 이번엔 대구로 향했다. 경북대학교병원에 도착했을 때 전경들이

병원 주변에 깔려 있었다. 병원 출입이 통제되고 있었다. 박정기가 들어서려 하자 전경들이 가로막았다.

"내는 박종철의 애비 되는 사람입니다."

그 한마디면 어디서든 그를 막을 수 없었다. 박정기는 병원에 들어서자마자 김영균의 병실을 찾아갔다. 온몸에 붕대가 감겨 있었다. 얼굴은 화상으로 일그러져 있었다. 위독한 상태였다. 박정기는 김영균의 불에 탄 손을 잡고 부탁했다.

"내는 박종철 애비데이. 희망을 놓지 말그라. 마지막까지 용기를 잃어선 안 된데이."

김영균은 몸을 움직이지도, 입을 열지도 못했다. 박정기의 목소리를 들었는지 그의 눈동자에서 눈물이 주르륵 흘러내렸다. 운명하기 직전의 눈물이었다. 병실에서 나온 박정기는 박래군과 함께 복도를 걸었다. 병원 안은 전경들로 가득했다. 그는 유가족을 수소문했지만 만날 수 없었다. 그를 만나길 꺼리는 듯했다. 학생들은 병원에 들어오지도 못하고 바깥에서 서성이고 있었다. 이미 한차례 학생들은 김영균의 아버지에게 무릎을 꿇고 부탁했다.

"아버지, 영균이를 지키게 해주십시오."

하지만 김영균의 아버지는 학생들과 거리를 두었다. 유가족과 소통이 어려운 것을 깨달은 박정기는 박래군에게 채근했다.

"래군이, 이제 그만 서울 올라가자. 어떻게 이럴 수 있나? 더 볼 끼도 없다."

"아버님, 조금만 더 기다려 봐요."

두 사람은 유가족이 나타나길 기다렸다. 몇 시간 뒤 김영균의 사망 소식이 들려왔다. 박정기는 김영균의 손을 잡았던 자신의 손바닥을 바라보았다. 불과 몇 시간 전에 잡은 손의 온기가 남아 있는 듯했다.

학생들과 유가협은 민주국민장을 제안했다. 하지만 유가족은 기자회견을 열어 장례를 가족장으로 치르겠다고 발표했다. 박정기는 경북대병원 노조 위원장과 논의하며 대책을 마련했다. 공무원인 김영균의 아버지와 대화를 나누는 자리가 어렵게 마련되었다. 박정기가 호소했다.

"아버지도 공직에 있는 사람 아닙니까? 내도 그렇습니다. 내도 아들이 죽었을 때 그 뜻을 모르고 가족장으로 급히 화장해 지금도 후회하고 또 후회하고 있습니다. 영균이를 학생들과 시민들이 함께 추모하게 해주십시오. 그것이 그 아의 뜻을 널리 알리는 길입니다. 제발 그라지 마십시오."

하지만 그를 설득할 수 없었다. 유가족이 가족장을 치르려는 의지가 뚜렷한 만큼 어쩔 도리가 없었다. 박정기는 바닥에 주저앉아 통곡했다. 자리를 함께한 이들이 침통한 표정으로 고개를 숙였다.

김영균의 주검은 화장한 뒤 금강에 뿌려졌다. 학생들과 민주 단체는 안동대 뒤편 나지막한 산봉우리에 그를 안장했다. 김영균의 아버지는 그 뒤 1년쯤 지나 학생들에게 사과의 편지를 써보냈다.

다시 서울로 올라온 박정기는 택시를 타고 이동하던 중 라디오 방송을 통해 경원대학교(현재 가천대학교) 학생 천세용의 분신 소식

을 들었다. 천세용은 '노태우 정권 퇴진을 위한 결의대회'에 참석해
국기 게양대 옆에서 분신한 뒤 몸을 던졌다. 박정기는 급히 택시를
돌려 천세용이 후송되었다는 한강성심병원으로 향했다.

도착해 보니 천세용은 신촌 세브란스병원으로 출발한 뒤였다. 박
정기는 다시 차를 돌렸다. 병원에 거의 도착할 즈음 구급차를 발견
했다. 택시에서 내려 천세용의 상태를 확인했다. 천세용은 병원으
로 옮기는 도중에도 구호를 외쳤다. 마지막 항거의 몸부림이었다.

5월 6일에는 한진중공업의 박창수 노조 위원장이 안양병원(현재
안양샘병원)에서 의문사했다. 나흘 뒤인 5월 10일엔 민주화운동직장
청년연합 회원 윤용하가 분신했다. 전국에서 연일 집회와 시위가 열
렸다. 시민·학생과 전경 사이의 공방은 시가전을 방불케 했다.

1991년 '5월 항쟁' 기간 박정기는 전국을 누비고 다녔다. 분신 소
식만 들려오면 만사 제치고 병원으로 달려갔다. 자고 일어나면 누
군가가 분신했다는 비보가 들렸다. 신문 보기가 두려웠다. 유가협
의 일상적인 활동과 사업은 완전히 멈추었다. 유가족들은 삼삼오오
각지로 흩어져 병원과 영안실, 장례식장을 전전했다.

유가협의 회의는 강경대가 있는 신촌 세브란스병원에서 열었다.
회의를 마치면 유가족들은 전국 각처로 다시 뿔뿔이 흩어졌다. 박
정기는 주로 박래군과 함께 다녔다. 두 사람은 유가족을 위로하고
장례의 실무를 챙기는 '재야의 장의사'였다.

사건이 발생하면 유가협 회원들이 맨 먼저 나섰다. 정부에서 유
가족들을 회유·협박해 주검을 빼내 화장하려 하기 때문이었다. 주

검을 지키려면 촌각을 다퉈 현장에 먼저 가야 했다. 유가족을 설득하는 일은 유가협만이 할 수 있는 일이었다. 대부분 박정기와 이소선이 유가족을 만났다. 더러 유가협이 와주길 바라는 유가족도 있었지만, 대개는 낯선 이들의 방문을 경계했고 장례에 개입하는 일을 마뜩잖아 했다. 하지만 처음엔 오해하던 이들도 차츰 유가협 회원들의 말에 귀를 기울이고 의지했다.

집회나 시위 때 앞자리는 유가협의 몫이었다. 유가족들은 선두에 나서서 백골단과 부딪치고 최루탄을 마셨다. 위험한 자리였지만 마치 지정석인 듯 언제나 앞자리에 줄지어 섰다. 백골단과 전경의 진압에 몸을 다치면서도 유가협 회원들은 오히려 학생과 시민을 보호하기 위해 몸을 던지곤 했다.

그해 5월 4일 유가협은 연세대 학생회관에서 기자회견을 열어 성명서 "국민에게 드리는 글"을 발표했다. 강경대에 이어 박승희·김영균·천세용의 분신이 줄을 이으면서 누구보다 가슴 아파한 이는 유가협의 어머니·아버지였다. 젊은이들의 죽음을 막기 위한 방도를 고민한 끝에 나온 성명서였다. 유가족들이 사무국 활동가들과 함께 쓴 기자회견문을 정미경이 낭독했다.

이제 우리에게는 더 이상의 열사가 필요치 않다. 젊은이들의 계속되는 죽음은 민주 세력 전체의 손실이다. …… 죽을 일이 있으면 우리들이 대신 죽겠다. 목숨을 아끼지 않는 젊은이들의 순수한 열정은 충분히 이해되지만 새날이 올 때까지 살아서 싸우는 것만이 진정한 투쟁의 길이다.

유가족들의 바람은 오직 하나였다. 그것은 박정기가 학생들을 만날 때마다 외친 소리와 다르지 않았다.

"죽어도 내가 죽을 끼니 니들은 살아 싸워라. 누구도 죽지 마라. 우리를 봐라. 종철이 아바이를 봐라. 태일이 어마이와 한열이 어마이를 봐라. 살아서 함께 싸우는 기 최선이다."

유가협이 성명서를 발표한 다음 날 『조선일보』에 김지하가 쓴 "죽음의 굿판을 걷어치워라"가 실렸다.

젊은 벗들! 나는 너스레를 좋아하지 않는다. 잘라 말하겠다. 지금 곧 죽음의 찬미를 중지하라. 그리고 그 굿판을 당장 걷어치워라. 당신들은 잘못 들어서고 있다. …… 지금 당신들 주변에는 검은 유령이 배회하고 있다. 그 유령의 이름을 분명히 말한다. 네크로필리아 시체선호증이다. 싹쓸이 충동, 자살특공대, 테러리즘과 파시즘의 시작이다.

신문을 읽는 박정기의 손이 떨렸다. 처음엔 글을 다 읽을 수도 없었다. 그는 박래군에게 물었다.

"래군이, 이기 김지하가 맞나? 우리가 아는 그 사람 맞나? 내 잘못 본 기 아이가?"

박래군은 침통한 표정으로 대답을 대신했다. 유가협 회원들은 누구도 먼저 입을 열지 못했다. 유가족들은 그 칼럼을 자신들에게 쓴 글로 받아들였다. 젊은이들의 분신을 가장 앞서 막으려 한 유가족들이었기에 충격도 컸다.

칼럼에서 젊은이들이 죽어 간 배경인 국가 폭력은 찾아볼 수 없었다. 민주화 세력이 죽음을 정치에 이용하고 있다는 내용이었다. 박정기는 칼럼을 읽고 또 읽었다. 그는 당시 충격이 아직까지 남아 있다고 회고했다.

"추모는 못 할망정 그기다 두고 죽음의 굿판을 걷어치아라 그라믄 어떤 심정이겠나? 그때는 정말로 우리도 피가 끓어올라서 눈이고 입이고 코고 터져 나올 만큼 심각한 상태였지. 그 글은 현재까지 우리에게 한으로 남게 된 기다."

그 뒤 박정기와 유가족들은 언론에 김지하의 이름이 보이면 고개를 돌렸다.

5월 8일에는 김기설이 서강대 본관 옥상에서 분신했다. 그는 전국민족민주운동연합(전민련)의 사회부장이었다. 이날 서강대 박홍 총장은 기자회견을 열었다. 그는 성경 위에 손을 올리고 말했다.

죽음을 선동하고 이용하려는 반생명적인 어둠의 세력이 있다. 죽음의 블랙리스트를 만드는 사람들이 있다. …… 이 죽음을 선동하는 세력을 반드시 폭로해야 한다.

종교인들과 국민들은 민주 단체에 등을 돌리기 시작했고 시위 참여자는 눈에 띄게 줄어들었다. 검찰은 잇따른 분신 정국이 '분신 조직'에 의해 계획적으로 만들어지고 있다며 배후 세력을 수사하겠다고 발표했다.

5월 25일 박정기는 시위 도중 한 여대생이 쓰러졌다는 소식을 듣고 민가협의 최진호와 함께 급히 사고 현장으로 달려갔다. 성균관대생 김귀정이었다. 간사 정미경의 가까운 후배로 유가협과도 인연이 있었다.

박정기는 김귀정의 사망 소식을 알리기 위해 시장에서 야채 노점을 하는 김종분(김귀정의 어머니)을 찾아갔다. 그가 도착했을 때 김종분은 이미 명동에 있는 백병원으로 달려간 뒤였다.

이튿날 새벽 경찰은 세 차례나 김귀정의 주검 침탈을 시도했다. 성균관대 학생들과 시민들은 시신을 지키기 위해 싸웠다. 을지로와 중앙극장(중앙시네마로 운영되다 2010년 폐관) 두 방향에서 전경과 백골단이 몰려왔다. 박정기와 유가협 회원들은 영안실을 지켰고 학생들은 병원 앞에서 쇠파이프와 화염병을 들고 맞섰다. 병원 안까지 최루탄이 쉼 없이 쏟아져 들어왔다. 학생들의 저항에 전경들이 서서히 물러서기 시작했다.

6월 3일 문교부(현재 교육부) 장관 출신의 정원식 국무총리 서리가 한국외대에 강연하러 갔다가 학생들이 던진 달걀과 밀가루를 뒤집어썼다. 이 장면은 언론에 고스란히 보도되었고, 민주 세력을 궁지에 몰아넣었다.

6월 8일 인천에서 삼미켄하 노동조합 홍보부장 이진희에 이어 6월 15일 인천 공성교통의 택시 운전사 석광주가 분신했다. '5월 투쟁'은 6월 29일 명동성당에서 농성해 온 서준식 등이 수감되면서 막을 내렸다.

1991년 5월 투쟁 기간에 희생된 생명은 모두 13명이었다. 열사들의 장례위원장을 맡았다는 이유로 문익환 유가협 후원회장은 또다시 옥에 갇혔다. 한울삶엔 새로운 얼굴들이 함께했다. 강민조·김종분 등을 비롯한, 13명 열사의 유가족들은 대부분 유가협에 가입했다. 감당하기 어려운 비극을 겪는 동안 그네들에게 맨 먼저 다가와 마지막까지 고통을 함께 나눈 이들이 유가협 회원들이었다.

3

1991년 7월 4일, 당시 덕수궁 옆에 있던 서울지방법원 서부지원 (현재 서울서부지방법원)에서 강경대 치사 사건의 주범인 전경들에 대한 1차 공판이 열렸다. 박정기와 유가협 회원들은 방청객으로 참여했다. 이날 한울삶을 나설 때 간사 박래군과 정미경은 회원들에게 '자제'할 것을 간곡히 부탁했다. 워낙 사법부에 대한 불신이 깊은 유가족들이 법정에서 전경들을 보고 흥분할까 봐 우려한 까닭이다.

재판정은 기자들로 가득했다. 이날 재판엔 사당의원에 입원 중이던 오영자도 목발을 짚고 찾아왔다. 그는 5월 투쟁 기간 여러 차례 백골단에게 두들겨 맞아 병원에 입원해 있었다. 다른 유가족들도 온몸에 든 멍이 아직 가시지 않을 때였다. 피고 쪽 변호사가 변론을 시작했다. 변호사는 전경들에게 물었다.

"강경대 씨가 화염병을 던진 걸 목격했습니까?"

경찰 관계자와 변호인은 강경대가 시위에서 화염병을 던진 점을 강조하며 시위대를 정당하게 해산하는 과정에서 발생한 우연한 사고로 몰아갔다. 경찰들이 한결같이 대답했다.

"그렇습니다."

강선미가 신발을 벗어 판사들이 있는 법대를 향해 던졌다.

"이따위 엉터리 재판 당장 중지하라! 경대는 화염병을 들고 있지 않았습니다."

유가협 회원들도 일어나 항의했다.

"살인자를 옹호하지 말라." "진상을 왜곡하지 말라."

유가협 회원들은 교도관들과 몸싸움을 벌이며 판사들이 앉아 있는 법대를 향해 뛰쳐나갔다. 법대를 점거한 뒤엔 명패를 내던지고 집기를 부쉈다. 이소선은 태극기를 들어 내던졌고, 오영자는 한쪽 목발을 들어 닥치는 대로 휘둘렀다. 법대 위의 법전과 사건 기록부가 바닥에 떨어져 나뒹굴었다. 박정기는 분노한 회원들을 말리느라 여념이 없었다. 판사는 휴정을 선언했다.

재판이 끝난 뒤 박정기는 이오순·오영자 등과 함께 광주로 향했다. 이튿날 망월동 묘역에서 열린 이한열 4주기 추모식에 참석한 뒤 부산에 도착했을 때는 늦은 오후였다. 현관문을 열자 그의 처형이 낯빛이 파랗게 질린 채 말했다.

"아니, 어찌 여기를 온다요? 지금 을매나 난리인데 이러고 돌아다녀요?"

"무신 소린교?"

"티브이에서 소란 피우는 모습이 계속 나오고 있어요. 야단났어요."

서울지검은 법원에서 소동을 일으킨 유가협 회원들을 엄단하겠다며 주범으로 박정기와 강민조를 지목했다. 그리고 이오순·오영자와 민가협 회원 이중주를 구속하겠다고 발표했다.

박정기는 급히 부산역으로 발길을 돌렸다. 심야 기차를 타고 서울로 향하며 그는 전날 법정에서 벌어진 일을 생각했다. 그가 한 일이라곤 자신을 제지하던 교도관에게 합죽선을 휘두른 일이 전부였다. 이마저 휴정한 뒤 벌어진 일이었고 그는 곧바로 찰과상을 입은 교도관에게 사과했다. 소동을 부린 일도 없고, 오히려 어머니들을 말리느라 애를 먹었다.

수배를 피할 것인가, 아니면 조사에 응할 것인가? 5년 전 서울 성동구치소에 수감됐던 아들 종철을 만나러 다니던 날들이 떠올랐다. 저녁 근무를 마치고 완행 기차를 타면 새벽녘 서울에 도착했다. 이른 아침 구치소에 도착해 맨 먼저 면회를 기다렸다. 1주일에 두세 번 아들을 만났다. 그와 아내는 아들이 하루빨리 나오길 바라며 부처님께 기도했다. 그땐 기껏 반성문 한 장 쓰는 일이 무슨 대수라고 그리 고집을 부리는 아들을 이해할 수 없었다. 반성문을 쓰라는 말에 버럭 화를 내던 철이가 여간 섭섭한 게 아니었다.

심야 열차가 서울역에 가까워지고 있었다. 그는 감옥살이가 아들을 이해하고 아들에게 한발 다가서는 기회가 되리라고 생각했다. 그는 검찰에 출두하기로 결정했다. 이튿날 아침 박종부가 사는 마포의 진주아파트 경비실에 도착했을 때 잠복해 있던 형사들이 나타났다.

"내를 붙잡지 마시오. 스스로 출두하려고 왔으니 억지로 붙잡지 말란 말이오. 잠시 옷을 갈아입고 올 테니 같이 갑시다."

옷을 갈아입고 내려오자 갑자기 형사들이 양옆에서 팔을 붙잡았다. 어디서 나타났는지 기자들이 사진기를 들었다. 형사들은 기자들 앞에서 포즈를 취했다. 박정기는 화가 치밀었다.

"이거 약속이 다르잖아. 이 팔 놓아요. 내 발로 간다니까."

하지만 형사들의 억센 팔을 뿌리칠 수 없었다. 검찰청에 도착한 것은 오전 9시 무렵이었다. 조사는 여섯 시간 넘게 이어졌다. 밤샘 조사를 마친 뒤 영등포구치소에 수감되었다. 강민조는 7월 11일 광주에서 자진 출두해 서울로 압송됐다. 박정기는 7월 7일, 강민조는 7월 12일 구속되었다. 한 명은 전두환 정권에 의해 고문 사망한 박종철의 아버지였고, 또 한 명은 노태우 정권에 의해 타살된 강경대의 아버지였다.

이미 한 차례 옥살이를 했던 이오순·오영자는 이중주와 함께 2년 넘게 수배 생활을 했다. 두 어머니는 유가협 간사 박래군과 정미경이 마련해 준 옷과 모자, 선글라스를 쓰고 도피 생활을 시작했다. 두 사람은 보따리를 들고 전국을 떠돌며 실향민처럼 지냈다. 부상으로 입원 중이던 오영자는 목발을 짚은 채 병원에서 황급히 빠져나왔다. 그 뒤 그는 3년 동안 집에 돌아가지 못했다.

공판에서의 소동 이후 사법부는 법정에서 박수를 치는 것조차 허용하지 않았다. 재야에서 유명한 유가협의 법정투쟁은 다시 보기 어려워졌다. 유가협과 민족민주열사추모사업회(추모연대의 전신) 등은 박정기·강민조의 구속에 항의해 7월 11일 기독교회관에서 기자회견을 열고 무기한 단식 농성에 들어갔다. 같은 날 대검찰청 청사 앞에서는 연좌 농성을 벌였다.

영등포구치소 5사 하 3방. 그해 여름 동안 그가 머물 감방이었다. 5평(약 17제곱미터) 남짓한 감방에 16명의 재소자가 모여 있었다. 60세 이상의 경제사범을 수감한 '경제방'이었다. 경제방이라지만 재벌이나 사장급은 없고, 대부분 빚을 갚지 못해 잡혀 들어온 잡범이었다. 그가 들어오기 전 교도관들은 재소자들에게 미리 일러두었다.

"이 방에 곧 대단한 분이 오십니다. 그분껜 청소를 시키면 안 되고, 식사 당번도 제외해야 합니다. 복도에서 잘 보이지 않는 곳에 자리 잡아·주십시오."

'철컹' 하고 철문이 닫히자 재소자들이 복도에서 가장 먼 자리로 그를 안내했다. 옥살이는 처음이었지만 감방의 자리 배치는 들은 적 있었다. 박정기는 화장실 앞 신입 재소자의 자리에 앉으며 말했다.

"이러지들 마세요. 원래 하던 대로 합시다."

"무슨 소립니까? 선생님 자린 여깁니다. 거기 앉으시면 안 됩니다."

하지만 박정기는 호의를 받으며 감옥살이를 하고 싶지 않았다. 입방 첫날 점호 시간이었다. 재소자들이 줄지어 서서 순서대로 번호를 외치며 인원수를 확인하는 시간이었다. 그는 점호에 앞서 화장실 안으로 들어갔다. 재소자들이 안절부절못하며 박정기를 불렀다. 그는 자신이 죄인이라고 생각하지 않았다. 군대식 관리와 통제에 고분고분 응하고 싶지 않았다. 점검반이 시찰구를 통해 감방 안을 살피며 외쳤다.

"번호!"

"하나", "둘", "셋", …….

교도관은 다음 감방으로 걸음을 옮기려다 한 사람이 빠진 걸 깨달았다. 다시 돌아와 외쳤다.

"번호 다시!"

하지만 이번에도 인원이 모자랐다. 전과 17범의 소매치기 '정 박사'가 난처해 하며 화장실을 가리켰다.

"박 선생이 배가 아프십니다."

교도관들과 실랑이가 벌어졌다. 실랑이는 점호 시간마다 되풀이되었다. 박정기는 그때마다 고함을 지르고 쇠문을 걷어찼다. 교도소 쪽에서 손을 들었다. 그는 교도관들에겐 한 치도 양보하지 않는 반면, 식사 당번이나 청소를 솔선수범하며 살림을 도맡아 재소자들에겐 인기가 많았다. 그런데 유독 감방의 '왕초' 김남과 사이가 좋지 않았다. 문익환 목사에 대한 김남의 발언이 그의 심사를 건드렸다.

"빨갱이 목사 아닙니까? 선량한 학생들 선동하고 김일성을 찾아간 불순분자이지 그 사람이 무슨 목사예요?"

박정기는 문 목사에 대한 험담을 지나칠 수 없었다. 문익환은 그가 가장 존경하는 이였고, 유일하게 닮고 싶은 인물이었다.

"문 목사님이 무슨 잘못을 했다는 게요? 한평생 독재에 저항하고 분단을 극복하는 데 몸 바쳐 싸운 분입니다. 같은 민족인 북한을 방문한 게 무슨 죄입니까? 한 번 더 문 목사님을 함부로 입에 올리면 그때는 사생결단을 내고 말겠소."

박정기가 김남에게 따지고 들자 재소자들이 모두 놀랐다. 그가 재소자에게 화내는 모습은 처음이었기 때문이다. 박정기와 가까운

'정 박사'가 말렸다.

"박 선생, 고정하십시오. 김 씨가 너무 경솔했습니다. 박 선생에게 사과하세요."

보수적인 크리스천인 김남은 물러서지 않았다. 그 뒤로도 두 사람은 여러 차례 부딪혔다. 감방에서 가장 가깝게 지낸 이는 정 박사였다. 그는 유명한 소매치기범으로, 매사에 모르는 게 없어 별명이 '박사'였다. 정 박사는 일제강점기부터 만주를 비롯해 돌아다니지 않은 데가 없었다. 그는 어린 시절부터 배운 도둑질을 끊지 못하고 징역을 살고 있었다.

박정기가 자리 잡은 자리는 화장실 앞이어서 인분 냄새가 코를 찔렀다. 여름이라 변기 뚜껑 틈으로 구더기가 기어 나와 몸에 엉겨 붙었다. 박정기는 걸레를 찾았다. 사람들이 만류했지만 개의치 않고 화장실과 감방을 걸레질했다. 어느새 양동이의 물 한 통을 다 썼다. 물이 모자라 교도관을 불러 감방 문을 따게 했다. 하지만 다음 날부터는 문을 열어 주지 않았다.

"규정상 안 됩니다. 물은 아침·점심·저녁 때만 뜰 수 있어요."

박정기는 쇠문을 걷어차며 항의했다. 경비교도대가 출동했다. 주임 교도관이 말했다.

"박 선생님, 왜 그러십니까?"

"물을 떠오려는데 왜 문을 따주지 않습니까? 이게 말이 됩니까?"

규정에 없는 일이라 주임이 곤혹스러워했다. 며칠 동안 소란을 피우자 교도소 쪽에서 손을 들었다. 이후 박정기는 어느 때든 감방을 출입할 수 있었다. 출입이 자유로워지자 감방 사람들이 필요로 하는 일과 주변 재소자들의 요구를 해결하는 일을 떠맡았다.

박정기는 교도소의 규칙에 매이지 않았다. 주어진 목욕 시간 10분을 넘기면 교도관들이 호루라기를 불며 쫓아냈다. 여든 살 안팎의 노인 재소자들을 목욕시키는 일을 맡은 그는 시간에 구애받지 않고 등을 밀어 드렸다.

운동 시간은 30분으로 한정되어 있었지만 무시했고, 정해진 구역을 벗어나 시국 사범들의 감방에 들러 얘기를 나누다 오곤 했다. 옆 감방엔 다리를 잃은 장애인이 여럿 있었다. 장애인들을 배려하지 않는 건물 구조라 불편한 게 한두 가지가 아니었다. 박정기는 그들을 목욕시키고 병동에서 치료를 돕기도 했다.

구치소 안에서도 그는 허투루 살 수 없었다. 그에게 감옥살이는 아들과 새롭게 동지가 되는 과정이었다. 면회객들이 찾아와 그의 옥살이를 걱정했지만 마음이 편안했다. 아들에게 진 빚을 조금이나마 갚고 있다고 생각했기 때문이다. 유가협에선 주로 박래군과 정미경이 면회를 왔다. 그는 두 사람이 올 때마다 말했다.

"구치소가 아주 편안하데이."

하지만 밤이 되면 외로움이 밀려왔다. 담장 밖 세상이 그리웠다. 유가협의 어머니·아버지들의 얼굴이 그리웠다. 매일 밤 먼저 떠난 아들의 얼굴이 떠올랐다. 감방 안 천장의 백열전구는 늘 켜져 있었다. 흐린 불빛 아래서 아들과 함께한 세월의 조각들을 하나씩 호명했다. 다섯 평 감방 안에서 그는 아들을 만나고 있었다.

$$4$$

1991년 10월 14일 박정기는 강민조와 함께 결심 재판정에 섰다. 이날 유가협 회원들은 서울지방법원 서부지원 앞에서 연좌시위를 벌였다. 재판부는 판결문을 읽었다.

그 죄질이 자유민주주의의 최후의 보루인 사법부를 모독하고 고의적으로 난동을 피웠음이 인정되며, 유가족임을 정상참작한다 하더라도 본보기를 보일 수밖에 없으므로 다음과 같이 선고한다.

박정기는 징역 1년에 집행유예 2년을, 강민조는 징역 1년의 실형을 선고받았다.

10월 24일 박정기는 99일 만에 집행유예로 영등포구치소에서 출소했다. 아들 박종철과 비슷한 수감 기간이었다. 그는 감옥에서 보낸 날들을 회고하며 어느 날 일기장에 이런 글을 남겼다.

오직 부끄럽게 살았던 내 과거의 모습을 씻어 버리고 종철이에게 조금 더 가까이 다가가는 아버지가 될 수 있었다. 재판과 감옥은 이처럼 나와

종철이를 본격적인 동지로 만나는 계기를 만들어 주었다. 그해 10월 나는 웃으며 영등포구치소를 나왔다. 그 웃음의 의미는 나만이 알 것이다.

출소하던 날 박정기는 같은 방의 재소자들과 마지막 인사를 나눴다. 몇 사람은 아쉬움에 훌쩍였다. 영등포구치소에서 정이 든 재소자들은 출소한 뒤 박정기를 찾아왔다. 정 박사도 여러 차례 그를 찾아왔지만 몇 해 지나 연락이 끊겼다.

박정기를 맞이하러 유가협 사람들이 마중을 나왔다. 그는 구치소 문을 나서며 환하게 웃으며 반겼다.

"아버님, 미리 나와 계셨어요?"

"와 인자 오노? 한참을 기다렸다. 일찍 나가라카드라. 내를 찾아오느라 고생 많았데이."

이날 그는 한울삶에서 밤늦도록 감옥에서 겪은 일을 들려주었다. 박정기는 출소했지만 강민조는 여전히 감옥에 있었다. 박정기는 출소한 뒤 유가협 소식지 『한울삶』(1991년 11월 13일)에 다음과 같은 글을 실었다.

피붙이를 군사독재에 뺏긴 가족은 산으로 들로 강으로 바다로 원한을 풀며 그들의 뜻을 아로새기기 위해 만고의 몸 고생을 마다 않고 헤매기 그 얼마인가요? 이 황토, 이 강산을 사랑하고 이 민중을 사랑하고자 천고의 꿈을 품고……. 여러분, 비록 몸뚱이는 무쇠 철창에 가둘지라도 정신만은 가둘 수 없습니다. …… 외진 곳에 남겨 두고 온 경대 아버지(강민조)의 아픈 가슴을 다 어루만져 주지 못하고 있다는 것에 마음이 아픕니다.

그해 11월 30일 성균관대에서 여섯 번째 유가협 정기총회가 열렸다. 정기총회는 매년 8월 12일에 열렸지만, 이해에는 박정기의 구속과 두 어머니의 수배 때문에 날짜를 늦춘 것이다. 박정기는 이날 유가족 회원 130여 명을 대표해 회장으로 선출되었다. 후원회장은 문익환 목사가 연임하고, 진관 스님과 김거성 목사가 부회장으로 뽑혔다.

민가협의 여섯 개 협의체 가운데 하나로 연대했던 유가협은 이때부터 민가협에서 탈퇴해 완전한 독립 단체로 새롭게 출발했다. 민가협 탈퇴는 유가협이 민주화 운동 과정에서 더 많은 짐을 떠안기 위한 결단이었다. 박정기는 재출발의 무거운 짐을 지고 첫걸음을 내디뎠다. 유가협 창립 이후 내리 5년 동안 회장을 맡았던 이소선은 이임사에서 새 회장의 선출을 축하했다.

이 5년 동안 부족한 저는 유가협 회장 자리에 계속 있으면서 '독재' 아닌 '독재'를 하였습니다. 신임 회장이신 박종철 아버님은 그동안 유가협을 위해 헌신한 훌륭한 분이십니다. 이제 저는 평회원으로 돌아가 지금까지 활동한 것보다 더 열심히 회장님을 도와 활동하겠습니다. 유가협을 중심으로 모든 회원들이 단결하여 더 이상 수많은 죽음들이 헛되지 않도록 해야겠습니다.

1992년 유가협 후원회는 성치 않은 몸으로 전국에서 열리는 집회와 파업 현장, 추도식을 쫓아다니는 유가족들을 위해 '봉고차' 마련에 나섰다. 특히 집회와 추도식이 몰린 5~6월에는 거의 날마다 전국 각지를 오가야 해서 이동 수단이 절실했다.

3월 7일 성균관대 앞 호프집 '작은 세상'에서 하루 주점 '새봄을 여는 한울삶 작은 잔치'를 열어 자금을 마련했다. 창비·실천문학사 등의 출판사와 파업 중이던 문화방송 노조, 한국방송 노조 등에서 후원금을 보냈다. 옥중에 있는 문익환과 1991년 분신 정국 때 인연을 맺은 이수호는 영치금으로 들어온 돈을 기부했다. 그러고도 모자라는 돈은 이행자 시인이 소장한 고서적을 팔아 보탰다.

유가협은 장안평(현재 장안동)에서 중고차 매매업을 하는, 임종석(전대협 전 의장)의 아버지가 도움을 줘서 출고된 지 9개월 된, 새 차나 다름없는 봉고차를 구매했다. 4월 4일 '새날을 위해 달리는 봉고차 기증식'이 열렸다. 후원회는 고사를 지낸 뒤 박정기에게 열쇠를 넘겨주었다. 주로 박채영이 운전했다. 이날 마련한 차는 1997년까지 유가족들과 함께 전국의 투쟁 현장을 향해 달렸다.

5월 7일 박정기는 서울 종로 조계사 문화교육관에서 불교인권상을 받았다. 앞서 4월 17일 안동교도소에 수감 중인 문익환 후원회장이 '4월 혁명상'을 수상한 데 이은 유가협의 경사였다. 환갑이 넘어 인권운동가로 거듭난 그는 불교인권위원회가 만든 이 상의 첫 번째 수상자였다. 인권위는 그를 선정한 이유를 이렇게 밝혔다.

1987년 5공화국의 부도덕한 고문에 아들을 빼앗기고도 개인적 차원의 슬픔을 뛰어넘어 민주주의를 위한 노력을 아끼지 않았고, 5년 남짓 유가협에서도 쉼 없는 활동을 보여 주었으며, 강경대 치사 사건으로 시작한 1991년의 분신 정국 속에서도 많은 열사들의 가족과 함께 동고동락을 해왔고, 인간의 존엄성과 고귀함을 일깨워 주는 자비의 행진을 하고 있어 인권상을 수여한다.

박정기는 단상에 서서 소감을 말했다.

그동안 인권의 사각지대를 찾아다니며 나름대로 싸워 온 것을 평가받아 이런 상을 받게 된 것 같습니다. 이를 계기로 우리 인권 의식의 고양을 위해 더욱 열심히 일하겠습니다. 아들 종철이가 죽은 뒤 조금 개선돼 가는 기미가 있던 인권 상황이 최근에는 점점 악화되고 있습니다. 우리 국민들도 이제는 사람을 죽이고 고문하는 것만이 인권을 침해한다고 볼 것이 아니라 일상생활 속에서 관이나 권력기관으로부터 부당한 대우를 받는 사소한 불이익도 인권이 짓밟히는 사례로 파악해, 이의 개선을 위해 노력해야 합니다. 인권의 오지인 이 땅에서 목숨이 다할 때까지 열심히 노력하겠습니다.

그는 박종철기념사업회가 고문과 인권 문제에 전념하도록 애썼다. 박종철의 죽음을 계기로 고문 문제가 전 사회적으로 알려졌기 때문이다. 그가 인권을 위해 헌신한 또 하나의 단체는 '문국진과 함께하는 모임'이다. 이 모임은 이듬해인 1993년 10월 13일 향린교회에서 발족식을 열었다. 박정기는 모임의 대표였다. 실무는 인재근과 박래군이 맡았다.

문국진은 1980년 연세대 철학과 재학 당시 도서관에서 빌린 책이 이적 표현물이라는 혐의로 치안본부 대공분실에서 고문을 당했다. 1986년 10월 그는 노동운동 조직인 '보임·다산' 조직 사건에 연루되어 수배당했다. 1개월 뒤 정신병세가 악화되어 청량리경찰서에 자수했지만 다시 가해진 고문으로 발작이 생겨 정신병원을 전전했다. 두 차례의 고문 탓에 그는 정신분열증을 겪고 있었다. 아내 윤연옥이 나서서 유가협과 인권 단체 등을 찾아다니며 고문 피해자 문제를 함께 해결하자고 호소했다.

박정기는 고문 후유증을 여론화하면서 국가를 상대로 한 법정투쟁을 준비했다. 후유증을 겪는 이들은 문제를 적극적으로 해결하려 하기보다 대부분 감추고 있었다. 모임에서는 무엇보다 사법부로 하여금 정신적인 고문 후유증을 인정하게 만들고자 노력했다. 당시 법원의 판례는 육체적 후유증과 달리 정신적 후유증을 인정하지 않았다.

마침 그 무렵 한국의 의문사 문제와 인권 상황을 알리기 위해 오스트리아 빈에서 열린 세계인권대회에 참여한 박래군의 자료가 도움이 되었다. 그가 가져온 자료는 고문 피해자의 재활에 관한 내용이었다. 국내에선 고문 문제를 다루는 연구 기관이나 조사 연구가 전무할 때였지만 외국에선 폭넓게 연구되고 있었다. 모임은 그동안 문국진을 치료한 신경정신과 의사 배기영에게 '고문에 의한 반응성 편집증적 정신병'이라는 소견서를 받았다.

국가를 대상으로 한 손해배상 청구 소송은 백승헌 변호사가 맡았다. 문국진이 다닌 연세대 동문들이 병원 치료비와 재판 비용, 피해자의 생활비 등을 모금했다. 모임에서는 문국진 말고도 여러 사례를 찾아 나섰다. 그 과정에서 고문 당사자는 물론, 실제 고문을 당하지는 않았지만 주변 사람들도 정신분열증을 겪는 사례를 발견했다. 이런 경우 법적인 손해배상을 청구하기가 어려워 안타까웠다.

문국진과 함께하는 모임은 1994년 4월 11일 '고문 후유증 사례 발표 및 토론회'를 열었다. 이 자리에서 그동안 발굴한 여덟 건의 사례를 발표했다. 담뱃불로 지지기, 밧줄로 묶고 때리기, 잠 안 재우기 등의 고문 기술에 대한 증언이 쏟아졌다. 1986년 4월 시위 도중 연행돼 구치소에서 집단 구타를 당한 뒤 후유증에 시달린 연세대생 김복영의 누나는 동생의 일기를 읽으며 울먹였다.

너희들은 항상 나의 뇌수에 칼침을 꽂고 나의 꿈은 항상 피비린내로 얼룩졌다.

문국진과 함께하는 모임은 이 고문 피해자들의 치유를 지원하도록 정부와 국회에 청원·서명운동을 벌였다. 경찰 쪽에서는 고문 수사가 없었다고 발뺌했지만, 모임은 문국진의 피해 보상 소송에서 승소를 이끌어 냈다. 우리나라에서 처음으로 '정신적 고문 후유증'

이 인정된 것이다.

그 뒤 김복영과 김종경은 끝내 고문 후유증으로 자살했다. 그들 외에도 얼마나 많은 고문 피해자들이 목숨을 잃었는지 알 수 없었다. 박래군은 세계인권대회 참가와 문국진과 함께하는 모임 활동을 거치며 인권 운동에 전념했다. 유가협 사무국장을 그만둔 뒤 인권운동사랑방에서 일했고, 현재 인권재단 사람 상임이사 및 세월호참사 국민대책회의 공동운영위원장으로 있다.

5

1994년 1월 18일 유가협 회원들이 가장 의지한 늦봄 문익환 목사가 일흔여섯 나이에 심장마비로 세상을 떠났다. 박종철 7주기 추도식을 마친 지 나흘 뒤였다. 소식을 들은 박정기는 유가족들과 함께 한일병원으로 달려갔다. 모두 주저앉아 흐느꼈다. 입술이 파랗게 질린 박정기는 몸을 떨다 슬픔을 주체하지 못하고 통곡했다.

대학로에서 열린 노제엔 1만여 명의 시민이 모여 늦봄을 추모했다. 그의 운구는 한울삶을 들른 뒤 박종철의 가묘가 있는 마석 모란공원에 잠들었다.

1월 25일 또 하나의 슬픈 소식이 들려왔다. 이오순이 심장마비로 세상을 떠났다. 이오순은 지병인 당뇨가 있었지만 아픈 내색이 없었던 터라 갑작스러운 소식이었다. 그는 오히려 박정기와 유가족들의 건강을 입버릇처럼 염려하던 사람이었다.

이오순은 문익환과 각별했다. 1985년 9월 아들 송광영이 분신했을 때 만난 이래 세상을 떠날 때까지 문익환은 늘 이오순을 위로했다. 문익환은 그를 소재로 시를 쓰기도 했다. 이오순은 문익환의 별세 소식을 듣고 탄식했었다.

"문 목사님 때문에 살아왔는데 이젠 어떻게 살아야 합니까?"

이오순은 문익환이 떠난 날부터 앓기 시작해 한 주 뒤 뒤따른 것이다. 박정기는 1주일 사이 또 한 명의 동지를 잃고 망연자실했다. 병원을 찾아온 김거성 목사가 탄식했다.

"우리의 애인이 두 명이나 세상을 떠났습니다. 이를 어떡합니까?"

유가협은 민주사회장으로 이오순의 장례를 치른 뒤 모란공원으로 향했다. 두 사람을 모란공원에 묻은 한울삶의 겨울은 그 어느 때보다 을씨년스러웠다. 이오순이 세상을 떠난 날 박정기는 일기장에 '인생무상'이라는 네 글자를 새겨 넣었다.

이오순이 떠난 지 두 해가 지난 1996년 9월 22일 박정기는 황당한 소식을 들었다. 이오순의 아들 송광영의 추모비가 사라졌다는 이야기였다.

그해 세상은 1991년 이후 다시 분신 정국에 휩싸였다. 3월 29일 연세대생 노수석이 '대선자금 공개와 교육재정 확보를 위한 서총련 결의대회'에 참가했다가 시위 도중 경찰의 토끼 몰이식 진압에 의해 사망했다. 1주일 뒤인 4월 6일 경원대의 진철원이 분신했다. 다음 날 등록금 인상 반대와 교육재정 확보를 요구하며 총장실을 점거하고 단식 중이던 성신여자대학교 학생 권희정이 목숨을 잃었다. 4월 16일엔 성균관대 학생 황혜인이 분신했다. 사흘 뒤 여수수산대학교(현재 전남대학교 여수캠퍼스) 학생 오영권이 분신했다. 5월 4일엔 구미 한국합섬의 노동조합 간부 이진권과 서상준이 함께 분신했고, 나흘 뒤 대구공업전문대학(현재 대구공업대학교) 학생 박동학이 의문사했다.

온몸에 불이 붙어 쓰러진 박동학은 병원으로 옮기던 중 말했다.

"내가 한 게 아니다. 불은 학생과장이 질렀다."

그는 이틀 뒤 숨졌다. 1996년 분신 정국에서 박정기와 유가협이 할 일은 1991년과 다르지 않았다.

9월 24일 오전 9시 박정기는 송광영의 추모비가 있던 경원대에 도착했다. 그는 급히 유가협 회원들에게 소식을 알리고 경원대에 모여 달라고 요청했다. 그에게 '송광영 열사 추모비'는 박종철의 추모비나 다름없었다. 같은 일이 어디선가 또 일어날 수도 있었다. 처음 발생했을 때 어떻게든 제대로 해결해야겠다고 결심했다.

박정기는 추모비 자리를 찾아갔다. 추모비가 사라지고 없었다. 장정 10~20명은 모여야 옮길 수 있는 6톤짜리 돌이었다. 어떻게 감쪽같이 사라질 수 있을까? 학교 당국이 모를 리 없었다. 사건을 미리 조사한 학생들은 도난범이 학생과장이며 경찰도 알고 있으리라고 귀띔했다. 학생들이 대처하지 못하도록 추석 연휴 직전에 일을 벌인 것이었다. 학교에선 유가협이 나서리라고 예상하지 못했을 것이다. 박정기는 혼자 학생처장실로 찾아갔다.

"내는 유가협 의장입니다. 광영이 추모비가 없어졌는데 우찌 된 일입니까?"

학생처장이 대답했다.

"저희는 전혀 모르는 일입니다."

"좋습니다. 우리 유가협은 오늘부터 농성에 들어갈 낍니다. 추모비가 원상회복될 때까지 물러서지 않겠습니다."

유가족들이 모이자 그는 무기한 농성을 선언했다.

"추모비가 다시 원상 복귀되지 않는다면 우리는 없는 것입니다. 지금까지 우리 사회의 민주주의가 이나마 발전하고 보장받을 수 있었던 것은 바로 우리 자식들의 생때같은 목숨의 희생으로 얻어졌는데 누가 감히 추모비에 손댈 수 있단 말입니까? 추모비가 원래 자리에 그대로 반환되지 않는다면 이 농성을 절대 중단하지 않겠습니다."

당시 경원대는 비민주적인 학사 운영으로 학내 분규가 많았고 여러 열사들이 다니던 학교였다. 1985년 송광영이 떠난 이래 1991년 천세용이 분신했고, 1995년 학교 당국이 고소해 경찰서에 끌려간 장현구는 고문 후유증 끝에 분신했다. 1996년 분신 정국 때도 진철원이 분신해 총학생회와 학생들이 투쟁 중인 상황이었다.

박정기는 재야 운동가인 성남 산자교회의 김해성 목사에게 도움을 요청했다. 유가협 사무국은 한울삶을 떠날 수 없는 형편이었기 때문이다. 이해학 목사와 김진균 교수도 대책위원회에 합류했다. 이들과 송광영·장현구의 유가족 및 성남 지역 시민 단체들이 모여 비상대책위원회를 꾸렸다. 대책위는 추모비가 사라진 자리에 비닐 천막을 설치하고 밤샘 농성에 돌입했다.

경원대 학생들은 10월 28일부터 무기한 농성을 시작했다. 박정기는 경찰서장 면담에서 문제 해결을 강력히 요구했다. 때마침 열린 유가협 총회에서는 송광영 추모비 탈취 사건을 해결하지 못하면 회장단 전원이 사퇴하기로 의지를 모았다. 유가협의 어머니들은 경원대 총장실을 점거했다.

"학교 물건을 도난당했으니 책임자인 총장님이 나서서 이 문제를 해결해야 하지 않겠습니까? 그러니 총장님이 직접 경찰서에 도난 신고를 하세요."

어머니들은 김원섭 총장을 앞세우고 경찰서를 찾아가 직접 고소하게 했다. 대책위에서는 박정기와 이해학·김해성 목사가 협상단으로 참여했다. 학교 쪽에서는 총장과 학생처장이 나와 세 차례 협상을 벌였다. 박정기는 여러 차례 회유·협박을 받았지만 응하지도 굽히지도 않았다. 그러자 경원대에서 한 가지 제안을 했다.

"학생회관 앞이 좀 옹색하니 학교 옆에 있는 산자락에 새로 추모비를 세워 드리겠습니다."

경원대에서 제시한 자리는 학생들 눈에 띄지 않는 곳이었다. 설령 눈에 잘 띈다 해도 원래 있던 진리관 앞을 고수할 필요가 있었다. 박정기는 한마디로 거절했다.

"백 일, 천 일이 가도 우리는 추모비를 찾아내겠습니다."

학교 쪽은 농성장 전기를 끊기도 했고, 끝까지 범행 사실을 부인하며 오히려 경찰에 유가협을 고발하기도 했다. 초겨울에 접어든 11월 21일 오후, 박정기는 농성장에서 낮잠을 자던 중 소리가 들려 깼다. 김해성 목사가 농성장을 향해 다급하게 뛰어오며 소리쳤다.

"아버님! 아버님!"

박정기는 허겁지겁 달려온 김 목사를 진정시키며 물었다.

"왜 그럽니까?"

"아버님, 비를 찾았습니다. 드디어 비석을 찾았어요."

김해성은 경찰서에서 추모비를 찾았다는 얘기를 듣고 달려온 참이었다. 농성 59일 만이었다. 1996년 9월 22일에 사라졌던 송광영의 추모비는 61일 만인 11월 21일 충청북도 음성군에 있는 과수원인 송원농원에서 발견되었다. 유가협 회원들은 경원대 학생들과 함께 음성으로 향했다. 추모비는 과수원 입구에 버려져 있었고, 글씨가 새겨진 곳이 정에 쪼여 심각하게 훼손되어 있었다. 박정기는 훼손된 부분을 손으로 쓸어내리며 탄식했다. 11월 22일 중장비를 이용해 원래 자리인 학생회관 앞으로 옮겼다.

경찰은 조사를 통해 정보사 군인 출신인 대학 학생과장과 장학복지과장이 탈취범임을 밝혀냈다. 추모비의 훼손된 부분을 다듬었지만 원래 상태로 복구하긴 어려웠다. 도난당한 지 82일 만에 추모비 제막식이 다시 열렸다. 유가협은 송광영 추모비 도난 사건을 기억하기 위해 비석 아랫부분에 두 줄의 글을 새겨 넣었다.

이 추모비는 1996년 9월 22일 탈취된 뒤
61일 만에 되찾아 다시 세우다.
1996. 12. 13.

박정기는 이해학 목사를 부둥켜안고 눈시울을 적셨다. 그는 세상을 떠난 이오순을 떠올리며 혼잣말했다.

"광영 어머니, 어머니에게 평생 죄책감을 갖고 살 뻔했는데, 이제 어머님을 찾아뵈어도 떳떳하게 되었습니다."

1997년 12월 제15대 대통령 선거에서 새정치국민회의의 김대중 후보가 당선되었다. 당선 직후인 12월 20일 김영삼 대통령과 김대중 당선자는 청와대에서 회동한 뒤 두 전직 대통령인 전두환·노태우에 대한 특별사면과 복권을 발표했다.

국민 화합과 지역 갈등 해소 등이 이들을 사면하는 명분이었다. 김대중은 그동안 대통령 선거 과정에서 사면·복권을 찬성한다고 밝혀 왔다. 정부는 12·12와 5·18 관련자의 특별사면도 발표했다. 정치적 타협에 의한 결정이자 대통령의 사면권 남용이었다.

12월 22일 전두환·노태우는 2년 남짓한 수감 생활을 마치고 석방되었다. 전두환은 안양교도소에서, 노태우는 서울구치소에서 출소했다. 검은 코트를 입고 교도소 정문을 나선 전두환은 석방 소감을 밝혔다. 희생자와 국민들에게 사죄하기는커녕 자신의 업적을 강조한 소감문이었다. 안양교도소 앞엔 지지자들이 나와 있었고, "그동안 고생하셨습니다."라고 적힌 펼침막이 나붙었다.

의문사 진상 규명 문제는 여전히 해결되지 않고 있었다. 5공 정권에서 실종되고 사망한 이의 가족들은 아직도 고통을 겪고 있었다. 대통령이 무슨 권한으로 그들을 석방한다는 것인지 박정기는 납득할 수 없었다.

박정기는 배은심을 비롯한 유가협 회원들과 함께 이날 오전 7시 안양교도소 앞에 도착했다. 유가족들은 석방 반대 집회를 열었다. 유가협이 준비한 피켓과 펼침막에는 "전두환·노태우가 죽인 의문사 진상 규명", "산 자여 따르라."라는 글씨가 적혀 있었다.

유가족들은 석방을 저지하기 위해 교도소에 진입하려 했지만 경찰들이 막고 있었다. 전두환이 기자회견을 할 때도 접근할 수 없었다. 기자회견을 마친 뒤 전두환을 태운 차가 교도소를 빠져나가려 하자 박정기 앞에 서있던 누군가가 소리쳤다.

"전두환이 나온다!"

박정기와 유가족들은 소리를 듣고 우르르 몰려갔다. 차가 교도소를 빠져나가고 있었다. 박정기 주변에는 사람들이 북적거려 앞이 보이지 않았다. 유가족들은 차량을 향해 달걀을 던졌다. 박정기도 다급하게 달려가며 외쳤다.

"(석방시키면) 안 된데이! 이래선 안 된데이!"

전경들이 앞을 가로막았다. 박정기는 몸을 내던졌고 이내 방패에 부딪혀 쓰러졌다. 놀란 유가족들이 달려와 상태를 살폈다. 머리에 피가 흥건했다. 당시 현장에 있던 배은심은 그날 박정기의 모습을 이렇게 회고했다.

"그냥 막 환장이 나셨지. 방패를 머리로 콱 박아 버리니까 머리에서 피가 쏟아져 버렸어요."

박정기에게 전두환·노태우의 석방은 지금까지 고통스러운 기억으로 남아 있다.

"권력자들 당신들만 화해를 할 수 있느냐? 맞아 죽고, 쥐도 새도 모르게 죽은 사람들, 그 유가족들에게 물어봤느냐? 석방시켜 주고 〈국가보안법〉이라도 없앴나? 도무지 납득할 수 없는 일이데이."

6

1988~89년 135일에 걸친 기독교회관 농성을 마친 뒤에도 유가협은 지속적으로 의문사 진상 규명 활동을 벌여 왔다. 당시 5공 특위에서 진상 조사가 무산된 뒤 이춘원을 비롯해, '의문사의 한'을 풀지 못한 유가족들의 자살이 잇따랐다.

박정기에게 먼저 떠난 유가족들이 남긴 유언은 최우선으로 실현해야 할 과제였다. 지난 9년 동안 허영춘·신정학 등 의문사지회 회원들이 중심이 되어 펼친 의문사 입법 활동의 여정은 지난했다. 김영삼 정부가 들어선 1993년 4월 13일 유가협은 "군 의문사 11명에 대한 진정서"를 국방부 특감단에 제출했다. 이날부터 '의문사 전면 재조사 촉구를 위한 대국민 서명운동'을 벌였다. 5월 1일 메이데이 행사가 열린 연세대에서 시작해 서울·부산·대구·울산 등 전국을 다니며 국민들의 서명을 받았다.

1994년 11월 4일 유가협은 국회를 방문해 10만 명분 서명지와 입법 청원서를 제출했다. 하지만 입법은 무산됐다. 김대중 정부가 들어선 뒤 전국민족민주열사추모(기념)사업회 연대회의[현재 민족민주열사·희생자추모(기념)단체 연대회의, 이하 추모연대]와 유가협은 의문사

진상규명법과 민주화운동 유공자법을 제정하기 위해 3개년 계획을 세웠다. 그에 앞서 1997년부터 해마다 캠페인과 학술회의, 공청회 등을 열었다. 이를 바탕으로 1998년 5월 민주사회를 위한 변호사모임(민변)에 의뢰해 법안의 초안을 잡았다. 법안 작성은 정태상·이상훈·윤기원 변호사가 맡았다.

1998년 4월 24일 유가협은 서울역에서 '민족민주열사 명예회복과 의문의 죽음 진상 규명 특별법 제정 대국민 캠페인 선포식'을 열고 32일에 걸친 입법 운동에 돌입했다. 서울역 캠페인을 앞두고 박정기는 유가족들과 함께 한반도 모양의 커다란 걸개그림에 열사들의 사진을 붙였다. 서울역에는 걸개그림과 함께 영정 사진과 대자보가 전시되었다. 그리고 그 옆에 무대를 설치해 한 주에 두세 차례 공연을 열었다. 김정환이 이끄는 가극단 금강과 민중가요 그룹 꽃다지가 주로 공연했다. 대학의 노래패와 지역 문예 일꾼들도 공연에 참여했다. 일요일만 빼고 매일 오후 1~2시에는 집회를 열었다.

서울역 캠페인을 시작하기 직전 손종필이 유가협 사무국장에 부임했다. 그는 추모연대의 한현우와 함께 캠페인을 진행했다. 추모연대의 김학철과 전태일기념사업회의 이형숙, 그리고 여러 추모사업회 간사들이 자리를 지켰다.

언제나처럼 민가협 어머니들도 찾아와 일손을 보탰다. 전국연합과 범민련을 비롯한 민주화 운동 단체들과 노동조합, 각 대학 학생회 등 연대의 발길이 끊이지 않았다.

서울역사를 오가는 시민들은 걸음을 멈추고 전시된 사진을 바라보았다. 유가족들은 시민들에게 열사들의 삶과 의문사를 설명하고 서명을 받았다. 어떤 시민들은 영정 사진 앞에서 옷을 여미고 절을 올렸다. 한번은 말없이 영정을 향해 절을 올린 이가 자신이 의문사와 관련된 군인이라고 고백했다. 그가 올린 절은 사죄의 표현이었다. 그는 양심선언을 하기로 약속했다. 그 뒤 김학철이 몇 차례 연락했지만 양심선언에 대한 부담을 느꼈는지 전화를 받지 않았다.

서울역 주변의 홈리스들이 집회 도중 마이크를 뺏는 등 행사를 방해하는 일이 잦았다. 그러나 1주일가량 지난 뒤부턴 방해하지 않았다. 오히려 대자보 등을 자세히 읽고 열사들의 삶을 궁금해 했다. 유가족들은 그들과 푼돈을 나누고 술도 함께 마셨다. 꼬깃꼬깃 구겨진 지폐를 후원 모금함에 넣는 홈리스도 여럿 있었다.

서울역 캠페인을 시작한 지 한 달이 지났다. 유가협은 5월 25일부터 의문사 책임 기관을 찾아갔다. 항의 방문은 국방부·안기부·기무사·경찰청으로 이어졌다. 각 기관을 여러 차례 방문해 집회를 열고 항의 서한을 전달했다. 경찰청 외엔 항의 시위를 거의 경험한 적 없는 무소불위의 기관들이었다.

유가협 회원들이 국방부를 찾아갔을 때 집회를 막으려는 위병들과 몸싸움을 하던 중 돌발 상황이 발생했다. 유가족들이 갑자기 국방부 정문 안으로 돌진한 것이다. 비상경보가 울리고 총을 둔 군인들이 출동했다. 유가족들은 상황을 진정시킨 뒤 정문 앞에서 기자회견을 하고 돌아왔다. 그 뒤 다시 국방부에 찾아갔을 땐 집회를 막기 위해 화단이 정문 옆에 조성되어 있었다. 그때 생긴 화단은 지금도 자리를 지키고 있다.

유가족들은 기관을 방문할 때마다 집회를 열었고 이를 막는 이들과 몸싸움을 벌였다. 기관의 대표자 면담과 의문사 진상 규명을 요구하고 의문사와 관련한 자료를 요청했다. 하지만 성의 있게 자료를 제공하는 곳은 없었다. 국가기관들의 비협조는 훗날 의문사진상규명위원회의 조사 과정에서도 되풀이됐다.

경찰청을 항의 방문한 날은 마침 비가 내렸다. 유가족들은 비옷을 입고 우산을 쓴 채 정문 앞에서 기자회견을 열었다. 그런데 서대문경찰서 경찰들이 출동해 경고 방송을 하며 위협했다. 서대문경찰서장이 직접 지휘해 유가족 12명을 연행했다. 유가족들은 네 개 경찰서로 나뉘어 수감됐다. 김대중 정부가 들어선 뒤 처음 겪은 연행이었다. 부산에 내려가 있던 박정기는 소식을 듣고 급히 상경했다.

"국민의 정부에서 우찌 이런 일이 있을 수 있나? 좌시할 수 없데이. 이를 어물쩍 넘기면 항의 방문이고 뭐고 없다. 이참에 단단히 버릇을 고쳐야겠다."

박정기의 말을 들은 유가협의 손종필 사무국장은 집권 여당인 새정치국민회의의 인권위원회에 항의했다.

"지금 시대가 어느 시대인데 아직까지 연로한 어머니들이 연행되어야 합니까? 너무한 거 아닙니까?"

다음 날 유가족들은 즉결재판을 통해 한 사람당 벌금 3만 원씩을 낸 뒤에야 풀려났다. 유가협은 7월 1일부터 경찰청 앞에서 강제 연행에 항의하는 집회를 열었고, 전체 회원이 모여 서대문경찰서 맞은편 네거리의 보도 위에서도 연좌 농성을 했다. 이날 오전 10시부터 오후 5시까지 한 명씩 번갈아 가며 경찰청 정문과 횡단보도 앞에서 1인 시위도 했다.

유가협이 1인 시위를 하게 된 것은 즉결재판을 받을 때 만난 판사의 권유에 따른 것이었다. 연로한 유가족들이 〈집회 및 시위에 관한 법률〉(집시법) 위반으로 연행된 일을 안타까워한 판사가 연행을 피할 수 있는 시위 방법을 알려주었다. 박정기는 '1인 시위'라는 용어가 생기기 전, 우리나라 최초의 1인 시위자였다.

폭염이 쏟아지는 한여름이라 한 시간 서있기도 힘겨웠다. 항의 집회를 연 지 열흘이 지난 7월 10일, 언론에 유가족들의 항의 농성이 보도되었다. 경찰청 보안국장이 면담을 요청했다. 전화를 받은 손종필이 일언지하에 거절했다.

"강제 연행을 지휘한 서대문경찰서장이 배석하지 않으면 응하지 않겠습니다."

총무인 최봉규가 손종필에게 물었다.

"우리가 낸 벌금액이 얼마냐? 경찰서장 만나면 그 돈 보상해 달라고 해야 하는 거 아니냐? 그 돈이 어떤 돈인데 국가가 빼앗아 가냐? 순 날강도 아니냐!"

국가로부터 억울하게 빼앗긴 돈을 받아 내고야 말겠다는 심사였다. 이번엔 서대문경찰서에서 연락이 왔다.

"서장님이 꼭 배석해야 하겠습니까?"

손종필이 윽박질렀다.

"뭔 소립니까? 당신들 행동이 떳떳하면 와서 똑바로 얘기하십시오. 그리고 우리가 그동안 농성하며 지출한 밥값하고 벌금 낸 돈 가져오십시오. 손해배상을 요구하는 것입니다."

나흘 뒤 경찰청에서 청장이 직접 면담장에 나서겠다고 연락이 왔다. 유가협은 면담 내용에 따라 항의 집회를 지속할지 결정하기로 하고 면담을 받아들였다.

박정기에 이어 유가협 회장을 맡고 있는 배은심과 손종필 사무국장, 의문사 유가족 열 명가량이 경찰청에 들어섰다. 경찰청에선 청장과 함께 보안국장, 서대문경찰서장이 와있었다. 서대문경찰서장은 장교 앞에 선 이등병처럼 자세가 반듯했다. 청장실에 들어선 박정기가 창밖을 내다보니 유가족들이 시위를 벌이던 정문 앞이 훤히 내다보였다. 유가족들은 화가 치밀었다.

"어떻게 이럴 수 있습니까? 이렇게 뻔히 보이는 곳인데…… 열흘씩이나 뙤약볕과 장대비를 맞아 가며 우리가 몇 날 며칠을 고생했습니까? 이 자리에서 팔짱 끼고 내려다보는 마음이 편했습니까?"

경찰청장이 곤혹스러운 표정을 지으며 유가족들에게 사과했다. 경찰청장은 배석한 서대문경찰서장에게 재촉했다.

"사과할 일이 있으면 사과하십시오."

"죄송합니다. 앞으로 이런 일이 재발하지 않게 하겠습니다. 의도치 않게 불상사가 발생하더라도 연행되는 일은 없게 하겠습니다."

유가족들이 사과를 받아들인 뒤 밖으로 나왔을 때 경찰서 관계자가 손종필에게 봉투를 건넸다. 손해배상금이었다. 박정기가 봉투를 확인한 다음 웃으면서 말했다.

"돈이 부족하데이. 더 달라고 해라."

그는 이때 일을 회상할 때마다 "돈을 더 받아 냈어야 했는데 아쉽데이."라고 말하며 웃곤 했다.

경찰청 항의 집회를 마무리한 유가협은 국회의원 초청 간담회를 열었다. 이날 여야 의원들이 함께 특별위원회를 만들어 '민주인사 명예회복과 의문사 등 피해자의 진상규명을 위한 특별법' 제정을 추진하기로 했다. 특별법 제정에 나선 김근태·천정배·유선호·이부영 등 의원 65명은 9월 15일 기자회견을 열어 취지를 설명한 뒤 국회에 '민족민주열사 명예회복과 의문의 죽음 진상 규명 특별법'을 청원했다.

10월 21일 김대중 대통령은 유가족을 초대한 오찬에서 '특별법이 제정될 수 있도록 당과 청와대가 협조해 달라.'고 지시했다. 하지만 이후 법 제정은 차일피일 미뤄졌다.

11월 3일 연세대에서 유가협 임시총회가 열렸다. 그 자리에서 전국의 유가족들이 모여 농성을 결의했다. 몇몇 회원은 여의도 농성을 주저했다. 장기화되었을 때 농성 자금이 넉넉하지 않을뿐더러 육순·칠순에 이른 연로한 지방 유가족들이 농성에 합류하기가 여의치 않다는 의견이었다. 하지만 대부분의 회원은 정기국회가 끝나는 11월 말, 아무리 늦어도 연달아 열리는 임시국회가 끝나 가는 12월 말에는 농성을 끝낼 수 있으리라고 판단했다. 무려 422일간이나 농성이 이어질 것이라고 생각하는 사람은 아무도 없었다. 박정기와 유가협 회원들은 여의도로 향했다.

7

1998년 11월 4일 진눈깨비가 내렸다. 유가협은 집권당인 새정치 국민회의 당사 앞에서 선포식을 열었다. 기독교회관 135일 농성 이후 10년 만에 다시 장기 농성에 돌입한 것이다. 선포식을 마친 뒤 국회 정문 맞은편 국민은행 건물 앞에 천막을 설치했다.

여러 추모사업회의 젊은 활동가들과 아버지들이 설치 작업을 하자 은행 경비원과 청원경찰이 나와 막았다. 실랑이하던 중에 한 청원경찰의 얼굴이 박정기의 머리에 들이받혔는데, 다음 날 보니 그의 눈두덩이 심하게 부어 있었다.

보도 위에 스티로폼을 깔고 커다란 천막 두 개와 작은 천막 하나를 세웠다. 유가협 사무국은 작은 천막 안에 컴퓨터를 들여놓고 농성장을 지켰다. 유가족들은 전기장판을 깔고 담요를 덮고 잤다. 이미 계절은 겨울에 접어들었다. 한강의 언 바람이 천막 비닐을 흔들며 매섭게 불어왔다. 밤이면 바닥에서 올라오는 찬 기운을 피해 서로 끌어안고 잠들었다.

수백 날을 웅크리고 잠들어서인지 유가협 회원들은 이후 몇 년이 지나도록 옆구리가 쑤시고 아팠다. 비가 내리면 천막 틈새로 물이

샜다. 몇 차례 보수하다 보니 나중엔 판잣집 모양과 비슷해졌다. 천막 앞에 "민족민주열사 명예회복 의문사 진상 규명 특별법 제정 촉구 농성 ○일째"라고 글씨를 적고 매일 숫자를 1일씩 더했다.

박정기는 얼굴을 다친 청원경찰에게 사과했지만 그 일이 빌미가되어 은행 건물의 화장실을 쓸 수 없었다. 유가족들은 여의도공원까지 오가며 공중화장실을 이용했다. 외풍이 심한 천막 안에서 자고난 아침, 공원 화장실에서 찬물로 세수할 때면 몸이 얼얼했다.

한 달쯤 지났을 때 경비원들이 건물 지하의 탕비실을 쓸 수 있도록 도와주었다. 그때부터 따뜻한 물로 하루를 시작할 수 있었다. 전기는 가로등에서 끌어다 썼다. 가로등 불이 켜지면 농성장의 불빛이 켜졌고, 가로등 불이 꺼지면 농성장 불빛도 꺼졌다. 한전 직원들이 찾아와 전기를 끊으면 다음 날 다시 연결했다.

유가족들은 국회 앞에서 손팻말을 들고 1인 시위를 시작했다. 박정기는 이소선·배은심·허영춘과 함께 국회를 드나들며 정치인들과의원들에게 법 제정을 재촉했다. 그런데 한번 국회 정문 안으로 들어가면 좀처럼 나오지를 않았다. 그럴 때면 손종필 사무국장이 의원회관 어딘가를 점거하고 시위하고 있는 유가족들을 찾아 나서곤했다.

유가협의 국회 앞 천막 농성장에는 연대하러 온 여러 단체의 발길이 이어졌다. 홀로 찾아와 투쟁 기금을 전달하는 시민도 많았다. 한번은 한 시민이 찾아와 말없이 농성장 안에 봉투를 두고 갔다. 봉투 안에는 현금 1백만 원이 들어 있었다. 의문사지회장 허영춘이 급히 나가 그를 붙잡았다.

"선생님, 큰돈이라 저희가 받아도 되는지 모르겠습니다. 존함이라도 알려주십시오."

"이렇게라도 해야 제 마음이 편합니다. 이름은 알아서 뭐하시겠습니까? 이만 가보겠습니다."

그는 더 대화할 필요가 없다는 듯 자리를 피했다.

전국농민회총연맹의 정광훈 의장은 국회에 볼일이 있으면 반드시 농성장을 들렀다. 그는 농성 기간에 가장 빈번하게 찾아온 사람이었다. 천막 안에서 함께 식사할 때마다 그가 말했다.

"어머니, 여기 밥이 세상에서 제일 맛있어요."

정광훈은 2011년 교통사고로 세상을 떠났다. 그 소식을 듣던 날, 박정기는 농성장에 찾아올 때마다 자신의 이름을 부르던 그의 선한 웃음이 떠올랐다. 박정기는 농민에 대한 애정이 그만큼 큰 사람을 본 적이 없었다. 영결식 날 몸이 아파 찾아가지 못한 일이 두고두고 마음에 남았다. 그는 정광훈을 그리워하며 말했다.

"저 세상에서 우리가 차려 준 밥상보다 더 따순 밥을 먹고 있는지 궁금하데이."

그 무렵 여의도에선 집회와 시위가 잦았다. 시위가 벌어지면 전경에 쫓긴 대학생들이 천막 안으로 숨어들어 왔다. 그럴 때면 유가족들은 전경을 쫓아 보냈다. 전경들은 빤히 보면서도 학생들을 잡아갈 수 없었다. 한울삶이 그렇듯 유가협 농성장은 공권력이 침입할 수 없는 소도蘇塗 같은 곳이었다.

그해 가을 정기국회가 끝나고 곧이어 임시국회가 열렸지만 법 제정은 차일피일 미루어졌다. 해를 넘겨 1999년 1월 7일 임시국회마저 성과 없이 막을 내리자 유가족들은 전체회의를 열어 농성을 지속하기로 결의했다.

겨울이 지나고 봄이 왔다. 국회는 의문사법을 제정하지 않고 법무부 의견이 반영된 인권법안을 3월 31일에 통과시킬 계획이었다. 인권법안은 의문사 진상 규명을 불가능하게 하는 법안이었다. 3월 29일 유가협은 서울 세종로 정부중앙청사(현재 정부서울청사) 후문 앞에서 인권법안 거부 성명을 발표했다. 그리고 '의문사 진상 규명 특별법' 제정을 요구하며 허영춘·김을선·신정학·최봉규 등을 비롯해 일곱 명의 의문사 유가족이 항의 삭발을 했다. 이어 거리 행진을 막는 경찰과 몸싸움을 벌이던 중 22명이 연행되었다. 박정기와 유가족들은 1주일 뒤인 4월 6일 새정치국민회의 당사를 기습 점거하고 단식 농성을 벌였다.

여러 차례 임시국회가 열렸지만 법 제정은 진전되지 않았다. 5월 들어 유가협은 국회 정문 앞에 또 하나의 천막을 설치했다. 영등포경찰서장이 해산명령을 내렸다.

"국회 정문 앞에는 천막을 설치할 수 없습니다. 해산하십시오."

배은심 회장이 항의했다.

"당신이 누군디 해산하라 마라여?"

"나는 영등포경찰서장입니다."

서장인 줄 미처 몰랐지만 배은심은 오히려 목소리를 높였다.

"나는 유가협 회장이오. 누가 이기는지, 철거할 수 있으믄 한번 해보쇼잉."

경찰서장은 곤란해 할 뿐 철거하지 못했다. 박정기와 유가족들은 이날부터 또다시 단식에 돌입했다. 지속적인 유가족들의 투쟁에 새정치국민회의는 인권법안을 폐기하고 의문사 진상 규명 특별법을 제정하겠다고 발표했다.

8월 4일 유가협은 특별법 제정을 요구하며 마지막 단식 농성에 들어갔다. 그해 여름 따라 유난히 30도를 훌쩍 넘는 찜통더위가 계속됐다.

1999년 12월 28일 마침내 두 법안이 국회 본회의를 통과했다. 농성 420일째였고, 의문사 진상 규명 투쟁을 시작한 지 12년 만이었다. 그 결과 이듬해 1월 〈민주화운동 관련자 명예회복 및 보상 등에 관한 법률〉(민주화보상법, 2000년 5월 13일 시행), 〈의문사진상규명에 관한 특별법〉(2000년 5월 16일 시행되었고, 특별법에 따른 의문사진상규명위원회 활동이 종료되면서 2009년 4월 1일 폐지)이 제정되었다. 유가협은 본회의 통과 이틀 뒤인 12월 30일 농성을 풀었다. 기독교회관의 135일 농성이 그랬듯, 이번에도 422일의 최장기 농성 기록을 세우며 막을 내렸다. 박정기는 기쁨을 감추지 못하고 유가족들을 끌어안았다.

"됐다. 인자 됐다."

기나긴 천막생활을 접으며 유가족들은 대낮부터 막걸리를 마시고 해단식을 했다. 강바람을 맞고 매연을 뒤집어쓰며 싸워 온 기억이 주마등처럼 지나갔다. 박정기는 국회를 통과한 법이 완벽하지 않은 것을 알고 있었다. 법을 개정하기 위한 싸움이 유가족들을 기다리고 있었다. 미완의 승리였고, 언제 끝날지 알 수 없는 싸움이었다. 하지만 유가족들은 이날만은 마음 놓고 실컷 술을 마셨다.

박정기는 술자리를 빠져나왔다. 무심히 서있는 빌딩 사이로 차들이 매연을 뿜으며 달려가고 있었다. 그는 멈춤 없이 달려온 시간을 돌이켜보았다.

유가협과 인연을 맺은 지 13년. 그는 아들을 떠나보낸 뒤 전에는 보지 못한 죽음들을 만났다. 그 죽음들을 지켜 주고 싶었다. 그 죽음을 지키는 것이 비명에 간 생명들을 지켜 주는 것이라 생각했다. 그것은 의문사 유가족들의 유언이기도 했다. 아들과의 약속이기도 했다.

한울타리에서 웃음과 울음을 나눈 유가족들은 자식을 따라 하나둘 한 맺힌 삶을 마감했다. 그럴 때마다 조바심이 났다. 깊은 밤이면 유가족들은 끝이 없는 이야기를 풀어놓곤 했다. 자식에 대한 추억들이었다. 이야기의 마디마디 서려 있는 아픔을 그는 누구보다 잘 알고 있었다.

국가에 의한 폭력은 현재도 발생하고 있고 앞으로도 이어질 것이었다. 그래서 남은 생을 인간의 생명을 지키고 인간을 인간답게 하는 최소한의 권리인 인권 문제에 다 바치고 싶었다. 그 중요한 한 걸음을 오늘 뗀 것이다.

그는 유가협을 이끄는 지난 세월, 아들 철이에게 부끄럽지 않은 아비가 되고 싶었다. 동지가 되어 달라는 아들의 부탁을 이제야 조금

들어준 것 같았다. 인생에서 다시 오지 않을 행복한 날이었다. 어디
선가 목소리가 들려오는 듯했다.

"아부지, 참말로 고생 많았어예."

목소리의 주인공은 박정기를 바라보고 있었다. 아들은 환하게 웃
고 있었다.

후기

아버지의 등은 부쩍 굽어 있었다. 두 해 사이 걸음은 두 배 더 느려져 있었다. 움직임은 느린 화면 같았다. 박정기는 그렇게 조금 낯선 모습으로 재개발을 앞둔 오래된 아파트 입구에서 나를 기다리고 있었다. 6월 10일. 다시 찾은 부산행. 그의 나이는 어느덧 88세, 미수에 이르렀다. 그는 오랜만에 장롱 속의 양복을 꺼내 입었고, 가지런하게 빗질한 머리를 하고 카메라 앞에 섰다.

담소를 나누고 있을 때 이웃집 아주머니가 대화에 끼어든다. 이웃은 그가 박정기인 줄, 박종철의 아버지인 줄 모른다. 그는 평범한 노인의 자리로 돌아간 듯하다. 왠지 어울린다. 오래전 떠나왔던 평범한 이웃의 자리로 돌아온 것은 최근의 일이다.

그 사이.

30년 가까운 세월 그가 겪은 일이 이 책에 담겨 있다. 하루가 1년 같던 서른 해의 이야기다.

그의 일과 중 하나는 이른 아침 꼼꼼히 신문을 읽고 아파트 앞 광안리 해변을 거니는 것이다. 나도 몇 해 전 이곳에 머무는 동안 그를 따라 산책하곤 했다. 5분이면 닿는 거리이지만, 이제 그는 아파트 주변과 병원, 경로당, 이렇게 세 곳만 오간다. 그의 등이 굽을수록 가는 곳도 줄어들 것이다. 유가협 활동은 끊기다시피 했다. 일주일에 한두 번 그의 오랜 동지 배은심과 안부를 주고받을 때를 빼곤.

어머니 정차순은 내가 온다는 소식을 듣고 외출해 있었다. 전에도 그랬다. 처음 어머니를 만나 1987년의 기억을 묻고 또 물었을 때, 한 시간 만에 더는 어렵다고 일어섰다. 이런 일로 다신 오지 말라셨다. 나는 즉시 인터뷰를 접었다. 그 뒤로도 엄두를 낼 수 없었다.

아버지는 형언할 수 없는 시대를 살아왔다는 듯 나의 물음에 "어떻게 말로 다 할 수 있나?"라는 대답을 습관처럼 되풀이했다. 그에게 가장 많이 들은 말이다. 나는 박정기의 생애, 그 시기 시기를 형언하고 문장화해야 하는 처지라 대화를 나눌 때마다 막막하곤 했다. 이 책은 그 막막함의 증거이고 기록이다. 말과 말 사이 흐르던 침묵을 언어화하는 일은 내겐 너무 벅찬 일이었다.

어머니와 아버지는 불교 신자이다. 박종철의 위패는 오래전 사리암에서 성전암으로 옮겼다. 성전암을 오간 지도 20년 세월이 흘렀다. 성전암에서 불사佛事를 할 때 박정기는 절 마당과 주변에 수백 그

루의 나무를 심었다. 그해 심은 나무들이 지금은 숲이 되었다. 하지만 이제 박정기는 절에 갈 수 없을 만큼 등이 굽었다. 정차순도 불공을 드린 지 오래되었다.

박정기의 하루 중 가장 중요한 시간은 금강경을 욀 때이다. 한 번 독송하는 데 40분가량 걸린다고 한다. "금강경이 불경의 전부야."라고 말할 만큼 금강경과 함께한 인생이었다. 인생의 고비마다, 마디마다 그는 금강경을 읽었다. 지나가듯 한마디 내뱉는다.

"죽고 살고 하는 것은 문제가 아니야."
이 말이 부산을 떠난 뒤에도 귓가를 맴돌았다.

책이 출간된다는 소식을 전하자 그는 여든여덟 인생에 대해 입을 열었다.
"바보같이 살았지. '왜 하필이면 내냐? 왜 하필 내한테 불행이 닥쳐오나?' 하는 심정이었지. 그런 일이 많이 닥쳐오더라고, 인생살이가. 따지고 보면 종철이만큼 불행한 인간이 어딨겠나? 인간 박정기가 중요한 것이 아니고, 철이가 허무하게 세상을 그만두고 갔으니까네……."

자신보다 아들 얘기를 좀 더 글에 남겨 달라고 한다. 이 책의 마지막 장면은 아버지의 당부에 따른 기록이다.

유가협 회원 하나하나의 아픔을 예외 없이 담아 달라는 부탁은 미루어야만 했다.

박정기는 나에게 민주주의는 완성되지 않는다는 것을 일깨워 주었다. 그는 민주 정부가 들어선 이후에도 싸움을 멈추지 않았다. 민주주의는 완성될 수 없다는 것을, 끝이 없는 싸움이라는 것을 자신의 일대기를 통해 내가 깨닫게 해주었다. '6월'이 상징하는 것은 그것이 아닐까?

그는 여든 중반까지도 각처에서 싸우는 이들과 함께했다. 그늘진 자리에서 외롭게 싸우는 모든 이들이 박정기라는 것을, 박정기는 잘 알고 있었다.

인권에 대하여, 민주주의에 대하여 모든 추상을 걷어 내고 걷어 낸 후에 남는 것, 어쩌면 그것이 박정기의 생애일지도 모르겠다.

작고 보잘것없는 몸으로 거대한 산맥 하나를 힘에 부쳐 겨우 넘어온 것 같다.

이제 누가 저 산에 들까?

1970년 부산 아미동, 삼남매의 어린 시절(왼쪽부터 박종부, 종철, 은숙).

1965년 4월 1일생. 2000년이 36세라고 한다.
깜짝 생각만 하면 정말 자지러진다.
마음이 매우 아프다. 나이 36세이면 과연
무엇을 하고 어떤 생각으로 살 것이며
사회에 어떤 봉사자로 임하고 있을지.

철아, 그래도 아버지는 살아야 한다는 것이,
너무도 그립구나. 한참 더 생각해도.

————————

박정기의 일기장(2000년 4월 1일).

후마니타스의 책 , 발간순

러시아 문화사 | 슐긴·꼬쉬만·제지나 지음, 김정훈·남석주·민경현 옮김

북한 경제개혁연구 | 김연철·박순성 외 지음

선거는 민주적인가 | 버나드 마넹 지음, 곽준혁 옮김

미국 헌법과 민주주의 | 로버트 달 지음, 박상훈·박수형 옮김

한국 노동자의 임금실태와 임금정책 | 김유선 지음

위기의 노동 | 최장집 엮음

다보스, 포르투 알레그레 그리고 서울 | 이강국 지음

과격하고 서툰 사랑고백 | 손석춘 지음

그래도 희망은 노동운동 | 하종강 지음

민주주의의 민주화 | 최장집 지음

민주화 이후의 민주주의(개정2판) | 최장집 지음

침묵과 열광 | 강양구·김범수·한재각 지음

미국 예외주의 | 세미무어 마틴 립셋 지음, 문지영·강정인·하상복·이지윤 옮김

조봉암과 진보당 | 정태영 지음

현대 노동시장의 정치사회학 | 정이환 지음

일본 전후 정치사 | 이시가와 마스미 지음, 박정진 옮김

환멸의 문학, 배반의 민주주의 | 김명인 지음

민주주의의 민주화 | 최장집 지음

어느 저널리스트의 죽음 | 손석춘 지음

전태일 통신 | 전태일기념사업회 엮음

정열의 수난 | 문광훈 지음

비판적 실재론과 해방의 사회과학 | 로이 바스카 지음, 이기홍 옮김

아파트 공화국 | 발레리 줄레조 지음, 길혜연 옮김

민주화 20년의 열망과 절망 | 경향신문 특별취재팀 지음

비판적 평화연구와 한반도 | 구갑우 지음

미완의 귀향과 그 이후 | 송두율 지음

한국의 국가 형성과 민주주의 | 박찬표 지음

소금꽃나무 | 김진숙 지음

인권의 문법 | 조효제 지음

디지털 시대의 민주주의 | 피파 노리스 지음, 이원태 외 옮김

길에서 만난 사람들 | 하종강 지음

전노협 청산과 한국노동운동 | 김창우 지음

기로에 선 시민입법 | 홍일표 지음

시민사회의 다원적 적대들과 민주주의 | 정태석 지음

한국 사회민주주의 정당의 역사적 기원 | 정태영 지음

지역, 지방자치, 그리고 민주주의 | 하승수 지음

금융세계화와 한국 경제의 진로 | 조영철 지음

도시의 창, 고급호텔 | 발레리 줄레조 외 지음, 양지은 옮김

정치적인 것의 귀환 | 샹탈 무페 지음, 이보경 옮김

정치와 비전 1 | 셸던 월린 지음, 강정인·공진성·이지윤 옮김

정치와 비전 2 | 셸던 월린 지음, 강정인·이지윤 옮김

정치와 비전 3 | 셸던 월린 지음, 강정인·김용찬·박동천·이지윤·장동진·홍태영 옮김

사회 국가, 한국 사회 재설계도 | 진보정치연구소 지음

법률사무소 김앤장 | 임종인·장화식 지음

여성·노동·가족 | 루이스 틸리·조앤 스콧 지음, 김영·박기남·장경선 옮김

민주 노조 운동 20년 | 조돈문·이수봉 지음

소수자와 한국 사회 | 박경태 지음

평등해야 건강하다 | 리처드 윌킨슨 지음, 김홍수영 옮김

재벌개혁의 현실과 대안 찾기 | 송원근 지음

민주화 20년, 지식인의 죽음 | 경향신문 특별취재팀 지음

한국의 노동체제와 사회적 합의 | 노중기 지음

한국 사회, 삼성을 묻는다 | 조돈문·이병천·송원근 엮음

국민국가의 정치학 | 홍태영 지음

아시아로 간 삼성 | 장대업 엮음, 강은지·손민정·문연진 옮김

우리의 소박한 꿈을 응원해 줘 | 권성현·김순천·진재연 엮음

국제관계학 비판 | 구갑우 지음

부동산 계급사회 | 손낙구 지음

부동산 신화는 없다 | 전강수·남기업·이태경·김수현 지음, 토지+자유연구소 기획

양극화 시대의 한국경제 | 유태환·박종현·김성희·이상호 지음

절반의 인민주권 | E. E. 샤츠슈나이더 지음, 현재호·박수형 옮김

민주주의와 법의 지배 | 아담 쉐보르스키·호세 마리아 마리발 외 지음, 안규남·송호창 외 옮김

박정희 정부의 선택 | 기미야 다다시 지음

의자를 뒤로 빼지마 | 손낙구 지음, 신한카드 노동조합 기획

와이키키 브라더스를 위하여 | 이대근 지음

존 메이너드 케인스 | 로버트 스키델스키 지음, 고세훈 옮김

시장체제 | 찰스 린드블롬 지음, 한상석 옮김

권력의 병리학 | 폴 파머 지음, 김주연·리병도 옮김

팔레스타인 현대사 | 일란 파페 지음, 유강은 옮김

자본주의 이해하기 | 새뮤얼 보울스·리처드 에드워즈·프랭크 루스벨트 지음,
    최정규·최민식·이강국 옮김

한국정치의 이념과 사상 | 강정인·김수자·문지영·정승현·하상복 지음

위기의 부동산 | 이정전·김윤상·이정우 외 지음

산업과 도시 | 조형제 지음

암흑의 대륙 | 마크 마조워 지음, 김준형 옮김

부러진 화살(개정판) | 서형 지음

냉전의 추억 | 김연철 지음

현대 일본의 생활보장체계 | 오사와 마리 지음, 김영 옮김

복지한국, 미래는 있는가(개정판) | 고세훈 지음

분노한 대중의 사회 | 김헌태 지음

워킹 푸어, 빈곤의 경계에서 말하다 | 데이비드 K. 쉬플러 지음, 나일등 옮김

거부권 행사자 | 조지 체벨리스트 지음, 문우진 옮김

초국적 기업에 의한 법의 지배 | 수전 K. 셀 지음, 남희섭 옮김

한국 진보정당 운동사 | 조현연 지음

근대성의 역설 | 헨리 임·곽준혁 엮음

브라질에서 진보의 길을 묻는다 | 조돈문 지음

동원된 근대화 | 조희연 지음

의료 사유화의 불편한 진실 | 김명희·김철웅·박형근·윤태로·임준·정백근·정혜주 지음

대한민국 정치사회 지도(수도권편) | 손낙구 지음

대한민국 정치사회 지도(집약본) | 손낙구 지음

인권을 생각하는 개발 지침서 | 보르 안드레아센·스티븐 마크스 지음, 양영미·김신 옮김

불평등의 경제학 | 이정우 지음

왜 그리스인가? | 자클린 드 로미이 지음, 이명훈 옮김

민주주의의 모델들 | 데이비드 헬드 지음, 박찬표 옮김

노동조합 민주주의 | 조효래 지음

유럽 민주화의 이념과 역사 | 강정인·오향미·이화용·홍태영 지음

우리, 유럽의 시민들? | 에티엔 발리바르 지음, 진태원 옮김

지금, 여기의 인문학 | 신승환 지음

비판적 실재론 | 앤드류 콜리어 지음, 이기홍·최대용 옮김

누가 금융 세계화를 만들었나 | 에릭 헬라이너 지음, 정재환 옮김

정치적 평등에 관하여 | 로버트 달 지음, 김순영 옮김

한낮의 어둠 | 아서 쾨슬러 지음, 문광훈 옮김

모두스 비벤디 | 지그문트 바우만 지음, 한상석 옮김

진보와 보수의 12가지 이념 | 폴 슈메이커 지음, 조효제 옮김

한국의 48년 체제 | 박찬표 지음

너는 나다 | 손아람·이창현·유희·조성주·임승수·하종강 지음
　　　　　　(레디앙, 삶이보이는창, 철수와영희, 후마니타스 공동 출판)

정치가 우선한다 | 셰리 버먼 지음, 김유진 옮김

대출 권하는 사회 | 김순영 지음

인간의 꿈 | 김순천 지음

복지국가 스웨덴 | 신필균 지음

대학 주식회사 | 제니퍼 워시번 지음, 김주연 옮김

국민과 서사 | 호미 바바 편저, 류승구 옮김

통일 독일의 사회정책과 복지국가 | 황규성 지음

아담의 오류 | 던컨 폴리 지음, 김덕민·김민수 옮김

기생충, 우리들의 오래된 동반자 | 정준호 지음

깔깔깔 희망의 버스 | 깔깔깔 기획단 엮음

정치 에너지 2.0 | 정세균 지음

노동계급 형성과 민주노조운동의 사회학 | 조돈문 지음
시간의 목소리 | 에두아르도 갈레아노 지음, 김현균 옮김
법과 싸우는 사람들 | 서형 지음
작은 것들의 정치 | 제프리 골드파브 지음, 이충훈 옮김
경제 민주주의에 관하여 | 로버트 달 지음, 배관표 옮김
정치체에 대한 권리 | 에티엔 발리바르 지음, 진태원 옮김
작가의 망명 | 안드레 블첵·로시 인디라 지음, 여운경 옮김
지배와 저항 | 문지영 지음
한국인의 투표 행태 | 이갑윤
그들은 어떻게 최고의 정치학자가 되었나 1·2·3 | 헤라르도 뭉크·리처드 스나이더 지음,
    정치학 강독 모임 옮김
이주, 그 먼 길 | 이세기 지음
법률가의 탄생 | 이국운 지음
헤게모니와 사회주의 전략 | 에르네스토 라클라우·샹탈 무페 지음, 이승원 옮김
갈등과 제도 | 최태욱 엮음
자연의 인간, 인간의 자연 | 박호성 지음
마녀의 연쇄 독서 | 김이경 지음
평화는 어떻게 만들어지는가 | 존 폴 레더라크 지음, 김동진 옮김
스웨덴을 가다 | 박선민 지음
노동 없는 민주주의의 인간적 상처들 | 최장집 지음
광주, 여성 | 광주전남여성단체연합 기획, 이정우 편집
한국 경제론의 충돌 | 이병천 지음
고진로 사회권 | 이주희 지음
올로프 팔메 | 하수정 지음
세계노동운동사 1·2·3 | 김금수 지음
다운사이징 데모크라시 | 매튜 A. 크렌슨·벤저민 긴스버그 지음, 서복경 옮김
만들어진 현실(개정판) | 박상훈 지음
민주주의의 재발견 | 박상훈 지음
정치의 발견(개정2판) | 박상훈 지음
세 번째 개통은 네가 먹어야 한다(자유인 인터뷰 1) | 김경미 엮음
골을 못 넣어 속상하다(자유인 인터뷰 2) | 김경미 엮음
한국 사회 불평등 연구 | 신광영 지음
논쟁으로서의 민주주의 | 최장집·박찬표·박상훈·서복경·박수형 지음
어떤 민주주의인가(개정판) | 최장집·박찬표·박상훈 지음
베네수엘라의 실험 | 조돈문 지음
거리로 나온 넷우익 | 야스다 고이치 지음, 김현욱 옮김
건강할 권리 | 김창엽 지음
복지 자본주의 정치경제의 형성과 재편 | 안재흥 지음
복지 한국 만들기 | 최태욱 엮음
넘나듦(通涉)의 정치사상 | 강정인 지음

막스 베버 소명으로서의 정치 | 막스 베버 지음, 최장집 엮음, 박상훈 옮김

한국 고용체제론 | 정이환 지음

이것을 민주주의라고 말할 수 있을까? | 셸던 월린 지음, 우석영 옮김

경제 이론으로 본 민주주의 | 앤서니 다운스 지음, 박상훈·이기훈·김은덕 옮김

철도의 눈물 | 박흥수 지음

의료 접근성 | 로라 J. 프로스트·마이클 R. 라이히 지음, 서울대학교이종욱글로벌의학센터 옮김

광신 | 알베르토 토스카노 지음, 문강형준 옮김

뚱뚱해서 죄송합니까? | 한국여성민우회 지음

배 만들기, 나라 만들기 | 남화숙 지음, 남관숙·남화숙 옮김

저주받으리라, 너희 법률가들이여! | 프레드 로델 지음, 이승훈 옮김

케인스 혁명 다시 읽기 | 하이먼 민스키 지음, 신희영 옮김

기업가의 방문 | 노영수 지음

니콜로 마키아벨리 군주론 | 니콜로 마키아벨리 지음, 박상훈 옮김

그의 슬픔과 기쁨 | 정혜윤 지음

신자유주의와 권력 | 사토 요시유키 지음, 김상운 옮김

코끼리 쉽게 옮기기 | 김영순 지음

사람들은 어떻게 광장에 모이는 것일까? | 마이클 S. 최 지음, 허석재 옮김

감시사회로의 유혹 | 데이비드 라이언 지음, 이광조 옮김

신자유주의의 위기 | 제라르 뒤메닐·도미니크 레비 지음, 김덕민 옮김

젠더와 발전의 정치경제 | 시린 M. 라이 지음, 이진옥 옮김

나는 라말라를 보았다 | 무리드 바르구티 지음, 구정은 옮김

가면권력 | 한성훈 지음

반성된 미래 | 참여연대 기획, 김균 엮음

선택이라는 이데올로기 | 레나타 살레츨 지음, 박광호 옮김

세계화 시대의 역행? 자유주의에서 사회협약의 정치로 | 권형기 지음

위기의 삼성과 한국 사회의 선택 | 조돈문·이병천·송원근·이창곤 엮음

말라리아의 씨앗 | 로버트 데소비츠 지음, 정준호 옮김

허위 자백과 오판 | 리처드 A. 레오 지음, 조용환 옮김

민주 정부 10년, 무엇을 남겼나 | 참여사회연구소 기획, 이병천·신진욱 엮음

민주주의의 수수께끼 | 존 던 지음, 강철웅·문지영 옮김

왜 사회에는 이견이 필요한가 | 카스 R. 선스타인 지음, 박지우·송호창 옮김

관저의 100시간 | 기무라 히데아키 지음, 정문주 옮김

우리 균도 | 이진섭 지음

판문점 체제의 기원 | 김학재 지음

불안들 | 레나타 살레츨 지음, 박광호 옮김

스물다섯 청춘의 워킹홀리데이 분투기 | 정진아 지음, 정인선 그림

민중 만들기 | 이남희 지음, 유리·이경희 옮김

불평등 한국, 복지국가를 꿈꾸다 | 이정우·이창곤 외 지음

알린스키, 변화의 정치학 | 조성주 지음

유월의 아버지 | 송기역 지음